民國歷史與文化研究

五 編

第 **2** 冊

衝突與抉擇
——辛亥鼎革之際督撫研究（下）

孫紅旗 著

花木蘭文化出版社

國家圖書館出版品預行編目資料

衝突與抉擇——辛亥鼎革之際督撫研究（下）／孫紅旗 著 —
初版 — 新北市：花木蘭文化出版社，2017〔民106〕
目 4+170 面；19×26 公分
（民國歷史與文化研究 五編；第 2 冊）
ISBN 978-986-404-886-1（精裝）
1. 中國政治制度 2. 辛亥革命 3. 民國史
628.08   106000597

ISBN-978-986-404-886-1

9 789864 048861

民國歷史與文化研究
五 編 第 二 冊
ISBN：978-986-404-886-1

衝突與抉擇——辛亥鼎革之際督撫研究（下）

作　　者　孫紅旗
總 編 輯　杜潔祥
副總編輯　楊嘉樂
編　　輯　許郁翎、王筑　美術編輯　陳逸婷
出　　版　花木蘭文化出版社
社　　長　高小娟
聯絡地址　235 新北市中和區中安街七二號十三樓
　　　　　電話：02-2923-1455／傳真：02-2923-1452
網　　址　http://www.huamulan.tw 信箱 hml 810518@gmail.com
印　　刷　普羅文化出版廣告事業
初　　版　2017 年 3 月
全書字數　359550 字
定　　價　五編 6 冊（精裝）台幣 10,000 元

衝突與抉擇
——辛亥鼎革之際督撫研究（下）

孫紅旗　著

目次

第四章　辛亥變局中未獨立省分督撫之抉擇

　　南方省分在獨立浪潮的衝擊下紛紛宣告獨立，脫離滿族統治，督撫或逃亡或反正或死難，不一而足。未獨立省分——直隸、河南、甘肅、新疆、東三省，在政局跌宕之際，地方督撫紛紛祭起了保境安民的旗幟，對轄區內各種「變亂」不遺餘力地予以鎮撫，為朝廷堅守著自己治下的封疆。

　　未獨立省分新軍中也有革命黨人活躍其間，然很難收到似南方獨立省分「振臂一呼、應者景從」的效果，不僅顯現了未獨立省分新軍中保守勢力的強大，也透露出未獨立省分督撫「超常」的應變能力。東三省總督趙爾巽將革命黨人寄予厚望的奉天駐省新軍第二混成協統領藍天蔚〔註1〕「逼走」，強有力地遏止了軍中「亂源」；新疆巡撫袁大化對革命黨人劉先俊宣導的軍中起事大加「殺戮」，殘酷鎮壓了黨人在迪化的舉義活動；直隸總督陳夔龍在駐灤新軍發動的兵諫、起義以及革命黨人謀劃的通州「兵變」中的表現也是「可圈可點」。

　　未獨立省分士紳在變局中也曾有「異音」發出，如何化解官紳矛盾，消除士紳製造的各種危機，體現的是督撫不同的個人能力和政治智慧。西北因地域關係，士紳中的保守性較為強烈，士紳中「異音」的發聲表現最弱，陝甘總督長庚對之直接給予了鎮壓；東三省乃龍興之地，士紳之保守性與西北

〔註1〕藍天蔚，第二混成協領統，留日士官生，富於革命思想，與二十鎮統制張紹曾、第六鎮統制吳祿貞並稱「士官三傑」。

相差無幾，然基於日俄戰爭的刺激，士紳對清廷的顓頇深有感觸，他們對清廷的不滿意度較西北甚至內地某些省分更為強烈，對政府的不信任感使得他們很容易受到「外界」因素的影響，地方當局宣導的保安會雖然在一定程度上滿足了士紳的願望，但奉天革命黨人張榕假諮議局紳組建的「聯合急進會」在一定程度地擴張，體現了地方士紳的矛盾心態。東三省督撫緊緊抓住士紳心理，以安全促信任，以信任求團結，既打擊了「異己」力量，又籠絡了士紳階層；直隸、河南近在京畿，受朝局、政局等多種因素制約，地方士紳假諮議局為平臺，「異音」發聲最為強烈。直隸總督陳夔龍抓住士紳趨利避害的心態，不斷磨合官紳關係，合作時加以利用，對抗時予以抵制；河南巡撫寶棻對士紳中之「異音」安撫無術，託病請辭，布政使齊耀琳臨危受命，在內閣總理袁世凱的支持下，又假借豫紳王錫彤「請願共和而不獨立」的把戲攪局，最終以解散諮議局而收場。

　　直隸、河南、甘肅、新疆、奉天、吉林、黑龍江等未獨立省分督撫，在南北議和時期無一例外的都持君主立憲主張，對革命黨人鼓吹的民主共和堅決反對（繼任河南巡撫齊耀琳、山西巡撫張錫鑾、山東巡撫胡建樞等所謂「戰時督撫」完全視袁世凱需要而發聲），這成為他們未走向獨立道路的精神信仰和支柱。由於體制原因，未獨立省分督撫並不能左右南北議和的進程，但在議和的每個節點上他們都有「發聲」。未獨立省分督撫關於君主立憲的鼓譟，一方面成為袁「內閣」向南方革命黨人施壓的重要砝碼，同時也成為袁逼迫清帝遜位的障礙。終因清王室天運終結，未獨立省分督撫隨著清廷遜位詔書的頒佈，自己的歷史使命也宣告「被完成」，不管願意還是不願意都不得不退出了歷史的舞臺。

第一節　保境安民

　　未獨立省分督撫在獨立浪潮衝擊下，以保境安民為己任，對軍隊和士紳中出現的「異化」力量，或鎮壓或安撫。甘、新、直、豫、奉、吉、黑等省並沒有出現如南方獨立省分那樣「糜爛」局面，各省督撫對革命黨人圖謀的「變亂」多藉武力予以鎮壓，而對於官紳之間出現的矛盾，其化解手法各有不同。簡單粗暴者如陝甘總督長庚，籠絡與鎮撫相結合者如東三省總督趙爾巽，直隸總督陳夔龍則利用與抵制兼而有之。

一、消除亂萌

武昌「兵變」後，革命黨人多假新軍為依恃力量，宣導獨立，未獨立省分也可以看到革命黨人活動的身影。北方未獨立省分革命黨人在新軍中的活動特點與南方獨立省分不同，南方獨立省分軍中革命黨人，多借助各省編練新軍的機會，滲透進入軍中，本省籍軍事學堂畢業生、及留日士官生甚或得緣出任新軍軍官。北方未獨立省分駐省新軍多為袁世凱北洋新軍，北洋新軍由袁世凱一手訓練而成，成軍較早，新式學堂畢業的革命黨人、即使有留日士官生身份的黨人，進入北洋新軍的機會並不多見。駐奉天新軍第二混成協統領藍天蔚，駐灤州二十鎮統制張紹曾，駐保定第六鎮統制吳祿貞，可謂其中的佼佼者。

革命黨人在北方未獨立省分發動新軍舉義，奉天、直隸較有影響，及至舉義不果，黨人散落「分投」各地活動，或依託舊軍、或依託綠林會黨。舊軍、綠林會黨在革命黨人鼓動之下，大多一哄而起，一哄而散，鮮有成「勢力」者。更有事機不密，被官府事先偵知，瓦解破獲者。

（一）奉天

現如今有很多資料記述張紹曾、吳祿貞、藍天蔚曾計劃借宣統三年（1911年）八月參加永平會操之機，圖謀舉事，只因為武昌起義爆發，秋操中止，三人起事計劃夭折。九月十六日（11 月 6 日），第二混成協統領藍天蔚與奉天革命黨人在第二混成協駐地北大營召集會議，圖謀獨立。藍天蔚雖素抱「革命主義」，但本人性格較沉穩，鑒於東三省處於日俄兩大列強「環伺」之下，唯恐行事稍有不慎，便會招致意外之虞，故集議結果取「和平革命」之方針，以武力造成獨立事實，逼迫總督趙爾巽出走。藍天蔚被推舉為關東革命軍「討虜軍大都督」，張榕（革命黨人，留日士官生，時任督練公所軍事參議）為奉天都督兼總司令，吳景濂（奉天諮議局議長，傾向革命的立憲派人士）為民政長。

九月十六日（11 月 6 日）會議機密當晚就由第二混成協管帶李和祥向總督趙爾巽作了稟報，駐奉天省城的巡防營只有中路一部，遠不能與藍天蔚的第二混成協相抗衡，總督趙爾巽雖已徵調後路巡防營入衛省城，然事急之下遠水難解近渴。因此老奸巨滑的趙爾巽不得不對藍虛與委蛇，以安其心，同時積極斡旋駐奉新軍中的「反動」力量，伺機反撲。第二混成協的班底源於

袁世凱的北洋第二鎮及第四鎮，軍中的保守勢力非常強大，藍天蔚身為協統，但並不能全面掌控這支軍隊。〔註2〕第三標標統聶汝清，乃清末名將聶士成的侄子，趙爾巽多以「世勳」相激勵，聶表示願意為趙「效忠」。駐洮南的前路巡防營統領張作霖土匪出身，得到瀋陽內線密報，率部星夜兼程，較後路防營及時趕至省城，在諮議局副議長袁金鎧的引介下，投身趙爾巽門下，更增添了趙爾巽與革命黨人較量的本錢。

九月二十二日（11月12日）由諮議局議長吳景濂牽頭，革命黨人策劃的奉天獨立保安大會假諮議局開會。紳商學軍各界代表紛紛到會，吳景濂首先說明集會主旨，然後趙爾巽講話。趙爾巽抓住當時人們恐懼日俄武裝干涉的普遍心理，極力勸誡眾人取自治的方式靜觀待變，不要取激烈的方式宣告獨立。革命黨人趙中鵠態度強硬，要求當局即刻宣佈獨立，脫離與滿族統治者的關係。關鍵時刻，張作霖挺身而出，掏出手槍，用野蠻的武力將哄鬧的議員及代表震懾住，維護了趙爾巽的官府尊嚴。〔註3〕在張作霖的武力脅迫下，「奉天國民保安會」成立，趙爾巽被推舉為會長，諮議局議長吳景濂、第三十九協協統伍祥禎出任副會長，軍政部長由第二混成協標統聶汝清擔任，副部長為張作霖，袁金鎧任參議總長，革命黨人張榕任參議副長。

二十二日（11月12日）的大會上，革命黨人除了趙中鵠有所表現外，幾乎看不到其他人的身影，革命黨人寄予厚望的藍天蔚沒有能夠力挽狂瀾。黨人寧武有關東北辛亥革命的回憶文章中交代了這樣一個細節，藍天蔚曾密謀召開保安大會時調第二協入城，然自己並不知道北京方面已撤去了他的協統職任，及至隊伍不聽調動，才感覺到異樣，藍得知真相後當晚即從大連逃亡滬上。〔註4〕黨人李培基持同樣的說法：「藍天蔚以奉命開拔入關為名，命令

〔註2〕 趙爾巽九月十八日密電大學士那桐時，有云：所幸此協（第二混成協）兩標統、管帶等，多項城（指袁世凱）舊部，皆尚可靠。伊（藍天蔚）所換管帶二、小官長五六皆鄂人，然不能動搖全體。（中國第一歷史檔案館：《清代檔案史料叢編》第8輯，北京：中華書局，1982年，第9～10頁。）

〔註3〕 劉德權：《辛亥革命發動時張作霖進入奉天》，中國人民政治協商會議吉林省委員會文史資料研究委員會編：《吉林文史資料選輯》第4輯，長春：吉林人民出版社，1983年，第42～43頁；寧武：《東北辛亥革命簡述》，中國人民政治協商會議全國委員會文史資料研究委員會：《辛亥革命回憶錄》第5集，北京：中華書局，1963年，第547～548頁。

〔註4〕 寧武：《東北辛亥革命簡述》，中國人民政治協商會議全國委員會文史資料研究委員會：《辛亥革命回憶錄》第5集，北京：中華書局，1963年，第547～548頁。

軍隊入城，意欲搶佔總督衙門及庫房等要地，第三標標統聶汝清接令後詢知其中實在情形，遂即到總督衙門告密，趙急令軍事總參議官蔣百里告藍，謂事情已經失敗，業令聶標統代理協統，請藍即乘車赴大連，離開瀋陽，以免省城發生軍事慘禍，藍知大事已去，當即偕同親信數人，乘南滿車離瀋陽，經大連赴上海。」〔註5〕寧、李二人記述中有些細節尚需商榷，但事件的走向大致不出左右，這或許是二十二日保安大會藍天蔚銷聲匿跡的理由所在。

藍天蔚正式免職令九月二十四日（11月14日）下達，這與寧武、李培基等人說的時間點稍有些不「吻合」之處，但符合中國官場的運作風格，這一點從聶汝清被「公推」為軍政部長事件中似可以印證。王鐵漢撰寫的關於張作霖的回憶文章卻提供了一個不同的版本，即召開保安大會之前，主張獨立的新軍將領已經在張作霖「流氓」式的武力脅迫下表示了「曲從」。〔註6〕王的敘述「很文學」，但並不代表事件不可能有這樣的發展。

九月二十四日，朝廷諭令：藍天蔚著開缺統領官，交趙爾巽差遣委用。同日，趙爾巽發佈了委派藍天蔚赴東南各省考察戰事並傳佈奉省保安會宗旨札文，將藍「驅逐」出省。被拔掉「虎牙」的藍天蔚，又缺乏冒險的精神與膽略，只得滿腹怨恨的惆悵離去，藍天蔚在大連登船離去時，給趙爾巽寫了一封信，其心境如許：「天蔚秉性過愚，然非畏事之輩，亦非無起義之權，並非無輔佐之人，猶甘辭兵柄，單騎入鄂，曉以利害者，誠以東三省幾次兵燹，去年大疫，今年大水，不忍視生民塗炭，我公危險，且與奏請立憲主旨相背謬，無以見信於天下。孰意我不負人，而人竟負我。」〔註7〕

藍天蔚被逼出走，使得革命黨人倚恃新軍謀求奉天獨立的圖謀化為烏有。九月二十七日（11月17日）奉天革命黨人中的激進派張榕，將奉天各革命團體捏合在一起，成立了「聯合急進會」。張榕任正會長，副會長為張根仁、

〔註5〕　李培基：《辛亥關外革命始末》，中國科學院歷史研究所第三所：《近代史資料》總15號，1957年第4期，北京：科學出版社，1957年，第32頁。

〔註6〕　王鐵漢：《張雨亭先生掌握東三省軍政權的經過》，《傳記文學》第5卷第3期，第31～32頁。（注：王說張作霖的部隊八月二十三日已通過遼源當存疑，現雖看不到趙爾巽徵調後路防營電稿，不知其確切時間，但據《盛京時報》九月二十九日之記述「前路防營張作霖所部暫住萬福客棧，一俟勘定營房，即將分派駐紮」推算，張作霖帶至省城的部隊只是一小部，其大部隊應在保安會之後幾天趕至省垣。）

〔註7〕　中國第一歷史檔案館：《清代檔案史料叢編》第8輯，北京：中華書局，1982年，第25頁。

柳大年、李德瑚等，諮議局議長吳景濂、副議長袁金鎧任參議。急進會宣導的宗旨是「政治改革」，且「須抱人道主義，不分種族，以和平進行」。〔註8〕從吳、袁二人出任參議可以看出，急進會的領導者對奉天當局還抱有幻想，希望可以用「和平」的方式把奉天拖入自己設想的「和平革命」的軌道，這其中當然也有張榕等人所不能忘懷的衝突會導致日俄干涉的心理陰影在作怪。〔註9〕

　　張榕作為革命黨中的激進派出任奉天保安會副參議長，儘管有人說這只是一種點綴，但極能說明趙爾巽籠絡人心的手段。秦誠至《辛亥革命與張榕》一文有如是說：張榕急於搞東三省獨立，好聲援武漢，趙爾巽抱著「深知其謀，憚之彌切」的心情，盡力用緩兵之計，安排吳景濂陪張榕到督署密談三日。張要求宣佈獨立，趙佯示贊許，陰設毒計，並以對日外交關係作為推遲宣佈獨立的藉口，又保薦張為保安會副參謀總長（參議副長），以安定張榕之心。張年青心實，便入了趙的圈套。〔註10〕

　　聯合急進會倡議「和平革命」的過程，正是奉天當局政策逐漸右轉的過程。奉天當局的保守趨向，造成革命黨人「合法」活動的空間逐漸被壓縮。諮議局議長吳景濂十月初九日（11月29日）作為議和代表赴滬後，急進會與官方聯繫的潤滑中介消失。思想右傾的副議長袁金鎧，作為急進會的成員，充當了官府的坐探角色，把急進會的一舉一動全部呈報給奉天當局。張作霖的防營進駐省城後，地方民眾的心理安全感漸漸樹立起來，地方士紳鑒於皖湘粵浙等省獨立後之糜爛，對獨立之熱情漸行漸遠。更重要的是日俄兩大列強的態度，他們不希望奉天獨立後可能出現的紊亂，損害到自身的利益。〔註11〕聯合急進會的主張沒有了市場，而各地「倡亂」的黨人又與急進會關係難

〔註 8〕奉天：《紀東三省聯合急進會》，《大公報》1911 年 11 月 27 日。

〔註 9〕據 1911 年 11 月 24 日《盛京時報》記載，張榕公開宣稱，「現在我急進會擁有三萬五千之兵力，以為後盾，散佈東省各地之馬賊已暗通我黨，保安會議員之大半及諮議局議員各商紳等無一不通款我黨者，一切準備畢成。惟迄不敢發難者，以東省與日本關係甚密，未便輕舉之故。而已若能將日本態度辨明，則遽而勃發迅雷，當亦不暇掩耳也。」（《盛京時報》1911 年 11 月 24 日，章開沅、羅福惠、嚴昌洪：《辛亥革命史資料新編》第 3 卷，武漢：湖北人民出版社，2006 年，第 393 頁。）

〔註10〕秦誠至：《辛亥革命與張榕》，中國人民政治協商會議全國委員會文史資料研究委員會：《辛亥革命回憶錄》第 5 集，北京：中華書局，1963 年，第 597～598 頁。

〔註11〕要聞：《奉天不能獨立之確因》，《大公報》1911 年 12 月 8 日。

以分離，趙爾巽總督終於向急進會下手了。十二月初五日（1912 年 1 月 23 日）晚，諮議局副議長袁金鎧偕同急進會會長張榕在西關平康里宴飲，「袁副議長先行辭出，比張榕出時，有常服者二人，覷定張榕用手槍三發擊中要害，登時斃命，時在夜二十鐘也。」〔註 12〕同一天晚上，與張榕有密切關係的幾個人，如張榕的哥哥張煥柏、急進會文秘田亞斌、四品佐領旗人寶崑一同遇害，奉天陷入白色恐怖之中。

　　分散活躍於各地的革命黨人希冀通過自己的努力以影響省城。在革命黨人發動的舉義活動中，有防營、巡警參與，更多的則是綠林會黨中人。在關外黨人舉義活動中，奉天莊河顧人宜〔註 13〕部民軍舉義最早，規模最大，影響最廣。其它如鳳凰、遼陽、海城、鐵嶺等地黨人起事，大多旋起旋滅。

　　及至清帝退位，共和告成，東三省仍然兵戈不息，趙爾巽幾成為眾矢之的。為保境安民，總督趙爾巽坐鎮歸然不動，對「關外大都督」藍天蔚虛張聲勢「逼令改懸五色國旗」的做法，堅持權操自我，不稍退讓。對鐵嶺、海城、開原等地黨人「倡亂」，一體嚴剿，毫不手軟。對參與鐵嶺「變亂」日人之交涉，不假辭色。

　　鐵嶺縣城於壬子正月初四日（2 月 21 日）收復，然鐵嶺事件讓趙爾巽看清了日本人的真面目：「蓋彼之陰謀，原欲奉與中央斷離，自宣佈共和一致，竟出料外，於是憤激顯露，手法大變」。〔註 14〕鑒於日人之「圖謀」，趙爾巽鎮撫變亂的手法也開始調整，壬子正月初三日（2 月 20 日）總督趙爾巽張貼「曉諭」，對於願意放棄武力的外省籍黨人，給予「川資」遣返回籍；對於省內黨人「勸誡」各回舊業，願為國效力者，「必定量才錄用」。〔註 15〕

〔註 12〕　《盛京時報》1912 年 1 月 25 日，章開沅、羅福惠、嚴昌洪：《辛亥革命史資料新編》第 3 卷，武漢：湖北人民出版社，2006 年，第 482 頁。

〔註 13〕　顧人宜原本是聯莊會首領，後接受革命黨人宣傳，加入同盟會。九月三十日（11 月 20 日）顧人宜在莊河舉義，「打響了辛亥革命在東北的第一槍」，初七日（11 月 27 日）顧在莊河成立中華民國軍政分府，自任「中華民國征清滿洲第一軍司令官」。十月中旬，顧人宜部民軍與官府「和解」，接受「招安」。十一月二十八日（1912 年 1 月 20 日）「關外大都督」藍天蔚督率一支學生北伐軍乘「海容」、「海琛」、「南琛」號軍艦在登州上岸。顧人宜部民軍聞訊，再舉義旗。清帝遜位後，顧人宜所部民軍與藍天蔚一道撤往山東煙臺。

〔註 14〕　第一歷史檔案館編：《清代檔案史料叢編》第 8 輯，北京：中華書局，1982 年，第 197～198 頁。

〔註 15〕　《盛京時報》1912 年 3 月 7 日，章開沅、羅福惠、嚴昌洪：《辛亥革命史資料新編》第 3 卷，武漢：湖北人民出版社，2006 年，第 524 頁。

　　壬子正月初四日（2月21日）革命黨人柳大年、張根仁被釋出獄，翌日二人各呈遞「服辯狀」一張，接受奉天當局發給的「川資」銀，打道回里，陸續遣返者也不乏其人。〔註16〕藍天蔚在趙爾巽斡旋之下，迫於南北方壓力，聲稱願意將活躍於東三省各處民軍解散，而對於尚「恃眾任意行動，擾害大局者」，同意當局以匪論處。〔註17〕

　　革命黨人在東三省的活動失去了張力，煙消雲散自在意料之中。對於大局崩潰後逃亡奉天的滿清宗社黨人，趙爾巽為了大局穩定起見，拋棄幻想，不再「羽翼」，對宗社黨人之活動也一體「嚴糾」。各種勢力活躍之下的東三省，在趙爾巽等督撫的護衛中，沒有出現政局跌宕，功莫大焉。

　　作為「龍興」之地的東三省，長期以來實行的是有別於內地的將軍管理體制，光緒三十三年（1907年）藉官制改革之機，東三省改建行省，與內地一樣推行督撫管理體制，然鑒於東三省地位的特殊性，東三省總督授欽差大臣銜，賦予兼管吉、黑巡撫事的特權。辛亥變局中總督趙爾巽的角色至關重要，一個原因是體制攸關，另外一個原因就是趙爾巽的資歷與仕宦經驗是當時的吉林巡撫、黑龍江巡撫所難以比擬的。革命黨人在東三省的力量也主要集中在奉天，因此，辛亥變局中東三省的政局走向完全視奉天為轉移。

（二）直隸

　　直隸駐省新軍多為袁世凱北洋軍，永平秋操後又有張紹曾所統第二十鎮新軍暫住灤州，張部二十鎮新軍亦脫胎於北洋六鎮。九月初六日（10月27日），張紹曾聯合藍天蔚等人打出「灤州兵諫」旗號，剎那間朝野為之震驚。

　　第二十鎮新軍暫住灤州，直隸總督對其有兼轄之責。總督陳夔龍對駐灤新軍早已心懷戒備。九月初五日（10月26日）肩負為二十鎮新軍「打前站」使命的革命黨人王葆真由灤至津，引發直隸官府「注意」自在情理之中。

　　灤州「兵諫」前後，天津坊間已有灤州新軍「兵變」謠傳。九月初七日（10月28日）陳夔龍致電內閣暨外務部，商討調兵防護天津事宜。〔註18〕陳

〔註16〕第一歷史檔案館編：《清代檔案史料叢編》第8輯，北京：中華書局，1982年，第213頁；《遼寧辛亥革命檔案史料選輯》，章開沅、羅福惠、嚴昌洪：《辛亥革命史資料新編》第3卷，武漢：湖北人民出版社，2006年，第222～223頁。

〔註17〕第一歷史檔案館編：《清代檔案史料叢編》第8輯，北京：中華書局，1982年，第212頁。

〔註18〕外務部發直隸總督陳夔龍電，宣統三年九月初八日（1911年10月29日），外務部發電簿。

夔龍此刻陳請調兵進駐天津，顯然是聽到了什麼風聲。陳夔龍《夢蕉亭雜記》曾有如是記述：「紹曾兵柄既解，踉蹌帶數十人，夤夜來天津。以諮議局議員素通款洽，徑詣局中止宿。合局大驚。某巨紳及議長閣君倉皇來報，請余飭令所住衛隊移宿他所。余笑應之曰：『君等昔以張某爲義師，不惜爲之道地，今竟何如。』」〔註19〕此段文字描述雖屬事後追憶，仍可概見陳氏對灤州新軍動向的把握並非虛妄。

九月初九日（10月30日）張紹曾特致電直隸總督陳夔龍，要求「登報」澄清灤州兵變謠傳。〔註20〕陳夔龍混跡官場多年，自然清楚張紹曾「此地無銀三百兩」的言外之意，但爲了應付張紹曾，也爲了安撫津埠人心，陳夔龍還是派人將張紹曾來電在報紙上予以登載。更爲「做作」的是，陳夔龍特撥銀一萬兩，命與張紹曾「有舊」的通永鎮總兵田文烈前往灤州「代通情款」。〔註21〕

九月初七日（10月28日），灤州「兵諫」因吳祿貞介入，形勢愈加嚴峻。吳祿貞、張紹曾二人定下「聯手覆清」之大計，隨後因吳祿貞被任命爲繼任山西巡撫，原本以張紹曾爲中心的行動計劃，重新設計後吳祿貞成了其中的關鍵角色。直隸總督陳夔龍在這場角逐中或許沒有起到扭轉乾坤的作用，然透過些許蛛絲馬蹟仍可以看到直督陳夔龍的身影。王葆眞回憶文章有稱，陳夔龍截獲了吳祿貞與張紹曾約定共同舉義的密電。現在王氏的說法有多大的眞實性還無法考證，不過革命黨人何遂所寫的回憶錄《辛亥革命親歷紀實》中的確提及張、吳之間有過密電往來之事。〔註22〕

〔註19〕　陳夔龍：《夢蕉亭雜記》，北京：北京古籍出版社，1985年，第117頁。

〔註20〕　杜春和：《辛亥灤州兵諫函電選》，中國科學院近代史研究所近代史資料編輯組：《近代史資料》總91號，北京：中華書局，1997年，第56頁；本埠：《兵變訛傳》，《大公報》1911年11月1日。

〔註21〕　陳夔龍：《夢蕉亭雜記》，北京：北京古籍出版社，1985年，第116頁。（注：陳氏《夢蕉亭雜記》中記述田文烈到灤州「犒軍」是在吳祿貞被刺殺之後，考之杜春和編輯的《辛亥灤州兵諫函電選》，可知田文烈到灤州「犒軍」是在九月十三日之前的事，陳氏記述要麼就是記憶出現「失誤」，要麼就是「故意」顚倒時間，爲自己「抹金」。）

〔註22〕　王葆眞：《灤州起義及北方革命運動簡述》，中國人民政治協商會議全國委員會文史資料研究委員會：《辛亥革命回憶錄》第5集，北京：中華書局，1963年，第413頁；何遂：《辛亥革命親歷紀實》，中國人民政治協商會議全國委員會文史資料研究委員會：《辛亥革命回憶錄》第1集，北京：中華書局，1961年，第480、474～475頁。（注：何遂在吳祿貞被殺後，向山西來的部隊發表動員講話，提到了在吳祿貞桌上找到的兩份電報，一份來自灤州，是張紹曾與藍天蔚拍來的，電文：「本軍已整裝待發，請與山西軍前來會師。」另一份

九月十七日（11月7日）凌晨吳祿貞被刺殺，大好形勢急轉直下。九月十六日（11月6日）清廷以長江「宣撫大臣」的一紙任命將張紹曾的二十鎮統制職任剝奪。九月十九日（11月9日）張紹曾「奉旨」允准，「因病開缺，回津就醫」。〔註23〕陳夔龍《夢蕉亭雜記》對當年事件追述時感慨：「翼日，紹曾來謁，攜其六歲子同來，藉明心跡。余偵知其近日舉動乃父亦不謂然，因囑其早歸養親，徐觀世變，此事遂告結束。然此數日中，運籌決勝，咸資文武各僚友悉心勷助，獲免愆尤，不可謂非幸事已。」〔註24〕數日「運籌決勝」，得以「獲免愆尤」，這只是十數年後陳夔龍心態的寫照，當年陳氏的心理絕非如此「簡單」。

駐灤新軍就像一顆定時炸彈。十一月十一日（12月30日）直隸總督陳夔龍接獲通永鎮總兵王懷慶轉發的灤州「兵變」告急電，請示「機宜」。陳夔龍隨即致電內閣、軍諮府、陸軍部，建議：「先事勸解撫慰，一面收束兵隊，密籌抵禦，察其真象，順機消弭」。〔註25〕通永鎮總兵王懷慶臨危受命，於十一月十三日（1912年1月1日）行抵灤州「勸撫」，直隸總督陳夔龍也同時派員前往灤州「調研」。十五日（1月3日）駐灤軍組建北方革命軍政府。十六日（1月4日）清廷調派陸軍第三鎮統制官曹錕、通永鎮總兵王懷慶帶領陸淮各軍前往剿撫。

經過兩日激戰，灤州義軍死傷慘重，參與其間的革命黨人亦有戰死或被俘死難者。直隸總督陳夔龍對「平叛」一事鼎力相助，在直省藩庫竭蹶情形之下，代朝廷預籌款項，墊付兵費；十七日（1月5日）一大早又派員押運棉褲、棉襖八百餘套至灤州，令歸順者「更穿繳械，各回原籍」，不從者「槍斃」。〔註26〕十數年後，陳夔龍在《夢蕉亭雜記》中提及這段往事，對王懷慶仍然「讚不絕口」，對自己「批令」將戰場上擒獲的數十名學生軍「悉數殲除」，絲毫也沒有愧疚之情。〔註27〕

是吳祿貞的回電，電文：「願率燕晉子弟一萬八千人以從。」這兩份電報的真實性待考，也有可能是何遂為安撫軍心「杜撰」出來的，亦未可知。）

〔註23〕杜春和：《辛亥灤州兵諫函電選》，中國科學院近代史研究所近代史資料編輯組：《近代史資料》總91號，北京：中華書局，1997年，第66～67頁。

〔註24〕陳夔龍：《夢蕉亭雜記》，北京：北京古籍出版社，1985年，第117頁。

〔註25〕鹿鍾麟：《灤州起義的前前後後》，中國人民政治協商會議全國委員會文史資料研究委員會：《辛亥革命回憶錄》第6集，北京：中華書局，1963年，第172頁。

〔註26〕要聞：《灤州軍變情形之報告》，《大公報》，1912年1月6日。

〔註27〕陳夔龍：《夢蕉亭雜記》，北京：北京古籍出版社，1985年，第116～117頁。

活躍於直隸的革命黨人也曾於任邱、蠡縣、通州、張家口等地籌謀起事活動，除任邱舉義慘遭鎮壓外，他處皆因事機不密，事泄未果。十月十二日（12月2日）直隸當局更於奧租界「破獲」黨人王鐘聲案。

王鐘聲，名熙普，鐘聲是其藝名，浙江紹興人，曾留學日本，回國後從事「戲劇改良」工作，借戲劇宣傳革命。上海光復後，王氏曾出任滬軍政府參謀，不久借「演戲」為名，潛至天津奧租界，密謀舉事。王鐘聲的活動為直隸當局所布暗探偵悉，直督陳夔龍遂密令警察總辦楊以德串通澳租界巡捕房，十月十二日（12月2日）夜由探訪局警員十餘人到奧租界將王鐘聲等七人拿獲，當場搜出都督印信一顆，並文件、信函若干。陳夔龍授意將王氏一干「人犯」押送天津鎮總兵張懷芝軍營之中「刑訊」，王鐘聲對自己革黨身份「直認不諱」，且以清廷九月初九日開釋黨禁上諭為自己辯護。直隸總督陳夔龍命令將「首犯」王鐘聲依照軍營拿獲「奸細」罪處斬。〔註28〕污黨人為匪，更顯現出直隸當局鎮壓革命黨人的窮凶極惡。

（三）新疆

在迪化領導發動起義的是革命黨人劉先俊。劉先俊，湖南寧鄉人，留日士官生，同盟會會員。宣統三年（1911年），劉先俊借用舅父陶森甲與袁大化「舊識」關係，「入仕」新疆謀求發展。袁大化對於「新學」出身的劉先俊不敢重用，礙於「舊識」關係，委劉署任督練處教練官，並不授予軍事實權。

武昌起義爆發後，腹地各省獨立消息紛沓而至，劉先俊意欲勸說袁大化宣佈「共和」，脫離滿族統治。袁大化思想保守，以新疆「地處邊陲，緊接強鄰，兵單財少，人民知識程度不及內地十分之一」等為由，規勸劉先俊新省「無一可言自立」之資格，「只可保土安民，以靜觀變，不宜圖空名而召實禍」。劉先俊知道袁大化不可「救藥」，遂決意使用武力，而袁大化也磨刀霍霍，聲稱「敢有暴動者，是亂民也，殺無赦」。〔註29〕

〔註28〕　《宣統三年十月十四日直隸總督陳夔龍致內閣民政部電》，中國史學會主編：中國近代史資料叢刊《辛亥革命》（六），上海：上海人民出版社，1957年，第376頁。

〔註29〕　魏長洪：《迪化辛亥起義風雲》，中國人民政治協商會議新疆維吾爾自治區委員會文史資料委員會編：《新疆辛亥革命史料選編》，烏魯木齊：新疆人民出版社，1991年，第63～64頁；鍾廣生：《辛亥新疆定變紀略》，中國史學會主編：中國近代史資料叢刊《辛亥革命》（七），上海：上海人民出版社，1957年，第442頁。

劉先俊秘密聯絡各界志士，積極籌謀起事事宜。當時新疆編練有新軍混成一協，轄步隊一標，另有馬隊一標、炮隊一營、工程一隊，兵員計有二千三百二十二名。〔註 30〕劉先俊分別派人予以聯絡，對於駐省之巡防營及撫署衛隊，劉先俊親自負責做宣傳工作。為增加起義力量，劉先俊還派人聯絡了哥老會三百餘人準備屆時回應。

據《民立報》記述，先於劉先俊等人舉義之前，劉鼎坤（留日士官生）、時勤敷、張嗣臣、但達三等志士（中學堂教習）曾籌謀用「暴動」的方式「推翻袁撫，更立新督」，八月二十九日（10 月 20 日）、九月二十日（11 月 10 日）兩次謀舉均因「事機洩露」而不果，劉鼎坤、但達三被捕，時、張二人「遠颺」。〔註 31〕

十一月初七、初八日（12 月 26、27 日），迪化省城風聲益緊，督練公所門前赫然出現黨人舉義的「匿名」揭帖。迪化城內紳商唯恐亂事遽發，「懼蹈往歲覆轍」，遂眾口一詞「告發」劉先俊，袁遂命人四出偵緝。初九日（12 月 28 日）起義前夕，叛徒符西垣等向新疆當局「自首」，袁大化得到了黨人起義的組織名冊，迅速派人捕殺了革命黨人唐曉雲、陳光模，劉先俊等在逃。

十一月初九日（12 月 28 日）夜劉先俊被迫率百餘名黨人倉促起事，預計先攻佔防營協署，再攻打撫署，不料允作內應的衛隊長王學斌「變卦」，在義軍攻打撫署時，令兵士開槍還擊，義軍遭重創。馬隊此刻亦心存觀望，按兵不動，城外哥老會因城門戒嚴不得入。義軍聯合巡警攻打炮隊，又因警官桂瑞麟陣前「反水」，宣告失利。十日（12 月 29 日）晨，袁大化調協統王佩蘭指揮步隊包圍了巡防營，又於城門樓架炮攻擊，防營損失慘重，繳械請降，劉先俊被捕。

迪化起義失敗後，袁大化對革命黨人展開大搜捕。參加起義的防營士兵全部遣散，願意回家務農者，撥給荒地；願意吃糧當兵者，送往南疆補充各營卡空額。據事後統計，劉先俊領導的迪化起義，遇難者 86 人，遭流放者 193 人。〔註 32〕

〔註 30〕趙爾巽：《清史稿》，卷 132，志 107，北京：中華書局，1979 年，第 3947 頁。
〔註 31〕張大軍：《新疆風暴七十年》（1），臺北：蘭溪出版社有限公司，1980 年，第 41～42 頁。
〔註 32〕魏長洪：《迪化辛亥起義風雲》，中國人民政治協商會議新疆維吾爾自治區委員會文史資料委員會編：《新疆辛亥革命史料選編》，烏魯木齊：新疆人民出版社，1991 年，第 68 頁。（注：迪化起義親歷者萬象春回憶錄稱，此次死難

　　十一月十三日袁大化致電內閣，奏報迪化「事變」：「匪首劉先俊等，因內地多事，特來趁此謀亂，……初九晚突有匪徒百餘人哄入城守協營，奪取槍械，裹脅營兵，撲犯撫署東營。經哨官王學斌督兵擊竄。……遂撲陸軍炮營，志在奪炮登城，轟擊各署，……經督隊官鄧玉山督兵擊斃數名，始退。……又入警察第一區。被警兵擊走。……又竄回協營。先已飛調陸軍協標統王佩蘭、曹用愚等挑帶步隊圍攻協營。天曙，一面曉諭，一面炮擊，遂繳械受命。分別內脅外匪辦結。商民絲毫未擾。匪酋劉先俊、唐小雲、陳光模、陳菊芳均孥獲正法。地方一律平靖。死事鄧玉山、溫新合、郝殿生，擬懇恩優恤。協統王佩蘭、標統曹用愚等，可否酌給獎敘以示鼓勵。乞代奏。」〔註33〕翌日清廷寄頒發上諭，對袁大化提出「嘉獎」，對出力人員也准予「請獎」。〔註34〕

　　就在袁大化慶幸迪化黨人舉事未遂之餘，伊犁傳來新軍「兵變」消息，袁大化聞變吃驚非小。伊犁為將軍駐節之地，乃新疆軍事要區，駐有新軍一協，班底為光緒三十四年（1908年）由伊犁將軍長庚從湘省南洋軍及直隸北洋軍奏調拼湊而成，鄂籍同盟會會員楊纘緒，奉調隨同出關，同行者還有馮特民、馮大樹等十餘人，是為軍中革命黨人活動的種芽。

　　十一月十九日（1912年1月7日）晚九時黨人發動新軍起事，伊犁將軍志銳被殺，新、舊滿營經勸說，放下武器，和平解決。卸任將軍廣福受邀擔任軍政府臨時都督，楊纘緒出任軍政府軍務部總長，原伊犁知府賀家棟出任參謀部總長兼掌財政，馮特民出任外交司總長。伊犁臨時政府隨即致電新撫袁大化，勸說其擁護共和，回應革命，稱願意以大都督之位相讓，袁大化嚴詞拒絕，並誓言以「兵戎」相見。

　　十二月初一日（1月19日）迪化方面以「平叛」名義組建了一支西進軍，以新軍協統王佩蘭為首，統帶步、騎、炮兵計五營開赴前線。伊犁軍政府則以「東征」為名，於十二月初三日（1月21日）組建了一支東進軍，雙方在大河沿、精河、沙泉子、固爾圖一帶展開激戰。

　　　者人數為143人。參見萬象春：《新伊革命史略》，《新疆辛亥革命史料選編》，
　　　第32頁。）
〔註33〕　《新疆起義清方檔案》，中國史學會主編：中國近代史資料叢刊《辛亥革命》
　　　（七），上海：上海人民出版社，1957年，第447頁。
〔註34〕　中國第一歷史檔案館：《清實錄・附宣統政紀》第60冊，北京：中華書局，
　　　1987年，第1242頁。

　　就在新疆民清兩軍對壘之際，朝局發生了重大變化。宣統三年十二月二十五日（1912 年 2 月 12 日）清帝遜位詔書頒佈，由於新疆去京師萬里之遙，加之戰亂，訊息阻塞，至壬子正月二十四日（3 月 12 日）袁大化才接獲郵傳部轉發遜位諭旨，頓時胸中湧動出「轉瞬山河都改色」的一種心灰意冷的絕望。

　　袁大化對「共和」改制多有不滿，無奈時局如此，自思忖無迴天之力。二月初一日（3 月 19 日），袁大化雖然未接受臨時大總統袁世凱新疆都督之「相授」，仍借勢致電廣福，聲稱：「現接袁大總統電，共和宣佈，南北統一，各省督撫，皆稱都督，新疆以巡撫兼之，統一事權。舊日領土，自應保全。請公銷去獨立都督名號，退還新疆地方，……如不從，即係不願罷兵息民。」〔註35〕意欲以「訛詐」的方式換取軍事上得不到的東西，自然遭伊犁方面的反對。伊犁方面之不屈服，使得袁大化對臨時軍政府如鯁在喉，二月初三日（3 月 21 日）迪化省軍向沙泉子伊犁民軍再度發動攻擊。

　　袁大化之倒行逆施，引來一片反對之聲。迫於壓力，二月初九日（3 月 27 日），袁大化同意伊新雙方在塔城開啟「和談」。三月初八日（4 月 24 日）袁大化又通電正式宣佈共和「易幟」，次日即電請去職，並舉薦同鄉舊友喀什道袁鴻祐為新疆都督。不料新任都督袁鴻祐於三月二十一日（5 月 7 日）被喀什的哥老會戕殺。不得已袁大化又密保鎮迪道楊增新繼任都督，四月初二日（5 月 18 日）袁總統又任命楊增新為新疆都督，初六日（5 月 22 日）北京政府公報又發佈袁大化署「南疆剿撫事宜」任命：「袁鴻祐在喀什噶爾猝被戕害，已任命楊增新為新疆都督，惟南疆一帶幅員過廣，民族眾多，亟宜速籌鎮撫，以靖人心，而維大局。前任都督袁大化現尚在新疆，著派令督辦南疆剿撫事宜，所有省垣及南疆軍隊均准節制調遣，迅將應辦各事宜會同楊增新妥為辦理。」〔註36〕

　　袁大化承認共和、宣佈易幟，乃迫不得已之舉，「不知共和為何物」的袁大化，心中對伊軍政府的怨恨並未消減，對各地「變亂」也極為仇視，有心赴南疆「平亂」的袁大化逆時而動，自然成為眾矢之的。新疆各界之反對，使得袁大化再也難以在新駐留，四月二十日（6 月 5 日），袁大化懷著戀戀不捨的心情離開迪化省城，踏上了東歸的路途，五月初七日（6 月 21 日）袁大化一行人進抵哈密，時逢哈密「變亂」，袁氏乃應哈密回王沙木胡索特之邀，

〔註35〕　呂一燃：《辛亥革命在新疆》，《近代史研究》，1980 年第 4 期，第 227 頁。
〔註36〕　中國第二歷史檔案館：《政府公報》影印，第 1 冊，上海：上海書店，1988 年，第 449～450 頁。

調派錢廣漢部鎮撫。新督楊增新為標榜「革新」之意，向黨人示好，攻擊逗留哈密的袁大化「干涉政務、戀棧攬權」，受到排擠的袁大化悻悻然於六月初十（7 月 23 日）被迫從哈密起身東行，結束了自己在新疆的「履任」。

（四）河南

河南「縮轂」中原，京漢鐵路貫穿全境，北接京津，南連江漢。武昌起義爆發後，革命黨人深知河南地理位置的重要性，故湖北軍政府成立伊始即發佈「檄河南文」，號召豫省民眾乘機起事，「共成義舉」。

八月二十二日（10 月 13 日），同盟會河南支部負責人劉春仁（一作劉純仁）假開封法政學堂召集黨人會議，籌謀河南獨立、回應武昌事宜。當時革命黨人一廂情願地把獨立的希望寄託在勸說駐省新軍協統應龍翔「反正」的身上，擔負策反重任的是曾在新軍中擔任炮營正目的吳滄洲。

河南駐軍有新、舊之分，新軍編練有混成一協，轄步隊兩標，馬炮各二營，集中駐紮省城。巡防舊軍計有四十營，分散各地駐守。新軍士兵、官長多有新式學堂教育的背景，思想較新；舊軍官兵大多「目不識丁」，思想相對保守。因是之故，革命黨人把河南光復希望寄託在新軍身上。河南新建陸軍第二十九協協統應龍翔，湖北黃陂人，留日士官生，與鄂軍政府都督黎元洪不僅有「同鄉之誼」，還有親戚關係，這或許是河南黨人把獨立希望依畀於應龍翔身上的主因所在。

河南巡撫寶棻在第一時間得知武昌「兵變」訊息，隨即應瑞澂之邀派出了一支五百餘人的新軍隊伍前往救援。同時出於本能，寶棻又電令「界鄂各處防營加意防範，以杜（鄂匪）竄擾。」〔註37〕

巡撫寶棻原本對新軍並無歧視，這一點從寶棻未遵從湖廣總督瑞澂請求防營赴援急電中即可印證。當革命黨人把目光盯在應龍翔身上的同時，寶棻也開始對應龍翔產生了「懷疑」。一個原因是應龍翔剛剛由京師禁衛軍調任二十九協協統，寶棻對應不瞭解，無從信任；另外應協統與鄂軍政府都督黎元洪的特殊關係，更是引發寶棻對應不信任的主因。

據奉命前去「遊說」應龍翔的吳滄洲記述，應龍翔對吳滄洲的來意非常清楚，但他並不願意接受革命黨人的「安排」。應龍翔羅列了一大堆理由，諸如什麼「河南比不得湖北，開封比不得武昌」、「我到任不久，兩位步標標統

〔註37〕河南巡撫寶棻等致內閣等請代奏電，宣統三年八月二十二日（1911 年 10 月 13 日），外務部收電簿。

都反對我」、「開封城內外的兩路巡防不斷同本協留守部隊發生衝突」等等。但應龍翔透露出來最重要的信息是：「自從武昌的消息傳來後，撫臺對我不免懷疑，我只得天天到巡撫衙門伴他們吃酒打牌，他們軍事上對我守秘密。在如此處境下，我已經電請軍諮府把我調回北京。」〔註38〕

吳滄洲的記述基本符合當時應龍翔的「心態」語言。由於寶棻提前採取了對應龍翔的防範措施，黨人又對「遊說」應龍翔想像的過於簡單，加上應龍翔本人確實不具備黨人所寄予的「革命膽略」，開封發動新軍舉義的計劃「告吹」。

策反應龍翔出師不利，革命黨人對駐守省城的巡防營舊軍又沒有信心，乃改變策略，「分投外縣」，發動各地會黨、綠林相機起事。

王天縱是活躍於豫西嵩縣一帶很有名的一支綠林武裝，革命黨人劉春仁、吳滄洲、劉鎮華曾發動王天縱部攻取洛陽。因洛陽各路援軍相繼到達，王天縱部不得不放棄攻城計劃，轉向陝西，與出潼關的陝西民軍張鈁部合兵。洛陽解圍，有「異動」跡象的警察教練所學生在「回防」開封後，接到「即時解散」的命令，學生回營，在職長官被監管，警察教練所機構撤銷。〔註39〕

赴豫東、豫西南、豫北開展工作的革命黨人曾聯絡當地「仁義會」、「守望社」會眾籌謀攻城或爆破黃河大橋，皆無功而返。

河南巡撫寶棻原本就是一個平庸之人，武昌「兵變」之後，河南戰略地位凸顯，革命黨人「乘機竊發」，四下活動，綠林、會黨「蠢蠢而動」，寶棻調兵遣將，已是難以招架。九月初一日（10月22日）、初八日（10月29日），鄰省陝西、山西駐省新軍相繼「告變」，更讓窮於應付的寶棻焦頭爛額。無奈之下，寶棻數度請辭。十月十三日（12月3日），河南布政使齊耀琳接任河南巡撫，寶棻得以抽身去職。

十月十九日（12月9日），齊耀琳「履新」視事，十一月初三日（12月22日）即「破獲」黨人張鍾瑞案。

〔註38〕 吳滄洲：《河南的的兩次軍事活動》，中國人民政治協商會議全國委員會文史資料研究委員會：《辛亥革命回憶錄》第5集，北京：中華書局，1963年，第360頁。

〔註39〕 徐延麟：《辛亥開封起義述略》，中國人民政治協商會議河南省委員會文史資料研究委員會：《河南文史資料選輯》第6輯，鄭州：河南人民出版社，1981年，第44頁。

張鍾瑞，字裕厚，河南許州人，留學日本，武昌起義後歸國，奉湖北軍政府命令潛回開封舉義策應武昌。革命黨人因經驗欠缺，亦或因急功近利，被巡防營統領柴德貴矇騙。在約期舉義之夜前夕，柴德貴奉新撫齊耀琳之命，領兵包圍革命軍總司令部之師範學堂，張鍾瑞等毫無防備，束手就擒者二十一人。〔註40〕其後官府在城內外大肆搜捕，共計捕獲四十餘人。

無獨有偶，河南當局效法直隸，將「捕獲」的革命黨人張鍾端、王天傑、張照發、李幹公（勉齋）、劉鳳樓等，在營務處施以重刑，勒逼為匪，初四日（12月23日）早即在南關「行刑正法」。

十一月初五日（12月25日）齊耀琳向清廷奏報「請功」：「據探，匪首張鍾端、李幹功等業已約定於夜分起事，當經飭令巡警道鄒道沂、陸軍協統張錫元、後路統領劉洪順，探明匪等約會地點，酌帶得力兵警，隨同眼線前往搜捕。張錫元在城外拿獲李幹功等六名，鄒道沂、柴得貴、劉洪順在城內臬署左近之萬壽寺等處拿獲張鍾端等三十六名。……當查此案張鍾端、李幹功等，糾結匪黨，意圖焚劫，……若非明正典刑，何以弭大亂而申國法。即將該犯張鍾端等十一名，按照陣前辦法，立時處死。一面出示曉諭，決不稍事株連，以靖人心而杜誣陷，其餘附從被脅各犯分別監禁保釋外。」〔註41〕

南方民軍政府就河南殘殺張鍾瑞等革命黨人事件，曾提出過嚴正交涉，齊耀林顛倒黑白，不承認張鍾瑞等人為「民黨」，以「捏造之供詞」，污黨人為匪，百般狡辯，袁世凱以齊耀琳覆電為據，敷衍議和代表之「詰問」，此事終不了了之。

繼任巡撫齊耀林作為袁世凱的親信，積極配合袁世凱在河南的攻守戰略，調兵遣將，對湖北河南交界之民軍實行有限度停戰，對豫陝交界之民軍貫徹攻擊性防禦，對豫境內各種「變亂」，誣之為匪，一體絞殺，決不承認其有民軍資格。對保全治安、戰守得力之軍事將領和地方官員奏請「獎賞」，對失地逃亡、戰守無方的軍事將領及官員奏請嚴懲，一力維持河南地方安全與穩定。

（五）甘肅

甘肅新軍編練有一協，轄步隊三標、馬炮各一營、工、輜各一隊。甘肅

〔註40〕 馮自由：《革命逸史》第 3 集，北京：中華書局，1981 年，第 277 頁。

〔註41〕 《河南起義清方檔案》，中國史學會主編：中國近代史資料叢刊《辛亥革命》（七），上海：上海人民出版社，1957 年，第 382～383 頁。

新軍大部由甘軍轉化而來，舊式軍隊的保守性使得革命黨人在軍中發展難以立足。光緒三十四年（1908年）隨楊贊緒奉調出關的黨人劉先質（智）、朱松潘、彭大壽等過境甘肅時留在蘭州，成為甘省從事革命宣傳活動的先驅。宣統三年（1911年）六月，劉先質因在軍中宣導革命，遭甘肅當局「密令捕拿」，被迫逃亡。革命黨人黃鉞宣統二年（1910年）冬來至蘭州謀求發展，對革命黨人不能在駐甘新軍中「開花結果」，頗為感慨，自不是無的放矢。〔註42〕因是之故，武昌「兵變」後，蘭州新軍起事活動猶如磷火乍現，難成規模，也在情理之中。

劉文厚，山西解州人，山西武備學堂畢業，充甘肅新軍三標某營軍官，聞聽武昌、西安等地新軍舉義，與「同志」劉佐寅、方芷亨意欲圖謀「反正」，遂聯絡炮隊管帶梁國璋，已運動成熟，約好發難，不料事機洩露，被一標標統陸洪濤部出而彈壓，功敗垂成，劉文厚逃亡投奔秦州黃鉞。〔註43〕

繼此之後，新軍中又發生第一標一營管帶閻鵬雲、陸軍學堂兵學教習嚴希文「自殺」事件。閻鵬雲，保定軍校畢業生，富於革命思想，因暗中與革命黨人「書信往來」，被標統陸洪濤發現，閻聞知事泄「自殺」。〔註44〕嚴希文，陸軍學堂兵學教習兼第二標第一營管帶，九月十三日（11月3日）於陸軍學堂門口張貼「告示」，動員學生「奮起抗爭」：「我們堂堂黃冑不應受異族的壓迫。……荼毒我生靈，奴役我士庶，有血氣者莫不思奮，振臂一呼，全民響應，掃除腥膻，還我河山。成則為美之華盛頓，不成則為田橫五百人」。

〔註42〕 黃鉞：《隴右光復記》，中國史學會主編：中國近代史資料叢刊《辛亥革命》（六），上海：上海人民出版社，1957年，第51頁。

〔註43〕 黃鉞：《隴右光復記》，中國史學會主編：中國近代史資料叢刊《辛亥革命》（六），上海：上海人民出版社，1957年，第55頁；魏紹武：《黃鉞在秦州反正回憶》，中國人民政治協商會議甘肅省委員會文史資料研究委員會：《甘肅文史資料選輯》第11輯，蘭州：甘肅人民出版社，1981年，第55頁。

〔註44〕 王恒：《辛亥革命前後甘肅的兵、民事變》，中國人民政治協商會議甘肅省委員會文史資料研究委員會：《甘肅文史資料選輯》第11輯，蘭州：甘肅人民出版社，1981年，第89頁。（注：閻「自殺」說還見於魏紹武、朱幼華的回憶文章，在解釋閻「自殺」的原因時，時任總督署衛隊士兵朱幼華稱，凡是有點新思想的，當局都不用，顏是陸軍學堂出身，為陸洪濤逼令自戕。時任第一標一營書記官的魏紹武稱，因為閻是保定陸軍學堂畢業生，受到當局懷疑、暗中監視，閻不安，持槍自殺。又：朱文中只寫了顏管帶，並未言明是閻鵬雲，但從閻（顏）自殺後，朱、魏均提及管帶一職由張兆鉀接任，可見二人說的自殺管帶應為同一人。）

〔註 45〕總督長庚隨即傳令新軍第二標包圍學堂，又派陸軍學堂監督王新楨強令收繳學生手中槍械，嚴希文被逼自殺，學堂學生全部遣散回籍。〔註 46〕

　　甘肅革命黨人宣導的舉義活動有二：一發生在寧夏，一發生在秦州。寧夏爲當時甘肅的一個府治，素有「關中屏障，秦隴咽喉」之稱。在寧夏發動起義的是革命黨人劉先質，起而回應的是會黨首領劉華堂，陝西民軍統領張雲山對寧夏會黨舉義也有一定的促進作用。

　　九月二十七日（11 月 17 日）寧夏起事因敵人早有防備宣告失利，義軍則如約攻佔靈州。九月二十九日（11 月 19 日）晚，黨人與會眾捲土重來，終將「支那革命大元帥孫」白旗插上寧夏城內鐘鼓樓，十月初一日（11 月 21 日）寧夏革命軍政府成立，寧夏道孫庭壽被推舉爲大都督，劉華堂任總指揮，平羅、寧朔也相繼落入民軍之手。

　　寧夏失守，蘭州震動，總督長庚急令留省之周務學部忠武軍進兵寧夏。周部忠武軍由甘肅新軍第三標三營變身而來，該營士兵多由招募成軍。總督長庚深恐周部陣前倒戈，忠武軍甫抵中衛營盤水，遂中途換將，命東征前線西軍（馬安良部回軍）馬麒部赴寧「剿辦」。與此同時，在蘭州述職的寧夏鎮總兵張紹先亦組織地主團練向寧夏、靈州撲來。

　　寧夏民軍本係臨時招募，未經訓練，武器又多係刀矛，革命黨人劉先質在率民軍攻打寧夏滿營時犧牲，劉華堂等會黨首領守城意志不堅，軍心渙散，軍政府首腦在西軍大兵壓境情形下紛紛出逃，十月二十八日（12 月 18 日）馬部西軍進佔寧夏，十一月初四日（12 月 23 日）再下平羅，靈州業已於十月初八日（11 月 28 日）由馬軍攻佔。陝甘總督長庚援引馬麒奏報，對寧夏戰役有如下描述：「十月二十四日攻破葉升堡。二十六日進駐陽和堡。二十七日行抵滿城西南豐盈堡，……（激戰）約兩時之久，炮斃逆匪多名，匪勢不支，竄回省城。是日滿城立解城圍。二十八日，乘勝進攻府城。適署寧夏鎮張紹先亦於是日出寧靈帶隊來援。……併力督攻。……弁兵由西北角攀緣登堞，逾城而入，大隊擁進，立將城克復。斃統領唐紀芳及匪徒三四百名，奪獲軍械甚多，搜出僞關防十顆。僞總兵劉華堂於兵擊之時聞已潛逃平羅，其兄僞統領劉福太暨僞營官

〔註45〕　朱幼華：《辛亥革命時期在陝甘總督公署的見聞》，中國人民政治協商會議甘肅省委員會文史資料研究委員會：《甘肅文史資料選輯》第 11 輯，蘭州：甘肅人民出版社，1981 年，第 81 頁。

〔註46〕　鄧明：《甘肅陸軍學堂與辛亥革命》，《　蘭書院》，2008 年 12 月 8 日，第 D7版。

黃連升，宋得霖等，均於二十九日會同張紹先一律搜獲正法。」〔註47〕該電奏爲邀功起見，自然有很多水分，子虛烏有的戰鬥赫然出現在馬麒的奏報中，而很多當事人記憶中馬部西軍的殺戮、搶掠卻沒有了蹤影。

辛亥變局中甘肅境內革命黨人起義影響最大的當屬秦州黃鉞。黃鉞，湖南寧鄉人，同盟會會員，因陝甘總督長庚與其父「交好」，宣統二年（1910年）冬來蘭州發展，出任督練公所軍事參議官。

武昌起義，陝西回應，長庚以三路大軍圖謀規復西安，黃鉞受環境所困，在蘭州不能有所展布，又遭到署藩司彭英甲等人「排擠」，指認黃鉞爲革命黨人，幸虧長庚念舊，不疑黃鉞有他，以東川爲甘南門戶，遂命黃鉞募兵一營駐守秦州，駐隴南之崔正午所部五營（旗）劃歸黃鉞節制。在彭英甲等人授意下，崔部實擔負監視黃鉞的任務，黃鉞以崔部兵紀太壞爲由，屢屢遣員「訓誡」找茬，崔自請更調，改隸壯凱軍張行志統屬。

黃鉞在秦州「兵單勢薄」，不敢輕舉妄動，爲愼重起見，派員四處活動。張文華奉命赴川邊，「或以去不能返、或以中道阻滯」，無法成行。乾州聯繫陝西民軍張雲山一路，約期秦陝聯手，只因張在乾州自顧不暇，形同畫餅。畢文碩銜命赴鳳翔，遊說壯凱軍，張行志「不納」。

至十二月下旬，援陝甘軍下澧泉，進逼咸陽，西安危在旦夕，此時南北停戰議和漸有成議，然西北戰火不斷，黃鉞念及「陝甘之兵一日不解，共和之局一日不定」，決心舉義逼迫陝甘停戰、接受和議。

總督長庚接獲秦州知州張庭武密報，得知黃鉞部似有「異動」，遣董福祥部馬忠孝帶兵迅即向秦州方向移動，然已遠水不解近渴。壬子正月二十三日（1912年3月11日）黃鉞舉義「反正」，翌日馬忠孝部進駐距離秦州城西二里地的王家磨。〔註48〕總督長庚聞秦州有變，吃驚非常，知道人心已去，大勢不可挽回，遂萌生去意。

各地會黨受形勢感召也有「自發」舉義者，如十月十四日（12月4日）黃會首領任得惠、喬壽山在西寧元山爾豎旗一事。任得惠、喬壽山這次起事打出的旗號就是要爲六月間黃會大首領李旺等死難者復仇，繼承他們「掃清

〔註47〕 《陝甘起義清方檔案》，中國史學會主編：中國近代史資料叢刊《辛亥革命》（六），上海：上海人民出版社，1957年，第118～119頁。

〔註48〕 張澄子：《黃鉞在天水反正概述》，中國人民政治協商會議甘肅省委員會文史資料研究委員會：《甘肅文史資料選輯》第11輯，蘭州：甘肅人民出版社，1981年，第66頁。

滅洋」未竟的事業。從任、喬二人舉義的目的上看，這只是一次「民變」而已，但他們豎旗的時間點使得這次舉義又有了特殊性，客觀上成爲甘肅辛亥革命的組成部份。

　　依照任得惠、喬壽山制定的舉義計劃：十四日各地會眾聚集郭家莊，十九日大舉東進，聯合西寧西關大營盤的新軍，攻奪西寧。不想事機洩露，西寧鎮總兵張定邦親率馬步隊趕赴郭家莊「剿捕」，手持刀茅棍棒的舉義群眾難敵官兵的快槍利炮，起義失敗。

　　十一月初一日（12月20日）陝甘總督長庚、西寧辦事大臣慶恕致電內閣：「十月十四日，西寧城南元山爾莊突有匪首任得惠、喬壽山等祭旗造反，其眾約有千人，勢甚猖獗。經署西寧鎮總兵張定邦親率馬步隊馳往剿捕，該匪輒糾合逆黨開炮轟擊，抵死抗拒，我軍奮力迭戰，賊眾奔潰，計轟斃及擒獲正法一百一拾餘名，奪獲馬匹器械無算。現仍由該鎮會同道府縣督飭防軍暨各鄉團分路搜拿。西寧府城亦加緊嚴爲防守。」〔註49〕慕壽祺《甘寧青史略》則是另外一種記述：張定邦親率步兵，直搗匪巢，匪眾見事不支，東奔西竄，除喬壽山免脫漏網外，餘匪皆被擒，張鎮憲憐其愚民無知，法外施仁，略加訊問，取保釋放，內有無人敢保之惡首十餘人，押解來城，送交西寧縣復審後，遂棄於市。〔註50〕

　　甘、新、直、豫、奉、吉、黑等未獨立省分，亦有革命黨人「倡變」，北方軍隊之保守性，使得南方獨立省分「振臂一呼、應者景從」的現象很難出現。即便像奉天、直隸等省出現了藍天蔚、張紹曾、吳祿貞這樣的統兵大員，也很難將所統帶官兵帶動起來。而地方督撫在鎮壓「變亂」過程中所表現出來「堅韌、果敢」，也是南方獨立省分多數督撫難以企及和匹敵的。

二、化解官紳矛盾

　　辛亥變局中未獨立省分的北方督撫不僅要對付「倡亂」的革命黨人，地方士紳也往往會假諸議局以及各公會團體發出各自不同的「聲音」，地方督撫自然不能像鎮撫黨人一樣，完全憑藉武力，來化解官府與地方士紳的矛盾，如何消除地方士紳製造的各種危機，考驗著每個督撫的政治智慧和不同的應變能力。

〔註49〕　《陝甘起義清方檔案》，中國史學會主編：中國近代史資料叢刊《辛亥革命》
　　　　　（六），上海：上海人民出版社，1957年，第105頁。
〔註50〕　慕壽祺：《甘寧青史略》（八），臺北：廣文書局，1972年，第88頁。

士紳力量的大小，受政治、經濟等因素的制約。西北省分地處偏遠，經濟又不發達，官紳矛盾相對較小，在整個辛亥變局中，官府的政治理念與應變舉措得到大多數士紳的理解、支持，或偶有「異音」，當局都能及時化解，雙方實未構成矛盾與衝突；東三省政治、經濟條件與西北相近，官紳之間本沒有較為顯性的對立，然經歷了日俄戰爭刺激的東三省士紳，內心懷有對清政府極其強烈不信任感，這使得他們很容易受到外界因素的影響與干擾，地方當局緊緊抓住士紳心理，保境安民，贏得了士紳的支持與理解，既打擊了異己力量，又籠絡了士紳階層；直隸、河南政治、經濟條件在未獨立省分中較為突出，又近在京畿，地方士紳在變局中假諮議局為平臺，與官府「異音」發聲最為強烈。河南當局在對士紳安撫無效的情況下，借助內閣總理袁世凱的支持，最終以解散諮議局而收場。直隸總督陳夔龍對地方士紳所發之「異音」，合作時加以利用，對抗時予以抵制，在清帝遜位前夕，最終得以全身而退。

（一）直隸

直隸近在京畿，本不恃以經濟發展與發達省分較短長，然清末新政之際，借助總督袁世凱過人的膽略與見識，直省經濟後來居上。天津作為北方重要的開埠通商口岸，地方士紳經歷了經濟大潮的歷練，眼界大開。宣統二年（1910年）各省諮議局聯合國會請願活動中，順直諮議局〔註51〕議員更依恃地理優勢，大顯身手。辛亥變局中，地方士紳假諮議局為平臺，在朝局及時局的影響下，以趨利避害的心態，與當局既有合作，又有抗爭。直隸總督陳夔龍對地方士紳多以「求同存異」姿態來協調官紳矛盾，甚至還有妥協退讓，但涉及到「獨立」這樣的原則性問題，陳夔龍態度決絕，毫無退讓之意，加之防營統領張懷芝鼎力相助，遏止了士紳的「無理」要求。

八月十九日（10月10日）武昌「兵變」，直省官紳得益於地緣優勢，各種訊息通暢，較早採取了諸多的應變舉措，官紳多以合作的姿態出現。

八月二十三日（10月14日）直督陳夔龍奏請添募防營二十營以應急需，順直諮議局極為配合，立即通過相應議案，積極支持當局招募兵丁之計劃，「預遏亂萌」。對於本省之防務，諮議局紳也非常關心，正副議長「面謁」直督，

〔註51〕 直隸省諮議局在成立之初與他省一樣擬稱直隸諮議局，後因議員中納入直省境內的兩個特別行政區——順天府、熱河，故改稱順直諮議局。

「探詢一切」，適因總督「政躬欠適」，未能接見，陳氏又特派交涉使司到局道歉，並報告本省兵事設備事宜，〔註52〕官紳之間相處極為融洽。

「鄂亂」後各地不靖消息頻傳，九月以後，各省不靖傳聞慢慢演變成眞，民眾之惶恐日形鴟張，適值諮議局第三屆常會，議長閻鳳閣、副議長高俊彤、王振垚三人面謁「督憲」，以議員紛紛請假，請示可否暫行閉會，聽其回籍。直督陳夔龍未予允准，安慰閻、高、王等人「勿自驚擾」，〔註53〕順直諮議局常會照常進行。

九月初八日（10月29日）山西駐省新軍「兵變」，巡撫陸鍾琦死難，消息傳來，京津震驚，官紳民遷徙成風，諮議局特呈請直督發文首禁官署潛移眷屬，以為民倡，直督慨然允准，並飭派候補道員洪翰香「徹查此事」。〔註54〕

在籌辦團練問題上，紳商各界為維護地方治安計，更為熱心，天津縣議事會主動稟請督憲，呈議仿各防例，在城鎮鄉各地方設立保衛社，以保治安，當局對此大力支持，飭由運司籌撥部份官款予以資助，〔註55〕順直諮議局為此專一通過組建商團、民團議案。

地方商團、民團建成後，紛紛請領槍支，直督陳夔龍鑒於鄂亂後各屬面臨的實際情況，專一修改前直督袁世凱所立槍支章程，將邊境州縣撥付槍支「不過百桿」調整至一百五十桿，腹地撥付槍支「不過六十桿」升至八十桿。〔註56〕官府借助紳商之力籌辦商團、民團等組織，為安撫人心、維護地方治安提供了強有力的保障。

九月過後，南方各省紛紛獨立，「兵變」、「民變」傳聞不絕於途，鄰省山東獨立後又復取消，山、陝、豫、皖戰火不斷，「各省接踵糜爛者甚多，而直省得以安穩如故，皆係督憲竭力維持之力」，故天津商務總會十月二十日（12月10日）提議，擬聯合各商會上書內閣「述陳直督政績，以表為國為民之苦衷」。〔註57〕為顯示官紳合作成果，津埠各商團，於十月二十日（12月10日）

〔註52〕 本埠：《預遏亂萌》、《直省設備》，《大公報》1911年10月18日。

〔註53〕 渤海壽臣：《辛亥革命始末記》，《近代中國史料叢刊》第42輯，臺北：文海出版社，1969年，第294頁。

〔註54〕 本埠：《督函照登》，《大公報》1911年11月2日；本埠：《劄覆照登》，《大公報》1911年11月3日。

〔註55〕 本埠：《擬募團勇》，《大公報》1911年10月29日。

〔註56〕 第一歷史檔案館編：《清代軍機處電報檔案彙編》第3冊，北京：中國人民大學出版社，2005年，第349～350頁。

〔註57〕 本埠：《歌功頌德》，《大公報》1911年12月11日。

下午，假河北公園，舉行盛大的會操表演，地方大紳嚴範蓀、寶硯峰等數十人與會觀演，商巡隊分東西南北中五段分段操演，「步伐整齊，規模嚴肅，殊出人意料之外」。〔註58〕二十四日（12月14日）紅十字會、體育社又在西沽大學堂組織戰地演習，既有近戰，又有救護，有軍事常識者甚或稱讚「與新軍無異」。〔註59〕

　　辛亥變局中，直隸官紳並非毫無芥蒂，雙方的矛盾也顯而易見。這種矛盾既有政治「理念」上的分歧，也有權利之爭的再度延伸。

　　「鄂亂」後直省也出現了擠兌風潮而導致的金融亂象，直隸總督陳夔龍在懇請度支部撥款沒有著落的情況下，不得不設法向外商籌借。經過運作，直隸當局向奧國商人籌借三十萬英鎊，合銀二百四十萬兩。順直諮議局對借款維持市面本無異議，事前直督也曾致函諮議局「咨商」，然諮議局議員看到合同文本時，竟然大動干戈：「惟該合同有經順直諮議局議決一語，該局決不承認。……惟並未經督憲將此案交議，該局於此事亦未建議，僅有督憲關於此事之公函一件，該局亦呈覆贊同公函一件，此外並無議案。是以該局不認合同中之經順直諮議局議決一語也。」這實際上是督撫與諮議局「權力之爭」的延續。

　　諮議局就合同文本中之第九條「吹毛求疵」：「該局為言論機關，並無執行權力，承認此項借款本利俱應按期實足交付，是責該局以執行也，毋乃謬誤太甚，宜乎該局不能承認也。」〔註60〕雖然順直諮議局同意變通辦理，要求督憲補交正式議案，準備「追議承認」，然覆函中已埋下否決的種芽，果不其然，諮議局議決時未予通過。〔註61〕

　　諮議局「權力膨脹」很大程度上得力於灤州「兵諫」，此前有很多督撫奏請廢除皇族內閣、革新政治，均遭到清廷拒絕。九月初六日（10月27日）駐灤州第二十鎮新軍張紹曾等致電內閣，奏請立憲及提出的十二條政綱卻很快得到朝廷「滿足」，官府權威受到挑戰的同時，與之對應的「民權」就出現抬頭，這一點在順直諮議局的表現中最為明顯、突出。

〔註58〕　本埠：《商團會操》，《大公報》1911年12月12日。

〔註59〕　本埠：《演操誌盛》，《大公報》1911年12月16日。

〔註60〕　本埠：《關於借款函件》，《大公報》1912年1月20日。（注：覆函中援引民軍通知，凡八月十九日以前北京政府與各友邦締結各約概行承認，八月十九日以後締結之約，將來民國政府成立統一時，概不承認。）

〔註61〕　本埠：《呈請取消借款》，《大公報》1912年1月21日。

　　直隸士紳「異化」很大程度上也源於灤州「兵諫」。九月初四日（10月25日）革命黨人王葆眞身負張紹曾重託，來津探尋地方士紳對駐灤新軍「假道」津埠的態度，王葆眞在諮議局受到議長閻鳳閣等人的熱情接待，在津的眾多議員對王葆眞宣講的革命道理「深表贊同」，不僅答應為二十鎮籌撥軍餉，還特派議員王法勤、孫洪伊赴灤州「考察」。〔註62〕此後，以諮議局為代表的地方士紳與直隸當局在「政治理念」上出現了分化，直督陳夔龍雖然知道諮議局內部出現了「異音」，但並沒有對議員們採取進一步的過激行為，即使在張紹曾之立憲軍解體之後，只是命探訪局的暗探進行監視而已。

　　九月初十日（10月31日）資政院致電順直諮議局，「徵求」對九月初九日（10月30日）四道上諭、特別是組織責任內閣、憲法交院協贊、開赦黨禁等內容的意見，諮議局覆電中提出了速開國會以收拾人心之陳請，並分電各省諮議局「協力電爭」。陳夔龍在宣統二年（1910年）督撫聯銜奏請閣會運動中屬於漸進派，速開國會並不符合他的主張，〔註63〕但這種理念只存在快與慢、早與晚的分野，並沒有根本上的對立。

　　九月二十六日（11月16日）順直諮議局接到兩封電報，一封來自上海，邀請順直諮議局派員赴會組織國會事；一封來自山東，宣告獨立後的孫寶琦，提請由江蘇都督程德全領銜，電促清政府早日宣佈共和，各省即遵從二十五日上諭「派員赴京會議優禮皇室制定國法等事」，奉北京為中央政府，否則當另行組織臨時政府，「以維大局」。〔註64〕

　　山東來電讓諮議局各議員感覺到直省所面臨的前所未有的危機，當天下午由王邵廉、賈佩卿、李舫漁、閻鳳閣、籍忠寅等七人發起組建直隸保安會，各界人士三百餘人聚集河北學會。據是日大會張貼之「公啟」，可以察知直隸士紳組建保安會之苦衷：「武漢變作，風雲俶擾，各省多謀自保，並聞有聯軍北伐之說，吾直糜爛在即，言之實為痛心，同人等再三商酌，既在本省地方，

〔註62〕　王葆眞：《灤州起義北方革命運動簡述》，中國人民政治協商會議全國委員會文史資料研究委員會：《辛亥革命回憶錄》第5集，北京：中華書局，1963年，第402頁。

〔註63〕　謝霞飛、賈俊菊、段保乾、李秋夫：《宣統朝督撫奏請閣會評議》，《河北師院學報》（社會科學版），1997年第4期，第125頁。

〔註64〕　本埠：《諮議局之為難》，《大公報》1911年11月17日；中國第一歷史檔案館：《清代檔案史料叢編》第8輯，北京：中華書局，1982年，第340頁。

不可不亟求所以保衛之策。」眾人對組建保安會並無異議，投票選舉閻鳳閣爲會長，議員李舫漁、直紳王邵廉爲副會長，頒佈保安會章程六條，主要內容涉及：保衛本省治安；負責調查規劃本省一切有關事宜；負責與各省協商關係全國利害事宜，〔註65〕這實際上體現的是諮議局職能的「擴大化」。

直隸保安會與東三省保安會性質不同，東三省保安會完全由官府操控，直隸保安會主要借助的外殼是諮議局，立憲派人士爲其主體。儘管二十七日（11月17日）直隸士紳集議時，否認自己有主張「獨立」的傾向，但從它覆電山東贊成「孫都督」提議的舉措上看，〔註66〕直隸保安會傾向「共和」的意味已經非常明顯。及至數日後議決選派谷鍾秀、籍忠寅作爲代表赴滬參加會議，〔註67〕順直諮議局在共和國體問題上終於與地方當局有了明顯的分野。

正因如此，直隸保安會中堅王邵廉被人「檢舉」爲革命黨。十月十五日（12月5日）王邵廉得信，即於當晚十一時「上院投案」，總督陳夔龍以「就寢」爲由，未予接見；次日八點鐘，王仍舊「上院投案，請督憲懲辦，惟力求公開審判」。陳夔龍或許只是想「教訓」一下王邵廉等人，所以對堅意告退的王邵廉「溫語」安撫，「自保安會成立以來，本省諸事賴以維持，官民信仰。如恐本部堂疑汝爲革命黨，本部堂願汝入幕，且願汝來署下榻，俾得朝夕奉教。……政治革命朝廷已經承認，並許組織政黨，汝萬勿自疑，總以保全本省大局爲要。」〔註68〕參照直隸當局拿辦黨人王鐘聲一案，可知陳總督言語之中意味深長。

數日後保定省城也組織了一個「直隸省（城）維持公安會」，會長由坐鎮保定的藩臺淩福彭出任，副會長各員「公舉」產生。直隸省（城）維持公安會雖然限定自己「維持地方公共安寧」的範圍爲省城，然它的會長人選決定了該會的「官府」氣息更濃一些。〔註69〕相較於天津成立的直隸保安會，保

〔註65〕要聞：《直紳組織保安會》，《大公報》1911年11月18日。

〔註66〕要聞：《諮議局答覆山東要電》，《大公報》1911年11月20日。（電文：「山東都督府鑒：電悉，即請由程都督主稿，聯名電袁內閣。順直諮議局保安會。」）

〔註67〕要聞：《直隸派赴上海之代表》，《大公報》1911年11月23日。（注：劉星楠日誌中記錄直隸赴滬代表爲谷鍾秀、張銘勳。參見劉星楠遺稿：《辛亥各省代表會議日誌》，中國人民政治協商會議全國委員會文史資料研究委員會：《辛亥革命回憶錄》第6集，北京：中華書局，1963年，第243頁。）

〔註68〕本埠：《挽留會長》，《大公報》1911年12月13日；本埠：《告退原因》，《大公報》1911年12月14日。

〔註69〕本埠：《直隸公安會紀實》，《大公報》1911年11月24日。

定的公安會似乎傳遞出「官家」的某種信息。直隸總督陳夔龍此刻還沒有意願對「異化」的直隸士紳採取強硬措施。

　　直隸有自己獨特的資源優勢，內閣總理大臣袁世凱從武漢前線返抵京城後，「議和」的空氣在京津開始彌漫，在南北方較量的過程中，南方在輿論上更佔有優勢，爲探悉朝局走向，保安會會長閻鳳閣、王邵廉、李舫漁等晉京「面謁」袁總理，雙方就「國體」問題、借用外債問題、直省財政問題進行了交流，袁總理有云：「改組共和政體，本總理極端贊成；借債一事，資政院並未通過；直省財政，自鄂事後中央政府與湖北前敵並未提用分文」，特別讓閻、王等人安慰的是，袁總理表示不願以戰事爲能的態度。〔註70〕

　　閻鳳閣、王邵廉等人京城之行，順直諮議局保安會無意中成了袁世凱議和的「開路先鋒」。十月朔，順直諮議局保安會兩度致電資政院，希冀資政院即刻奏請朝廷，「仿照歐洲革命史成例，明頒上諭，速行停戰，大開國民會議，凡國體政體悉付之公決，庶可救戰禍而弭危亡。」〔註71〕十月初五日（11月25日）順直諮議局保安會致電攝政王載灃，奉勸清廷「公天下於民」，早行「揖讓」，「民必以優禮報皇室」，「若失此不爲，……且恐南軍北上，京師蒙塵，雖欲爲堯舜之事而不可得」。十月十三日（12月3日），漢陽克復七天，南京失守後第二天，順直諮議局保安會致電內閣：「漢陽克復，軍事雖利，人心未回。殺戮愈多，愈難收拾。若乘此戰勝之後，罷兵息戰，由朝廷自行謙遜，宣佈共和，最足示大公於天下，保全中國，維持皇室，端在此時。否則，恐激而愈烈，禍亂相尋，亡國之慘，終難幸免。祈奏明朝廷，立即實行，舉國幸甚。」〔註72〕

　　直隸士紳假諮議局、保安會「鼓譟」共和，使得直隸總督陳夔龍處境尷尬，當時甚至有協理大臣那桐取代陳督之傳聞，陳夔龍無奈之下以退爲進，電內閣奏請「病辭」。

　　直隸士紳中有激進主義者甚至試圖主導直省「獨立」，這顯然超越了陳夔龍的忍受極限。陳夔龍《夢蕉亭雜記》有如是記述：「津士紳與諮議局議員等，相率數十人來署求見，……請余俯順潮流，從權獨立。不過易一名義，一切治軍行政，仍由余主管，決不干預。但求提高直省人格，兼免黨人攻擊」，「一

〔註70〕　本埠：《會長回津》，《大公報》，1911年11月25日。
〔註71〕　要聞：《順直諮議局之要電》，《大公報》1911年11月24日。
〔註72〕　《關於南北議和的清方檔案》，中國史學會主編：中國近代史資料叢刊《辛亥革命》（八），上海：上海人民出版社，1957年，第143、144～145頁。

倡百和，情形激烈，有立待解決，遲則生變之勢」。陳夔龍並不想將官紳關係「僵化」，以「直隸情形與各省不同」婉拒，仍有某紳「喋喋不休」。陳夔龍退無可退，態度益漸強硬：「余忝任直督，當此人心不靖之秋，惟以保衛地方為宗旨。勿論新黨舊黨，或官或紳，遇有作亂犯上，擾害地方者，殺無赦。」被總督倚恃為干城的軍務幫辦大臣張懷芝也表態支持：「予係武人，只知帶兵，不知憲法為何事。『獨立』二字，更不知從何說起，某作天津鎮，津地治安係某之責。……保護制臺，尤我之責。有人破壞天津，侵害制臺，某惟以兵力制伏。」眾人遂相率唶然而退。〔註73〕

《夢蕉亭雜記》是陳夔龍十數年之後的「敘述」，其中多少會有一些「演繹」的成分，但仍可窺見彼時情形之一斑。另據時報登載，陳督在士紳紛紛要求獨立時，曾致電內閣有所謂「如有變故，決以身殉」之語，〔註74〕亦可印證陳夔龍當時之心態。

十一月十五日（1912年1月3日）灤州駐軍通電共和「起兵叛亂」，瞬間即被「剿撫」，津保等地黨人「煽亂構釁」亦難得逞，南方民軍「高調」北伐也是「雷聲大雨點小」，津埠士紳擔憂的「兵事」漸漸遠離人們的視野，直隸官紳之間的矛盾漸趨緩和。

隨著南北議和進程的深入，直隸總督陳夔龍雖然還能竭盡全力保有直隸省治的秩序，但越來越難以適應袁世凱掌控的政局變化，十二月以後南北議和進入尾聲，共和取代君主已然是大勢所趨，明知「國事不可問」的陳夔龍無奈之下選擇了抽身離去。十二月十六日（1912年2月3日）陳夔龍得以「賞假三個月」，將直隸總督、北洋大臣一職交由袁世凱表弟張鎮芳署任。離別津埠前，陳夔龍滿懷眷戀，寫下了一篇情真意切的告別書：

> 本大臣奉命移督畿疆，瞬已兩年屆滿，自維德薄能鮮，無補於時，負疚良多，反己滋愧。溯自武漢事起，各省紛紛告警，人心惶惑，風鶴頻驚，津保近接京坼，交通輪軌，靖內綏外，關係匪輕。本大臣晝夕焦籌深慮，事變之來從古未有。國體問題須有內閣主持，且待國會公決，本非疆吏所得干預，而職司守土，責在保民，則固無可諉卸。故自秋及冬，竭慮籌防，惟以維持秩序，保守治安為事，其它不遑計及，區區苦心當為紳民所共諒，幸而官紳和衷協力，轄境賴以粗安。

〔註73〕陳夔龍：《夢蕉亭雜記》，北京：北京古籍出版社，1985年，第118～119頁。
〔註74〕《專電‧北京》，《申報》1911年11月19日。

茲因病困不支，屢書乞退，奉旨准假三個月，並已簡員接署，回思兩載，待罪蝗漏實多，後來之賢者必能補救，鄙人與諸紳民患難與共，相見以誠，現雖暫時卸肩，私懷不勝拳拳，所望同心同德，仍本鄙人保衛地方之意，互相勸勉，共維公安，靜俟國會解決問題，大局敉定，凡我同人共用昇平之福，何幸如之！」〔註75〕

兩年後，陳夔龍憶及辛亥年舊事，唏噓不已：「八月武昌變起，各省響應，土崩瓦解，馴至不可收拾，豈天心之易醉，抑人謀之不臧？」〔註76〕至十數年後，陳氏心境變換了許多：「遜位詔下，余適乞病獲請，得以完全疆宇還之朝廷。痛定思痛，有餘恫焉。」〔註77〕

（二）河南

河南士紳對官府也經歷了從支持到「異化」的演變。武昌「兵變」後河南成為清政府依賴的運兵孔道，巡撫寶棻本不具有「繁劇」之才，此刻應對起來愈加捉襟見肘，在請辭未准的情形下，寶棻只好打起精神強力應付。九月以後，河南鄰近陝、山駐省新軍相繼「變亂」，豫省防務壓力驟增，巡撫寶棻左支右絀，可謂焦頭爛額，然為了省境安全，仍竭盡所能倉促編練防軍十六營，以救一時之亟需。原本捉襟見肘的財政受戰亂衝擊，更見百孔瘡痍。為辦理過境大軍餉糈，清廷允准河南截流各種應解款項，甚至在袁世凱、寶棻聯奏下允准河南銅元局開鑄「當五當十」銅元，以解燃眉之急。

九月初七日（10 月 28 日）寶棻電奏內閣時仍然叫苦連天：「日昨委員回豫僅據交到銀十五萬兩，……豫中正在紛亂，大軍日需糧食、麩料等項，為數甚巨，值此財政奇絀，原不宜絲毫浮糜，……練兵籌防，均非空言所能濟事。而本省地丁釐金各處徵存者，均已撥作就近設防要需；未徵之款，民間方思遷避，從何催取？市面奇緊，兌換尚難通融，何言挪借。部中所撥，僅止此數，不出數日，行將告罄，萬一無可支付，嘩潰堪虞，寶棻一身不足惜，其如南北大局何？籌思無策，惟有仰懇天恩，迅賜飭下度支部大臣，無論何款，再行接濟四五十萬兩」，以應亟需。〔註78〕河南士紳在向朝廷請款方面倒

〔註75〕 本埠：《直督贈言》，《大公報》1912 年 2 月 6 日。

〔註76〕 《水流雲在圖記‧津沽留別》，《北京圖書館珍藏本‧年譜叢刊》第 185 冊，第 370 頁。

〔註77〕 陳夔龍：《夢蕉亭雜記》，北京：北京古籍出版社，1985 年，第 120 頁。

〔註78〕 河南巡撫寶棻致內閣總協理大臣請代奏電，宣統三年九月初七日（1911 年 10 月 28 日），外務部收電薄。

是堅決站在巡撫這一方的，遂假諮議局向資政院提出「詰問」：「大吏屢電度支部請撥現銀五十萬兩，以資接濟，不解度支部何竟度外置之？祈鈞院主持，否則變迫眉睫，不可收拾。」〔註79〕

九月初九日清廷迫於灤州「兵諫」的壓力，一日之內連發四道上諭，頒詔罪己、解散皇族內閣、憲法交院協贊、開釋黨禁等，原本想藉此安撫人心的措施，不料更加刺激了地方「民權」主義者。河南紳學各界在秦、晉、蘇、皖諸省「均告獨立」的刺激下，亦復勃勃欲動，河南獨立之說再度風傳，巡撫寶撫帶著家眷逃離開封的報導不絕於耳。〔註80〕

九月二十七、八兩日豫撫「安電」打破了所謂的河南獨立、寶撫出逃之謠言。王茂亭回憶錄中如是解釋：「河南各界人士倡導的和平獨立，寶撫在當時情形下不敢反抗，被迫同意，並邀約保護其全家生命財產及豫省滿人之安全，寶撫也準備兩日後返京，不料歸德巡防營統領柴德貴帶兵進駐省城，原本可以和平獨立的開封突發變故，柴力保寶撫安全，不讓其離汴，對倡導獨立者予以鎮壓，河南和平獨立遂告失敗。」〔註81〕

河南獨立未果，省城開封出現了一個所謂的「愛國會」團體組織。愛國會由唐瑞桐、蹇念益（二人為豫省財政監理官）發起，藩臬司道撫署幕僚及本地著名諸紳參與，制訂綱領如下：一、維持秩序；二、統一政治；三、化除種見；四、崇尚武力。〔註82〕成立「愛國會」是河南官紳為自保精心策劃的步驟，《民立報》對此多有譏諷：「各省相繼光復，諮議局恐遭責問，無詞以對，乃聯合官界，立一愛國公會。蓋事成則指所愛者為中國，事敗則指所

〔註79〕 資政院為河南諮議局請撥現銀事致內諮文，宣統三年九月二十五日（1911年11月15日），責任內閣來文檔；要聞：《河南諮議局致資政院電》，《大公報》1911年11月21日。

〔註80〕 要聞：《河南獨立之確耗》，《大公報》1911年11月17日（注：茲聞政界可靠近息，政府已接有確報，河南宣佈獨立已經證實，係由諮議局及軍學各界發起，辦法甚為和平，聞公舉一姓王者為總統，寶棻、各司道已聞警先逃，避赴信陽州或謂寶已被害云。）；《專電·開封》，《申報》1911年11月14日（電文：汴撫寶棻眷屬已經逃，寶亦不住署中。）；《專電·開封》，《申報》1911年11月16日（電文：汴撫眷屬已離開封，諮議局仍討論獨立問題。）；《專電·開封》，《申報》1911年11月17日；（電文：汴省宣佈獨立，寶棻逃入京城。）河南：《河南自保之真相》，《大公報》1911年11月21日。

〔註81〕 王茂亭：《辛亥年河南舉義片斷》，中國人民政治協商會議河南省委員會文史資料研究委員會：《河南文史資料選輯》第7輯，鄭州：河南人民出版社，1982年，第119～120頁。

〔註82〕 要聞：《河南自衛之計劃》，《大公報》1911年11月23日。

愛者爲淸國矣。模稜兩可，其巧眞不可思議。」〔註 83〕郭孝成《中國革命紀事本末》也提及河南官紳組織的「愛國會」，稱之爲「自欺欺人」之擧，不過此處發起愛國會的人選是立憲派陳國祥、賀紹樟、張登雲等。〔註 84〕寶棻致函袁世凱時也曾提到愛國會，在寶棻的眼中，官紳係藉愛國會名目「以觀軍警各界對於獨立之從違，嗣因各界內向甚堅，故以開會保全治安爲落點。」〔註 85〕可見，組織愛國會本屬無奈之擧。

　　地方各界之「離異」，歸省日多之黨人「煽惑」，讓巡撫寶棻如坐針氈。河南士紳受共和風潮大氣候的影響，「激進」者漸漸掌控了話語權。十月十七日（12 月 7 日），河南諮議局公電袁內閣「妄議國事」：「聞鈞閣派人至滬協議國事，務祈從多數意見承認共和，庶解決可速，免致再開戰禍。」〔註 86〕二十日又致電袁世凱，對河南境內用兵之事「指手畫腳」：「豫省各屬不靖，滋蔓勢成，愈剿愈激，深恐生靈塗炭，靡有孑遺。且不靖者不能盡目爲匪，一概用剿，玉石俱焚，……祈電令設法招撫，勿得於疑似之人，妄事殺戮。鄉誼攸關，公理具在，幸垂察焉。」〔註 87〕巡撫寶棻在變局中應對乏術，內閣總理袁世凱出於穩定河南戰略要地之需，決定豫撫易人。十月十三日（12 月 3 日）諭令：「寶棻電奏因病敦請開缺，應即照准，河南巡撫著布政使齊耀琳補授。」〔註 88〕

　　齊耀琳赴任後，嚴格執行袁世凱穩定河南的戰略，對革命黨人之「惑亂」毫不手軟，對河南境內所屬各種「變亂」一體鎮壓，河南地方士紳並沒有感覺到新任巡撫齊耀琳帶來的風向變化，在諸多問題上仍然「大鳴大放」。南北雙方自十月十九日（12 月 9 日）進入全國範圍的停戰議和時期，秦晉並不包

〔註 83〕　《中原何時澄淸》，《民立報》1911 年 11 月 30 日，河南省地方史志編纂委員會主編：《河南辛亥革命史事長編》（下卷），鄭州：河南人民出版社，1986年，165 頁。

〔註 84〕　郭孝成：《河南革命慘史》，中國史學會主編：中國近代史資料叢刊《辛亥革命》（七），上海：上海人民出版社，1957 年，第 360 頁。

〔註 85〕　杜永鎭：《武昌起義期間各處致袁世凱的函電及探報》，《中國歷史博物館館刊》第 1 期，第 115 頁。

〔註 86〕　《關於南北議和的淸方檔案》，中國史學會主編：中國近代史資料叢刊《辛亥革命》（八），上海：上海人民出版社，1957 年，第 148 頁。

〔註 87〕　《河南起義淸方檔案》，中國史學會主編：中國近代史資料叢刊《辛亥革命》（七），上海：上海人民出版社，1957 年，第 379 頁。

〔註 88〕　中國第一歷史檔案館：《光緒宣統兩朝上諭檔》第 37 冊，桂林：廣西師範大學出版社，1996 年，第 325 頁。

括在議約內，其它地區因爲種種原因，戰火不斷，河南諮議局特致電袁內閣對官軍之進攻予以責難：「和議方始，戰禍又烈，秦晉進攻，已非持平，倪軍入皖，更屬失信，激怒人心，幾敗和局。設竟因此決裂，兵連禍結，全國糜爛，……推原禍首，罪有攸歸，公縱多術，寧能自保，漢陽戰事已誤事機，馮某開爵，段倪垂涎，爭欲效尤，公素明斷，萬勿再爲若輩所誤，請速飭各軍停戰，以維護和議而全中國，大局幸甚！」〔註89〕

在停戰議和問題上，齊耀琳執行的是有限度停戰，對於轄境內蜂起之「土匪」，並不認爲有民軍資格，爲維護治安計，一律痛加剿除，以不致地方糜爛爲要。豫省諮議局不能理解袁世凱之意圖，在停戰議和問題上喋喋不休，十一月十四日（1912年1月2日），袁世凱撤銷唐紹儀北方議和全權代表資格，南北議和因爲南京臨時政府出現波折，河南諮議局是日致電內閣，稱豫省「人民希望共和已達極點。……自和議有成，群情始慰。乃聞或進邪說，欲圖反訐。倘和議稍有更動，河南人民誓與朝廷斷絕關係，寧死不納租稅。」〔註90〕同時又致電順直、山東、奉天諮議局，希望協力電爭，以維和議而全大局。十六日（1月4日），河南諮議局又電內閣，把矛頭對準「反對和議」的資政院。

河南諮議局內部份「激進」主義者，受共和風潮的感召，屢屢有驚人之電請，繼任巡撫齊耀琳秉承袁世凱的旨意，終於向他們動手了。十一月十五日（1月3日）一封內容與河南諮議局針鋒相對的電報呈遞給內閣，落款是河南省城紳民：「查諮議局議員爲全省代表，自應爲全省謀幸福，昨見本省諮議局電致內閣，謂『人民希望共和已達極點，起民軍者已三十餘處，官場誣爲土匪，嚴行剿辦』云云。各處土匪，焚燒搶掠，無惡不作，若非剿辦，民生塗炭，更不可言，而局員袒護，指爲民軍，不知是何用意？又電稱『河南人民誓與朝廷斷絕關係，寧死不納租稅』，語尤背謬，河南民氣醇樸，向來知有君主，並不希望共和，實該局自行捏詞，人民萬難承認，且該局始而圖謀獨立，繼而勾（結）土匪起事，既無一成，又捏成人民希望共和，假託全體之名詞，希縱數人之大欲，紳民等利害切己，不得已電陳閣憲，速電豫撫切實查辦，以安地方而保生命，豫民幸甚！」〔註91〕磨刀霍霍、殺氣騰騰。

〔註89〕 要聞：《中國光復史·北京之議和談》，《申報》1911年12月30日。
〔註90〕 《關於南北議和的清方檔案》，中國史學會主編：中國近代史資料叢刊《辛亥革命》（八），上海：上海人民出版社，1957年，第157頁。
〔註91〕 第一歷史檔案館編：《清代軍機處電報檔案彙編》第3冊，北京：中國人民大學出版社，2005年，第494～495頁。

　　袁內閣為把懲治豫省諮議局的「戲碼」湊足，又命親信趙秉鈞聯絡了河南籍京官三十八人，聯名致函內閣，直言懇請將豫諮議局解散。十一月十九日（1月7日），袁內閣致電河南巡撫：「頃據汴省京官趙大臣秉鈞等三十八人聯名函稱：汴議局自議長杜嚴、副議長楊凌閣辭職後，議員諸人，舉止離奇，多方煽惑，致釀成本月初三日之變。其行事尤駭人聽聞者：一清軍漢陽之捷，該局暗助南軍，飛電指責內閣，且密電黎元洪，洩露消息。二陝匪殘殺，慘無人理，清軍進駐潼關，保全豫境，乃該局電詰內閣，指為不應防剿。即如土匪王天縱等三十餘起，聚眾搶殺，該局竟一一認作民軍，不知何故？三汴議局係本君憲而立，乃該局密電上海，實已佔領全省，容候北伐；陸續又電內閣誓與朝廷斷絕關係，寧死不納租稅等語。按諮議局章程四十八條，議員所決事件有輕蔑朝廷情形、妨害國家治安者，督撫得奏請解散等語。今該局竟有如許違法情事，不得不據實上陳，懇飭汴撫將該局立即照章解散等因，希即查照辦理。內閣。效。」〔註92〕

　　二十三日（1月11日）齊耀琳覆電稱：「據諮議局常駐議員等呈稱，迭次所發各電並未經開會及協議，……並承認有犯局章，情願一體辭職回籍等語。竊意現值閉會期間，既據聲明未經會議公決，似難以少數議員意見使全體同負責任，擬以本局名義干預外事之議員，分別除名推補。」〔註93〕可見，齊耀琳採取的措施是懲戒少數，團結大多數的策略。

　　及至南北議和矛盾化解，雙方就清帝遜位、宣佈共和達成共識後，河南巡撫齊耀琳充當了為袁世凱搖旗吶喊的角色。河南諮議局雖堅持共和，但在臨時大總統的人選問題上，還是積極地選擇了站在袁世凱一邊。

　　為統一河南士紳的「意志」，袁世凱採取了豫籍士紳王錫彤的建議，在河南搞了一場「請願共和而不獨立」的把戲，齊耀琳奉命「配合」演出，十二月十八日（2月5日）齊耀琳將王錫彤代擬的電稿，假諮議局的名義電呈內閣，奏請即時宣佈共和，以安人心。雖然河南當局最終也「發聲」共和，從形式上與河南士紳取得了一致，但二者本質上的差異不可以道里計。

〔註92〕《民立報》1912年1月26日，河南省地方史志編纂委員會主編：《河南辛亥革命史事長編》（下卷），鄭州：河南人民出版社，1986年，第172頁；張鈁：《河南辛亥革命的回憶》，中國人民政治協商會議全國委員會文史資料研究委員會：《辛亥革命回憶錄》第8集，北京：文史資料出版社，1982年，第223～224頁。

〔註93〕第一歷史檔案館編：《清代軍機處電報檔案彙編》第3冊，北京：中國人民大學出版社，2005年，第498頁。

十二月十四日（2月1日）齊耀琳致電內閣，將自己撫豫兩月來的艱辛作了一個簡單陳述，官紳之間的分歧赫然在目：「豫省為四戰之地，自鄂陝江皖晉相繼獨立，遂失唇齒之依。外患既滋，內匪蜂起，兵單餉絀，備多力分，已苦日不暇給。而縉紳學子醉心革命，提倡共和，潮流所趨，勃不可遏。甚至諮議局以目的未達，甘於解散。其最激者，煽誘匪徒，希圖破壞，全省騷然。……耀琳受事於糜爛之餘，瞬將兩月，狂瀾既倒，無術挽回。似此溺職，亟應立於罷黜。伏懇天恩俯准，迅即簡賢撫豫，以支危局，不勝悚惶待命之至。」〔註94〕四鄰獨立，禍患蜂起，官紳離心離德，入境各路大軍餉械兩難，然至清帝遜位、共和告成，河南大局仍可維持，尚不至糜爛，齊耀琳之艱辛不盡虛妄。

（三）東三省

東三省作為龍興之地，民眾中「忠君」思想基礎雄厚，官紳在政治理念上尚無重大分歧，雙方的價值取向基本保持一致。南北議和過程中，東三省士紳各界屢屢公開表態，支持東三省督撫發出的「君主立憲」之「鼓譟」，對當局的「勤王」之舉也舉手表示贊成。然思想保守的的東三省士紳，由於經歷了日俄戰爭的刺激，加之鄰境朝鮮「覆亡」的慘痛教訓，對顢頇的清政府有些許的信任危機，他們很容易在革命黨人以及內地獨立省分的「蠱惑」與影響過程中出現搖擺，故在應變舉措上與當局偶有「異音」。東三省總督趙爾巽在關鍵時刻，憑藉自己豐富的「仕宦」經驗，緊緊抓住東三省民眾心理，左支右擋，督率東三省文武大員，力保東三省闔境波瀾不驚。

東三省雖然地處關外，武昌「兵變」的惡耗依然使得民眾心理惶恐不安，東北金融重鎮營口之銀價跌落足以說明問題：「二十二日本埠抹爐每定（錠）本易七十二元五角至七十三元，是晚忽聞警電，銀價驟短。二十三日開行七十二元，隨即七十一元五角至七十元零五角。此後每日看跌，二十六日一度跌至五十五元。」〔註95〕

東三省總督趙爾巽八月二十一日（10月12日）在出巡途中接獲湖廣總督

〔註94〕 《關於南北議和的清方檔案》，中國史學會主編：中國近代史資料叢刊《辛亥革命》（八），上海：上海人民出版社，1957年，第177～178頁。

〔註95〕 《盛京時報》（1911年10月18日），章開沅、羅福惠、嚴昌洪：《辛亥革命史資料新編》第3卷，武漢：湖北人民出版社，2006年，第338、341頁。

瑞澂「兵變城失」的告警電報，隨即匆匆結束行程，於二十四日（10月15日）下午七時三刻返抵奉天，當天晚上，趙督在公署內召集各司道員「會議」，籌商應變之策：警局添招警兵，加派兵警守護軍械局，對車站、客棧、旅館等場所加強稽查。

九月以後，內地省分不靖消息紛沓而至，革命黨人與駐奉新軍「圖謀」獨立的活動也在悄悄進行。九月二十日（11月10日）奉天各界團體「公議」籌開保安會，其本意固然在於「弭亂」，推舉代表「謁見督憲」請示辦法，趙爾巽面諭：「既經全體公議，本大臣無不贊成，請將如何辦法擬訂呈覆，以憑核奪。」〔註96〕

奉天各界籌議之「保安會」與革命黨人「圖謀」獨立之「保安會」有本質的區別，然革命黨人假諮議局紳以「張目」，使得總督趙爾巽處境「尷尬」，為此趙爾巽致電內閣「請示機宜」：「東省各界力圖獨立，諮議局紳及軍界為黨人所持」，「東省與他省不同，倘有衝突，外人即出而干涉，請即指示相當辦法。」〔註97〕

此電暴露了趙爾巽霎那間有一種對奉天失控的感覺，好在革命黨人被自己設計的「和平革命」束縛了手腳，二十二日（11月12日）的大會上，張作霖「流氓」式武力恫嚇反而佔據了上風。老奸巨猾的趙爾巽在大會上講話時，的確抓住了當時民眾恐懼日俄武裝干涉的普遍心理，故張作霖野蠻的武力恫嚇，並沒有引起強烈的反彈和反感。將黨人設計的獨立性質的保安會轉化為保境安民的保安會，在很大程度上契合了地方士紳的要求。

奉天國民保安會的性質，趙爾巽內心起初並沒有準確的定性。九月二十四日（11月14日），趙爾巽致電內閣時稱：「惟此會與尋常集會不同，章程內所設八部部長，意在改革政治，新舊不能並存。爾巽為維持危局起見，不得不事變更。本日各司道據國務大臣例全體辭職，另行組織，嗣後一切政務，由會執行。一時權宜，係由內憂外患之中，成此特別景象。究竟能無再變否，亦尚難定。若能仰賴朝廷之福，不生別項問題，或冀保全東土，靜待時局。」趙爾巽內心之彷徨表露無疑。

〔註96〕 《盛京時報》1911年11月11日，章開沅、羅福惠、嚴昌洪：《辛亥革命史資料新編》第3卷，武漢：湖北人民出版社，2006年，第371頁。

〔註97〕 中國第一歷史檔案館：《清代檔案史料叢編》第8輯，北京：中華書局，1982年，第14頁；北京：《趙爾巽致內閣之要電》，《大公報》1911年11月21日。

　　兩天後，清醒過來的趙爾巽又致電內閣，全然推翻前議：「前因保安公會成立，曾將會中組織大概電陳。嗣與會員開議，仍將舊機關一律存立，各司道並未辭職，所舉部長皆以行政官兼充。間有因事請假者，派員代理，一如其舊，與另設臨時政府迥不相同，前電係屬誤發不用之稿，業已飛電聲明。」〔註98〕兩日之內，趙爾巽內心世界經歷了一番外人難以體會的風波與磨礪，這或許是沃丘仲子稱趙爾巽「初持首鼠」的緣故所在。〔註99〕

　　奉天國民保安會成立之後，趙爾巽總督立刻電告吉林巡撫陳昭常、黑龍江巡撫周樹模，飭令仿照奉天辦法，組織保安會。吉林保安會於九月二十六日（11月16日）宣告成立，黑龍江保安會於九月二十七日（11月17日）宣告成立，接著東三省各府廳州縣紛紛成立保安會，均以地方主政長官為會長。奉天國民保安會成為一種模式，在東三省大地上迅速推廣開來。

　　東三省國民保安會因為有很強烈的「官方色彩」凸顯了它的「保守性」，「激進」主義者對此並不滿意，反對之聲奉、吉、黑均有顯現。

　　奉天領頭反對者為革命黨人張榕，時任督練處軍事參議，保安會副參議長。九月二十七日（11月17日），張榕將奉天各團體捏合在一起，成立了「聯合急進會」，宗旨宣導「和平革命」，諮議局議長吳景濂、副議長袁金鎧被拉進來出任參議。「聯合急進會」在奉天發展迅速，據張榕稱急進會會員有三萬五千之眾。聯合急進會表面看似勢力龐大，然會員「魚目混珠」，有「保安會議員、諮議局議員、商紳」，也有「散佈東省各地之馬賊」。急進會因擔心日本之「干涉」，所以不敢「遽然」發難。〔註100〕

　　對清王朝忠心耿耿的趙爾巽默許張榕等人明目張膽的「革命」活動，的確是一種奇怪的共生關係，然這種現象不可能長久。急進會中的革命黨人分投各地圖謀舉義，超越了官府忍受極限，地方士紳也不買帳。黨人鮑化南、邵兆中等在鳳凰城一帶圖謀起事，有人即以「大清子民」的名義向官府揭發，理由竟然是：安東、鳳城毗連韓國，一旦有滋擾，恐引發交涉，所以懇請飭派精幹能員，速將此數人安撫，莫令外人藉此來隙，而安邊界。

〔註98〕中國第一歷史檔案館：《清代檔案史料叢編》第 8 輯，北京：中華書局，1982年，第 17、18 頁。

〔註99〕沃邱仲子：《當代名人小傳》（下卷），《近代中國史料叢刊三編》第 8 輯，臺北：文海出版社，1986 年，第 209 頁。

〔註100〕《盛京時報》1911 年 11 月 24 日，章開沅、羅福惠、嚴昌洪：《辛亥革命史資料新編》第 3 卷，武漢：湖北人民出版社，2006 年，第 393 頁。

〔註101〕十二月初五日（1912 年 1 月 23 日）奉天當局終於面露猙獰，將張榕、張榕的哥哥張煥柏、急進會文秘田亞贇等予以槍殺，與急進會走得很近的四品佐領旗人寶崑一同遇害，成為官府「警戒」士紳的「樣板」。

吉林學界對當局傚仿奉天組建保安會的舉措，表示了強烈的不滿。代表在保安會成立大會上，曾向當局提出「宣佈獨立、以定危局」要求，聲稱：「保安會學界絕不贊成。假使刎頸流血之禍即在眉睫，非學界之所畏也。」情詞激烈；然學界代表並不能掌控會場形勢，各界人士鑒於日俄「兩強環伺」，也不願意接受貿然宣佈獨立的做法。吉林保安會成立後，學界中人憤憤不平，乃發起組織國民協定會，官府則操縱諮議局從中作梗，由諮議局出面組織地方團體聯合會與之相抗衡。〔註102〕

吉林保安會參議長王賡對吉省保安會也有不滿表示。他依仗自己是朝中「大佬」徐世昌的親信，與吉林當局大唱反調，倡言獨立。巡撫陳昭常以退為進，奏請去職，關鍵時刻總督趙爾巽支持陳撫，要求朝廷挽留陳撫，將王賡調離。隨即吉省保安會中的「異己」分子仿照王賡「模式」紛紛託病「請假」或「請辭」。〔註103〕

黑龍江學界對籌組保安會也頗持異議，省立中學堂學生四處奔走，散發傳單。十月二十七日（12 月 17 日），每學堂公舉代表二人發起組織「國民聯合會」，翌日即用全體名義要求巡撫周樹模宣告獨立，此舉遭到諮議局議長李品堂的反對，李甚至不願將諮議局提供出來作為聯合會開會場所，理由竟然是「恐犯長官之怒」。〔註104〕

對於學界倡導獨立的宣傳鼓動，黑龍江當局先是「曉諭」施以言詞恫嚇：「省城少數學生年輕無知，散佈傳單，倡言獨立，當由保安會特開臨時會切實開導，立時解散」；繼而又採取卑鄙伎倆，以「籌辦災賑，公款無著」為名，將各學堂停辦以資遣散學生，並聲稱散學的學生「如有散佈謠言，分送傳單，

〔註101〕第一歷史檔案館編：《清代檔案史料叢編》第 8 輯，北京：中華書局，1982年，第 61 頁。

〔註102〕郭孝成：《東三省革命紀事》，中國史學會主編：中國近代史資料叢刊《辛亥革命》（七），上海：上海人民出版社，1957 年，第 398～401 頁。

〔註103〕第一歷史檔案館編：《清代軍機處電報檔案彙編》第 3 冊，北京：中國人民大學出版社，2005 年，第 363 頁；《清代吉林檔案史料選編》，章開沅、羅福惠、嚴昌洪：《辛亥革命史資料新編》第 4 卷，武漢：湖北人民出版社，2006 年，第 463～464 頁。

〔註104〕要聞：《中國光復史‧黑龍江要求獨立之艱難》，《申報》1911 年 12 月 5 日。

鼓吹獨立及其它秘密集會不法情事，擾害公安者，勸諭無效，准即拿送地方官」辦理。〔註105〕

東三省士紳因地域關係，對日俄兩強環伺心懷恐懼，「內亂招致外人干涉」的擔憂像一把力劍懸在人們頭頂，東三省當局也以此大做文章。奉天保安會成立伊始，趙爾巽即致電吉撫，其中的電文極能說明問題：

> 東三省不能獨立，盡人皆知，以有外人干涉故也。當前革黨倡言獨立，幸軍隊同心握槍力爭，會場之間並無一人反對，專一保安爲主，然私議草章，尚有界限不清，某國軍官已下緊急命令，屬兵待發，經巽更訂爲扶助機關，不但各界認可，即革黨亦認可，始得正常。蓋深知地位與各省不同，稍有新異名詞，彼即指爲離開政府，則奪取爲有詞，故全省軍民抵死與革黨爭，竟得不墮外人術中，要之，皆軍隊嚴重之效。今吉林學生惑於唆聲，不知利害，苟將內容說透，總可省悟。奉省明智人多，果非痛切剝膚，誰肯甘居各省之後。毫釐千里，切勿自誤。總之，一言獨立，即足虎爲作倀，即是爲我國民公敵。〔註106〕

東三省士紳對地方當局鎮撫革命黨人在各地的「變亂」活動給予了大力支持。正如前文所述，辛亥變局中從各地聚集東三省的革命黨人可謂眾多，醞釀發動起事活動較之關內某些獨立省分有過之而無不及，只因東三省士紳的相對保守性，革命黨人的宣傳活動很難滲透到士紳和民眾中，黨人能夠發動的更多參與力量是綠林及會黨。從反政府的角度講，這些人很容易聚集在黨人舉義的旗幟下，但從負面的角度立論，也增加了民眾對黨人起義的不認可度，這又從另外的角度說明了東三省民眾的價值取向。

東三省士紳在堅持君主立憲、反對民主共和等諸多問題上，與官府保持了高度的一致性，成爲地方督撫與袁世凱內閣抗衡的堅強後盾。

九月以後內地各省紛紛獨立，掌控政柄的袁世凱打出「停戰議和」的旗號，趙爾巽等東三省督撫對袁世凱復出抱有極大希望，對袁世凱提出的議和並無排斥，只是此後的朝局走向完全偏離了東三省督撫的想像之外。

十月十六日（12月6日）隆裕太后懿旨，准予監國攝政王載灃「退位歸藩」，「嗣後用人行政均責成內閣總理大臣、各國務大臣，承擔責任」。〔註107〕

〔註105〕黑龍江省檔案館、哈爾濱師範大學歷史系編：《黑龍江歷史大事記》（1900～1911年），哈爾濱：黑龍江人民出版社，1984年，第212～213頁。

〔註106〕要聞：《趙制軍反對獨立之宣言》，《大公報》1911年12月22日。

〔註107〕中國第一歷史檔案館：《光緒宣統兩朝上諭檔》第37冊，桂林：廣西師範大學出版社，1996年，第330～331頁。

最早醞釀攝政王「遜位」者，出自張謇等人，〔註108〕張謇等人之「遜位」電，無人敢於入奏，但卻為袁世凱掌控政柄起到了「張目」的作用。

十月十七日（12月7日）吉林巡撫陳昭常率吉省各文武官員致電內閣，對攝政王「辭位」一事表示「惶惑」，懇請「收回成命」。攝政王「歸藩」在當時引發了很多猜疑，地方督撫中陳昭常是惟一一位對攝政王「歸藩」提出詰問的人，陳撫在致內閣電拜發後，還同時向奉天、直隸、黑龍江、山東、河南各督撫發電，「望諸帥表同情，賡續電奏，以維大局」。〔註109〕

從陳昭常電文中可以看出，陳昭常較為擔心的是攝政王「歸藩」後，隆裕太后有「垂簾故事」發生。吉林民政使韓國均十八日（12月8日）電總督趙爾巽時，在這個問題說得就更為明確。為加大力度，吉林諮議局暨紳商各團體也致電內閣，懇請將攝政王退位一事是否「另有別情，明白宣示」。〔註110〕

依照體制，吉、黑巡撫奏事應與總督協商，再聯銜奏請，陳昭常不按常理出牌，並不是冒失、衝動的行為，只能說是情急之下的無奈之選。趙爾巽並沒有責怪陳撫之「冒失」行為，十八日也致電袁內閣，希望就監國遜位、外省垂簾誤會，宣示聲明。不僅如此，趙督還指派度支使朱鍾琪之子朱守曜攜帶親筆信進京「晉謁」袁世凱，「垂詢方略」。

東三省督撫在監國攝政王「遜位」事件上所表現出來的心理是一樣的，「婦人政治」的陰影創巨痛深。十月二十日（12月10日）清廷頒發上諭，將陳昭常貿然之上奏，斥為妄測「宮廷不和，……實未深悉朝廷因時制宜大公無私之至意，殊屬昧於時勢，不知大體，著傳旨申斥」。〔註111〕嗣後，袁世凱又於二十一日（12月11日）致電陳撫，詳細解釋朝廷現在行政定制，

〔註108〕《文牘》，《中國革命記》第4冊，上海：上海自由社，1912年，第1頁。（九月二十二日（11月12日）伍廷芳、張謇、唐文治、溫宗堯等「連袂」致電內閣，叩請監國攝政王：「以堯舜之德，免生靈之塗炭，保滿漢之和平。」）

〔註109〕中國第一歷史檔案館：《清代檔案史料叢編》第8輯，北京：中華書局，1982年，第73～74頁；接要聞：《吉省對於清廷不和之觀感》，《申報》1911年12月21日。

〔註110〕第一歷史檔案館編：《清代軍機處電報檔案彙編》第3冊，北京：中國人民大學出版社，2005年，第374頁。

〔註111〕中國第一歷史檔案館：《光緒宣統兩朝上諭檔》第37冊，桂林：廣西師範大學出版社，1996年，第337～338頁。

議駁垂簾之謬傳，以釋群疑，而杜謠諑，該電同日亦分電直魯豫奉黑各省督撫。〔註112〕

十一月初九日（12月28日），暗弱的清廷迫於壓力同意召集臨時國會，將國體問題「付之公決」。趙爾巽聞訊，領銜東三省督撫致電內閣表達了反對共和、支持君憲的立場，在詰問內閣的電文中有所謂「民情均極激憤，請速明白宣示」之語。〔註113〕

其後形勢發生「戲劇性」變化，十一月初十日（12月29日），從海外歸國的孫中山被選舉為臨時大總統，南京臨時政府呼之欲出，袁世凱的如意算盤有落空之虞。十一日（12月30日）袁世凱致電各省督撫，擺出一副與南方民軍政府決裂的姿態。

東三省積極配合，以軍界名義發出「勤王」之「鼓譟」，東三省士紳也隨即以各團體名義公開表態，對南方民軍政府肆意指責，支持政府對「革黨」用兵。〔註114〕更有甚者，奉天、吉林諮議局「同仇敵愾」，將「私自」赴南京投票選舉總統的代表資格「公同」取消，以為聲援。〔註115〕

及至袁世凱與南京臨時政府達成「迫清帝退位，避讓臨時大總統」之共識，東三省官紳間出現些許不和諧音。東督趙爾巽以東三省督撫名義電詰袁世凱：「閣下投降革黨，豈將為炸彈未中之酬報乎？」〔註116〕隨後又以奉省諮議局暨各法團名義致電內閣：「內閣總理鈞鑒：東省人士擁戴君主，矢死不能移，公也，非私也，……乃日來更有可駭可怪之名詞隱約入口，皆以為朝廷將有遜位之說。此等謠諑，本屬無稽。然而報紙宣傳，外人議論，軍人憤激，士民駭疑，皆足以誤大局面亂人心。萬一出此，東省人民萬不敢承認。」〔註117〕

然黑龍江諮議局、吉林諮議局在十五日前後致電順直諮議局時則表示，承認將國體問題交由國民會議解決，只是堅決主張國會地點定於北京。〔註118〕

〔註112〕要聞：《解釋陳撫之誤會朝政》，《大公報》1911年12月14日。
〔註113〕要聞：《勸慰各督撫之要電》，《大公報》1912年1月8日。
〔註114〕來件：《東三省各團體致駐京代表函》，《大公報》1912年1月14日。
〔註115〕要聞：《奉天諮議局取消代表》，《大公報》1912年1月22日；要聞：《吉林取消代表之陳請》，《大公報》1912年1月23日。
〔註116〕北京：《各督撫之不贊成共和者》，《大公報》1912年1月22日。
〔註117〕第一歷史檔案館編：《清代檔案史料叢編》第8輯，北京：中華書局，1982年，第134頁。
〔註118〕要聞：《北省諮議局之要電》，《大公報》1912年1月6日。

此刻諮議局紳考慮更多的是如何避免戰禍，保全生命財產，奉、吉、黑等北數省士紳發起組織「同志聯合會」即印證了這一點。

此後袁世凱「共和」步伐加快，超越東三省官紳接受程度，東督趙爾巽再度將東三省各界勢力黏合在一起，爲「君憲」發出勤王籲請。老奸巨猾的袁世凱使出渾身解數，多管齊下，成功瓦解了趙爾巽等人的「勤王」舉措。

十二月十四日（1912 年 2 月 1 日），清帝遜位已成定局的情形下，東三省總督趙爾巽再次以東三省全體人民的名義致電內閣：「東三省所處地位特別，人民對於朝廷之心理亦特別，默察輿情，熟籌時勢，現決無承認共和之理。……若果君主立憲，無論如何危險，東三省人民至死不移；如竟成共和國體，應請將東三省暫予以特別辦法，以保境安民爲公要，萬不可與內地各省混同一致，以免鋌而走險，牽動全局，致釀瓜分。」〔註 119〕

滿族當權者顢頇無爲，甘願受袁世凱擺佈。十二月十八日（2 月 5 日）袁世凱致電東督，通報共和即將告成，國體問題「將次解決」。趙爾巽對滿清各權貴之怯弱退讓滿腔悲憤，然亦無可奈何。十二月二十日（2 月 7 日）趙爾巽致電袁世凱，提出「維持東省大局」辦法七條，〔註 120〕做最後一搏。同一天，東省各界也致電內閣，對東督之「籲請」給予強力支持：「近日，國體解決，瞬將發表，其間手續雖不可知，而東省之未經籌及，則可斷言；是以一般憤激言論，以爲鈞閣置三省於不顧，則三省必難維持，朝鮮覆轍可立而待，東省將不復爲中國有，鈞閣與各省亦將牽連，淪於不可知之域。東省人士以爲顧全大局，關於三省特別地位，鈞閣不可不與東督速商妥切辦法，舉足左右，便有重輕，鈞閣豈可漫然視之耶？」〔註 121〕

無奈落花有意，流水無情，十二月二十五日（2 月 12 日）清帝遜位詔書頒佈，堅持君主的東三省官紳枉爲他人做嫁衣，不得不心懷痛楚接受現實。東三省督撫藉地方士紳之力，在辛亥變局中左支右擋，雖然可以保東三省不

〔註 119〕 第一歷史檔案館編：《清代軍機處電報檔案彙編》第 3 冊，北京：中國人民大學出版社，2005 年，第 570 頁；要聞：《東三省全體人民之要電》，《大公報》1912 年 2 月 9 日。

〔註 120〕 第一歷史檔案館編：《清代檔案史料叢編》第 8 輯，北京：中華書局，1982 年，第 158〜159 頁。

〔註 121〕 第一歷史檔案館編：《清代軍機處電報檔案彙編》第 3 冊，北京：中國人民大學出版社，2005 年，第 588 頁；要聞：《東三省人民再接再厲》，《大公報》1912 年 2 月 10 日。

為革命黨人攘奪，走向獨立，無奈清王室氣數已盡，正所謂大廈將傾，獨木難支，東三省官紳拖著大清的尾巴進入改元後的民國。

（四）甘肅

甘肅士紳在辛亥變局中「異音」發聲較弱，官紳之間的矛盾分歧較小，以諮議局為代表的士紳對官府的支持可謂不遺餘力。在政治理念上，他們始終如一與官府保持一致，堅持君主立憲，反對民主共和。

十一月初九日（12月28日）清廷將國體問題付諸公決的諭旨發往各省，陝甘總督長庚由俄國西伯利亞轉來公電一道，謂「現已奉到初九日懿旨，當即會同諮議局軍商紳界及各團體公同討論，均稱西北風氣遠極閉塞，只知有君主而不認共和，請毋庸召集國會等情。」〔註122〕

隨後甘肅諮議局假陝甘新紳民名義致電內閣、資政院，並轉上海議和代表伍廷芳，表達了擁護君主，反對共和的態度和決心：

> 查我中原民族休養於專制政體之下者四千餘年，服教畏神，久成習慣。今改用君主立憲政體，已越開明專制之梯級，尚恐難於急就範圍。不過以君主名義號召群倫，億兆自能從伏。倘驟躐共和一階，則民情惶駭，謠論紛乘，草澤英雄，何勝指數，正恐非少數代議士所得而左右之，將來不至斬木揭竿、四海鼎沸不止。而蒙藏地廣人眾，尤不生事端。是公所欲伸民權者，適以賊民命矣。思之痛心。公如能採及芻蕘，確定君主立憲政體，某等自當惟命是從，共襄新政。倘力持共和主義，則某等雖至愚極弱，實萬不敢隨聲附和，而拂吾民情。惟有聯合同志之士，共圖保境，遙戴皇靈，決不承認共和主義，俾我同胞自相殘殺，召漁人得利之憂，惟公實圖利之。〔註123〕

甘肅諮議局中也出現了地方當局不希望聽到的「聲音」，進步士紳慕壽祺、王之佐、鄧宗、孫炳元聯名致書議長張林焱，略謂：「東南各省以鐵血創共和之局，甘肅不能相隨反正，已足以遺同胞羞，此時如猶不表贊同，恐一省之力不能抵抗二十餘省。」然而諮議局中各「大紳」認為慕、王等人之行為如同叛逆，「袖示長庚，議處死刑」，經由署藩司俞明震「力爭」得免。〔註124〕

〔註122〕要聞：《甘新亦有不認共和之公電》，《大公報》1912年1月8日。

〔註123〕《關於南北議和的清方檔案》，中國史學會主編：中國近代史資料叢刊《辛亥革命》（八），上海：上海人民出版社，1957年，第158頁。

〔註124〕慕壽祺：《甘寧青史略》（八），臺北：廣文書局，1972年，第91～92頁。

　　甘肅諮議局紳在甘省當局實施「援陝固甘」的大政方略中也給予了鼎力支持，既有道義上的，也有諸如請款、借款等具體事務方面。

　　組建援陝東征軍是甘省應變過程中很重要的一個舉措。九月初五日（10月 26 日）蘭州接獲陝西西安「兵警」告急電，陝甘唇齒相依，總督長庚在召見各司道員「會議」時，定下援陝固甘之策，決議組建援陝東征軍。適值前陝甘總督升允〔註 125〕西安「兵變」中隻身出逃至平涼州，積極與長庚籌謀「復陝」大計，並表示願意「督師」征剿。九月二十七日（11 月 17 日）朝廷接受長庚建議，起用升允爲陝西巡撫，督辦陝西軍務。對於出兵陝西的計劃，甘肅藩臺劉谷孫以財政艱窘爲由，提出不同意見，甘督長庚以劉「干涉軍務」爲由，迫其請辭，隨即奏請提法使俞明震署任藩司。對出兵援陝有「意見」的還有時任新軍第二標標統馬福祥。馬福祥乃昔日甘軍董福祥舊部，甘肅新軍也多有舊軍演化而來，長庚原本希望可以借助馬福祥之威望，震懾援陝東征軍軍心，然馬以守喪「服制未除辭差」，長庚亦無可奈何，只得讓馬福祥所部留守省城。

　　雖然官紳中對「援陝固甘」偶有異音，但支持的聲音和力量更大一些。《甘寧青史略》中記載地方士紳上督憲書如是說：「陝西張鳳翽等起兵排滿，響應武漢，佔領西安，殺戮之慘，聞著酸鼻，總督大帥以甘肅與陝接壤，唇亡齒寒，禍在眉睫，欲保甘肅，不得不救陝西，欲救陝西，不得不分路出兵。……大帥抱同種思想，恨不得即時撲滅陝西民軍，以復已失之疆土，以成不世之功勳。」〔註 126〕

　　士紳支持的力量還體現在東征軍的擴編組建過程中。援陝東征軍分南北兩路，北路軍由陸洪濤部振武軍與馬安良部精銳軍組成。馬安良部精銳軍，又稱西軍，是援陝東征軍之主力，鼎盛時期擴編至三十營（旗），其前身乃馬安良三營（旗）震南軍。又，甘肅烽煙四起之際，已故提督董福祥之孫董恭、及其侄孫董溫，承祖母之命，招集舊部，自備餉糈，趕赴前敵的舉動，更足以體現地方士紳對官府的支持力量。

〔註 125〕升允，字吉甫，蒙古鑲黃旗人，光緒三十一年（1905 年）三月出任陝甘總督，宣統元年（1909 年）因反對立憲被革職。西安兵變時，住在草灘子的升允出逃至平涼，在任總督長庚得報後，遂與升允聯名電請朝廷作「援陝」計，九月二十七日（11 月 17 日）清廷起用升允爲陝西巡撫，督辦陝西軍務。

〔註 126〕慕壽祺：《甘寧青史略》（八），臺北：廣文書局，1972 年，第 83 頁。

　　甘省地瘠民貧，向以內地各省協餉爲命脈，戰亂前各省協餉已多有拖欠，督撫間爲此經常有筆墨官司往返，朝廷雖有部文「嚴催」，直如虛應空文。鄂、陝「兵亂」後，甘省爲組建東征軍，總督長庚多次電內閣請款，署藩司俞明震甚至以「辭代泣求」。無奈內地各省紛紛獨立，中央國庫同樣支絀，致使甘省請款多成畫餅。

　　十月初四日（11月25日）甘肅諮議局致電內閣資政院，爲甘省請款「鼓吹」：「匪氛日逼，甘肅餉械並缺，危急萬分，恐生他變。舊藩司告退，新藩司辭不受代，借款又無著，盼乞速奏撥的款，以挽危局。」〔註127〕十月初八日（11月28日）資政院將甘諮議局來電轉「咨」內閣。

　　東征前線需餉「孔殷」，協餉、撥款均無著落。十月十三日（12月3日）甘肅諮議局與甘肅當局各大吏再度泣血陳請朝廷撥款接濟：「藩庫存餉僅支一月，有支無收，危急萬狀。惟有泣求鈞閣、部，速濟的餉百萬，以救倒懸。設甘肅不保，將來再圖收復，所費兵餉，奚止什伯！何如及此尚未糜爛時，既全疆圉，亦可保百萬生靈，並免他日朝廷棘手。迫切哀懇，立盼電覆。長庚率司道俞明震等，監理官傅秉鑒等，諮議局長張林焱代表全省紳民同泣叩。」〔註128〕度支部無可如何，終於十月二十四日（12月14日）應允挪擠銀十萬電匯甘肅，十萬銀子對於需款孔亟的甘肅而言，無異於杯水車薪。

　　協餉、撥款皆無所盼望，甘省只得想辦法籌借洋款，經過函電往復，甘省向比利時借款終成意向。依照省際籌借外債程序，各該省諮議局須先行議決。甘省諮議局對甘比借款一路綠燈，鼎力相挺，未出現如山東、福建等省，因借用外債，議員與黨人「勾結」，藉機「尋釁」等情事發生；更未出現如直隸諮議局與直督就權益問題糾纏不清的「口舌之爭」。因是之故，傾向共和言論的《申報》有登載「甘肅京官、議紳甘作長庚奴隸」之譏諷。〔註129〕十月二十三日（12月13日）資政院就甘比借款審核通過。

　　十月二十四日（12月14日），甘省借款另生枝節。甘借比款計三百五十萬，甘省認借二百萬，餘一百五十萬由陝認借。內閣、外務部不願「擔責」，十一月初一日（12月20日）又致電甘肅，希望陝省分任之一百五十萬，應俟

〔註127〕第一歷史檔案館編：《清代軍機處電報檔案彙編》第3冊，北京：中國人民大學出版社，2005年，第282頁。

〔註128〕《陝甘起義清方檔案》，中國史學會主編：中國近代史資料叢刊《辛亥革命》（六），上海：上海人民出版社，1957年，第108頁。

〔註129〕要聞：《可笑可憐之京師》，《申報》1912年1月24日。

陝諮議局認可「一併辦理」。關鍵時刻，甘省諮議局挺身而出，十一月初四日（12 月 22 日）致電內閣、資政院：「甘需款甚急、甚巨，無論陝議是否認可，仍照原議借比款，三百五十萬甘全擔任，請速辦。」初八日（12 月 28 日）甘諮議局再度致電內閣、資政院敦促玉成借款事宜。〔註130〕甘借比款在甘省諮議局鼎力相助之下始成定議，甘肅諮議局紳對甘肅當局的支持可見一斑。

　　援陝東征軍自十月朔與陝西民軍對陣陝甘交界，甘省聚集了一百零二營（旗）的兵力，陝西民軍完全處於防禦作戰。十二月二十九日（2 月 16 日）升允督兵攻克醴泉，劍鋒直指咸陽。十二月二十五日（2 月 12 日）遜位詔書頒佈，援陝東征軍終成強弩之末，壬子正月二十日（3 月 8 日）陝甘交界民清兩軍簽約議和，戰事結束。陝甘交界成為整個辛亥變局中民清兩軍交戰最為激烈、戰役持續時間最長的區域。如果沒有甘紳的支持，甘肅當局不可能在「餉械兩絀」的情形下支撐這場曠日持久的戰爭。

第二節　南北議和過程中督撫之身影

　　在辛亥變局中逃亡或死難督撫在南北進入議和時期即失去了「參政、議政」的話語權，因此根本看不到他們在議和過程中的「表演」，至於當時尚在位的北方未獨立省分督撫而言，在南北議和時期無一例外的都是君主立憲主義者，對革命黨人鼓吹的民主共和均持反對態度。〔註131〕北方督撫雖不能左右南北議和的進程，但在議和的初始階段，北方督撫關於君主立憲的鼓譟卻成為袁內閣向南方革命黨人施壓的重要砝碼，及至南北議和進入最後時刻，即袁世凱與南方革命黨人的幕後交易徹底告成、以及對清廷逼宮也進入「收官」階段時，對民主共和仍不願意讓步的北方督撫反成為袁內閣的「贅疣」，然「挾天子以令諸侯」的袁世凱通過自身不懈地努力，最終還是完成了對北方督撫的「收編」工作。

一、督撫對停戰議和的態度

　　南北停戰議和自十月十三日（12 月 3 日）起，以湖北軍政府接受袁世凱

〔註130〕第一歷史檔案館編：《清代軍機處電報檔案彙編》第 3 冊，北京：中國人民大學出版社，2005 年，第 460 頁。

〔註131〕武昌起義後任命的河南巡撫齊耀琳、山西巡撫張錫鑾、山東巡撫胡建樞等追隨袁世凱的所謂「戰時督撫」不在其列。

提出的停戰三日之議和五項條款爲標誌，十六日（12月6日）停戰期限屆滿，雙方又續簽三日。雖然這兩次的停戰議和，時間短暫，其範圍也還僅限於武漢一地，但已經開始爲全國範圍的停戰議和做好了鋪墊。至十月十九日（12月9日）第二次短暫的停戰議和期滿，雙方議和代表均已經選定，停戰議和期限順理成章地再續簽十五日，且將停戰議和的範圍擴展至全國。北方代表團於十月十八日（12月8日）由北京出發，在武漢稍作逗留，於十月二十七日（12月17日）進抵上海。翌日，南北雙方議和代表成員齊集上海議政大廳，南北議和進入正式「談判」階段，隨著談判的進行，停戰協定一延再延，及至清帝遜位、共和告成。

在正式議和程序啟動之前，南北雙方還有過秘密接觸，此一階段可稱之爲秘密議和時期。早年曾在袁世凱幕府中供職的劉承恩充當了袁世凱的議和特使，劉承恩之所以被選中是因爲他是湖北人，與湖北軍政府都督黎元洪有同鄉之誼。劉承恩九月初二日（10月23日）「銜命」潛赴武昌，三次致函黎元洪，投石問路。湖北軍政府並沒有接納袁世凱揮動的「橄欖枝」，在九月十二日（11月2日）的覆函中，反而規勸袁世凱不要「竊比」曾胡，爲滿人效力「自殘同族」，希望袁氏「與吾徒共扶大義，皈心於公」，出任將來中華共和第一任大總統。〔註132〕表面上看雙方信函中的來言去語沒有任何的契合點，相去甚遠，但卻爲以後的南北「和談」開啟了大門。

九月十一日（11月1日）「官軍」克復漢口，袁世凱再度派劉承恩、蔡廷幹二人，攜帶自己的親筆信函赴武昌面見黎元洪，與湖北軍政府進行試探性的「議和」談判，袁世凱信函中對黨人使用了「威脅性語言」，稱「如能承認君主立憲，兩軍即息戰，否則仍難免以武力解決。」〔註133〕武昌革命黨人雖然失去了漢口，但旬月間回應武昌舉義之省分已達十二個，故湖北軍政府再次嚴詞拒絕了袁世凱的「和談」要求。

〔註132〕張國淦：《辛亥革命史料》，《近代中國史料叢刊續編》第26輯，臺北，文海出版社，1974年，第278、281～282頁；辛亥革命武昌起義紀念館、政協湖北省委員會文史資料研究委員會：《湖北軍政府文獻資料彙編》，武漢：武漢大學出版社，1986年，第117～118、116頁；李西屏：《武昌首義紀事》，中國人民政治協商會議湖北省委員會：《辛亥首義回憶錄》第4輯，武漢：湖北人民出版社，1961年，第53頁。（注：劉承恩三次投書，僅得一次覆函，張國淦稱劉承恩之第三函寫於九月十一日，曹亞伯則稱劉氏第三函寫於九月初八日。）

〔註133〕辛亥革命武昌起義紀念館、政協湖北省委員會文史資料研究委員會：《湖北軍政府文獻資料彙編》，武漢：武漢大學出版社，1986年，第120頁。

　　十月初七日（11 月 27 日）清軍收復漢陽，湖北革命黨人亂作一團，袁世凱有可能變成「曾國藩」第二的夢魘襲上黨人心頭，為避免歷史悲劇的重演，此前袁世凱遣使和談的誘餌起到了作用。黎元洪於漢陽戰事吃緊之際，透過英國駐漢口領事戈飛向袁世凱提出「停戰議和」的籲請，此舉正中袁世凱下懷。十月十一日（12 月 1 日）袁世凱提出的停戰三日的議和五項條款通過英國人的斡旋，得到了湖北軍政府的認可。〔註 134〕

　　南北議和機制未啟動前，地方督撫中如孫寶琦、程德全者已有驚人之電奏，繼孫、程之後尚有粵督張鳴歧，他們希冀朝廷真正實行「憲政改革」以收拾漸散之人心，言語之間流露出對湖北起事黨人宜撫不宜剿的心聲。

　　孫寶琦與袁世凱關係非淺，孫、袁之間保持了較多的聯繫。九月十一日（11 月 1 日）袁世凱電告孫寶琦漢口戰事順利，孫寶琦覆電一方面表示「忭慶」，一方面為袁世凱出謀劃策：「初九下罪己詔，朝廷實有息事寧人之意，不視革黨為大敵。為公計，似宜一面備戰，一面迅遣幹員往見黎元洪，與開談判，許為代陳。」〔註 135〕孫寶琦還把自己的想法直接電陳內閣，請求招撫黎元洪，以達到迅速消弭「亂事」的目的。

　　無獨有偶，粵督張鳴歧在九月十一日的電奏中也提出了對參與「鄂亂」之「脅從」者准其投誠「寬其既往」說。很多督撫類如孫寶琦之心思，主張「和局」，即便在辛亥變局中表現強勁、與江浙聯軍戰鬥在第一線的江督張人駿也不例外，當張氏通過兒子書信得知袁世凱正與武昌議招撫事，內心也表達了幾多的「期許」。〔註 136〕其他如東三省總督趙爾巽九月十四日（11 月 4 日）曾致電內閣，主張和議，「所陳各詞極為懇切」。〔註 137〕

〔註 134〕首次停戰日期，曹亞伯《武昌革命真史》等著述均記述為 12 月 2 日（十月十二日）至 5 日（十月十五日）。然據馮國璋十月十二日致內閣、軍諮府電文稱：本晚十一鐘黃道轉英使語，已與黎酋議定，自十三（3 日）早八點起，至十六日（6 日）八點止，停戰三日。（《關於停戰的清方檔案》，中國史學會主編：中國近代史資料叢刊《辛亥革命》（八），上海：上海人民出版社，1957 年，第 197 頁。）

〔註 135〕中國史學會濟南分會：《山東近代史資料》第 2 分冊，濟南：山東人民出版社，1958 年，第 70～71 頁；王爾敏、吳倫霓霞：《盛宣懷實業朋僚函稿》（下冊），臺灣「中央」研究院近代史研究所資料叢刊（35），1997 年 6 月，第 1468 頁。

〔註 136〕張守中：《張人駿家書日記》，北京：中國文史出版社，1993 年，第 140～141 頁。

〔註 137〕北京：《趙次帥亦主和局》，《大公報》1911 年 11 月 8 日。

　　可惜南北議和機制啟動之前，雙方的接觸尚處於秘密階段，傳言雖多，然因為彼此缺乏「共信、互信」基礎，談判未有任何實質性進展。

　　九月十七日（11 月 7 日）袁世凱致電孫寶琦，知會派遣劉承恩兩次寄函黎元洪不復事，孫寶琦覆電深以局勢為憂，然切切勸誡袁世凱迅速入京，執掌政柄，實行改革，收拾人心，以免大局瓦解。〔註 138〕如孫寶琦一樣對袁世凱懷有深切期望的還有東三省總督趙爾巽。趙督九月十五日電內閣，稱「此次新內閣任重道遠，逆料慰帥必有懇請收回成命之舉，擬聯合各省督撫敦請慰帥迅速晉京，勉為其難；更請轉資政院議員具電挽請，以冀慰帥允任，支持我國危局。」〔註 139〕

　　十月十三日（12 月 3 日）武昌停戰協議簽訂，南北議和機制也隨之啟動，北方督撫從內心講並不反對議和，但是直隸總督陳夔龍對於漢口、漢陽克復後即宣告停戰還是提出了自己的反對意見，陳夔龍《夢蕉亭雜記》中有云：

> 馮軍先佔據漢陽赫山，掎龜山之背，漢郡收復指日間事。私電傳來，余喜甚。以正式電話詢之項城。詎覆電云：「未得鄂中確息。」其志不在恢復，可為駭異。遲之又久，始悉漢陽業已克復。余急電馮都護，請其率得勝之軍，直搗武昌。馮覆電謂：奉京電已有英國公使出任調和，北軍暫在漢陽駐紮，不得越雷池一步。余聞之，憤甚。急電項城，略云：「所謂調和者，兩方居同等地位，始各有開議資格。現今革黨，皆我臣民，作亂犯上，自取屠戮之戚。我軍已得漢陽，與武昌僅一江之隔。黨人已聞風喪膽，漢江沿岸船隻何止千艘，頃刻即可飛渡。武昌若復，中外人心大定；沿江下游各行省，亦得所屏蔽，不至望風而靡。即為應酬調人起見，何妨俟武昌收復後，再行開議。聲勢既壯，折衝尊俎，尤易為功。」項城無從置喙，但云：「既經英使調處，不宜徑行用兵。」事機一失，連江若贛、若皖、若蘇、若寧、若滬，紛紛獨立，遂至不可收拾。〔註 140〕

　　該段描述雖屬事後追憶，江寧失守乃克復漢陽後發生之事，但仍可概見陳夔龍當時的焦慮、憂憤之情，透過此一時期陳夔龍之電奏可以察覺陳氏的主導思想乃是以戰求和。

〔註 138〕中國科學院山東分院歷史研究所：《山東省志資料》第 1 期，濟南：山東人民出版社，1961 年，第 27～28 頁。
〔註 139〕北京：《趙次帥擬聯合各督撫挽留袁總理》，《大公報》1911 年 11 月 8 日。
〔註 140〕陳夔龍：《夢蕉亭雜記》，北京：北京古籍出版社，1985 年，第 114～115 頁。

漢口收復後，陳夔龍致書袁世凱，對拯救當前時局表達了自己的見解：「竊謂現時機局，不讓則戰，更無他策。讓之一字，非臣子所忍言，且於全國前途亦極危險。是欲挽回危局，非戰不可。蓋戰勝而後殺機易遏，赴京會議有人，君主立憲可成；即使萬一不勝，亦不過成為共和政體而已。」〔註141〕

攻陷漢陽後，陳夔龍再次電閣陳請：「竊謂轉危為安之要圖，固屬政治問題。然既經糜爛，如不以兵力繼其後，恐憲政亦難及時成立。……現幸武漢克復，張勳仍住江寧，援浦之軍亦已由鈞處派定，似可促令速發，會合張軍，掃除石城下游匪氛。再分第一軍之師，由南岸沿江而取九江，進規安慶，與在寧各軍互相夾擊。……一面派遣委員，招撫海軍歸順。庶海陸聯合，而長江梗阻之患可以無慮。倘長江一帶掃清，不惟財源可靠，且人心厭亂，湘浙閩粵自不難傳檄而定，憲政亦有所著手矣。」〔註142〕

陳夔龍的籲請並沒有打動袁世凱，因為兩個人的思路不在同一軌道上。近在京畿的河南巡撫寶棻此刻被地方事務弄得焦頭爛額，急於籌謀退身之路，無心與陳夔龍相唱和，而遠在西北、東北的督撫們則由於地緣關係，音訊不暢，難於有所表白。十月十三日，袁世凱以內閣名義電致各省：現由漢口英領介紹，兩軍停戰三日，提議綱要或可望和平解決。〔註143〕南北議和的大幕拉開了。

二、督撫「參與」議和

南北議和時期，地方督撫受體制制約不能廁身其間，但他們並沒有全然置身事外，為表達自身意見，他們有時徑直電奏內閣，有時也會借助地方諮議局發聲，在南北議和不同階段或關鍵節點上都可以看到他們的身影。

（一）國體問題

南北議和期間，雙方爭論最激烈的是國體問題。革命黨人受「革命排滿」的影響，堅決主張民主共和，北方未獨立省分督撫多主張君主立憲，主導議和的主角袁世凱也以「君主立憲」而示人。袁世凱為籠絡各省督撫，曾致電各地方大員表示：「此次派唐紹儀赴上海議和，實為商議改革政治問題，本大

〔註141〕 《陳夔龍致袁世凱書》，《中國歷史博物館館刊》1979 年第 1 期（總 1 期），第 115 頁。

〔註142〕 《宣統三年十月十一日直隸總督陳夔龍致內閣軍諮府電》，中國史學會主編：中國近代史資料叢刊《辛亥革命》（五），上海：上海人民出版社，1957 年，第 355～356 頁。

〔註143〕 要聞：《內閣致各省停戰之通電》，《大公報》1911 年 12 月 5 日。

臣向來堅持君主立憲政體,即英德法俄日本亦均贊成君主而反對共和,故此次上海會議之結果可預料,其決無改民主之理,乞臺端竭力撫綏,幸勿搖動。」〔註 144〕該電文中透露的信息,南北議和就是做作樣子,走走形式,君主立憲政體幾乎是板上釘釘的事情。地方督撫受袁世凱煙霧彈之迷惑,想當然認爲君主立憲問題可以通過議和的方式得到解決。

從北方議和代表團的成員結構中可以看出袁世凱口是心非,被袁內閣任命爲全權議和總代表的人選爲唐紹儀。唐紹儀,字少川,廣東香山人,第一批赴美留學幼童之一,政治上傾向共和,袁世凱選擇唐紹儀作全權代表,用心不言而喻。雖然主張君主立憲的楊士琦被任命爲副總代表,但楊士琦乃袁氏「私人」,完全視袁之意志爲轉移,其更多的作用在於監督唐紹儀,以及通風報信。最能說明問題的是北方代表團中安插的汪精衛和魏辰組二人,汪、魏都是同盟會中元老級的人物,他們以參贊名義廁身北方代表團中,充當袁世凱的「共和顧問」,更負有以秘密身份往來於南北雙方之間進行調停的使命。爲欺騙輿論,袁世凱還把各省籍京官拼湊起來放到代表團中,「濫竽充數」。〔註 145〕

北方代表團與南方代表團正式開議後,南方代表團強力堅持的民主共和佔據了上風,原本就不準備在國體問題上與南方民軍政府相抗衡的北方集團,很快「倒戈相向」,經過兩輪裝模作樣的「議和」,雙方很快合謀出國體問題付諸公決的「騙人戲碼」。十一月初九日,清廷頒佈上諭,表示願意召集臨時國會,將國體問題「付之公決」。〔註 146〕

對議和懷有較高期望值的地方督撫不能接受形勢出現如此之「逆轉」,因此在接獲十一月初九日上諭後紛紛致電內閣,表達自己的不滿。

陝甘總督長庚、新疆巡撫袁大化由俄國西伯利亞轉來公電一道,謂「現已奉到初九日懿旨,當即會同諮議局軍商紳界及各團體公同討論,均稱西北

〔註 144〕《記事》,《中國革命記》第 13 冊,上海:上海自由社,1912 年,第 4 頁。

〔註 145〕據馮耿光回憶,北方代表到上海後因人身受不到保護,多數「四散星逃」(馮耿光:《陰昌督師南下與南北議和》,中國人民政治協商會議全國委員會文史資料研究委員會:《辛亥革命回憶錄》第 6 集,北京:中華書局,1963 年,第 360 頁);章仲和回憶錄中亦有云,南北議和過程中多爲秘密交易,很多北方議和代表「彷彿局外人」一樣(章仲和:《南北議和親歷記實》,中國人民政治協商會議全國委員會文史資料研究委員會:《辛亥革命回憶錄》第 8 集,北京:文史資料出版社,1982 年,第 416 頁)。

〔註 146〕中國第一歷史檔案館:《光緒宣統兩朝上諭檔》第 37 冊,桂林:廣西師範大學出版社,1996 年,第 361~362 頁。

風氣素極閉塞，祇知有君主而不認共和，請毋庸召集國會等情。」〔註147〕

陝撫升允十一月十日致電袁內閣：「陝西軍民均堅持君主，決不承認共和，務懇立維大局，勿爲民黨所餒，陝西民氣激烈，更有回軍亦願竭力王室，刻惟經濟匱乏，正在籌措外債，一面趕募精壯，以增軍力。臣世受國恩，自當督率將士勤王。」〔註148〕

爲加重聲勢，陝甘諮議局又以陝甘新三省紳民名義致電內閣、資政院、伍廷芳及甘省議員京官等，表態「堅持君主，反對共和」。〔註149〕

東三省督撫在趙爾巽領銜之下，也致電內閣表達了反對共和、支持君主立憲的立場。然黑龍江與吉林兩省的立場並不完全一致，黑龍江方面明確表示支持君主立憲，而吉林方面則表示願意「懍遵」諭旨辦理。〔註150〕

直隸總督陳夔龍亦有電致內閣云：「恭奉初九日諭旨，不勝詫異，如用君主主義，尚可勉效職守，如有不忍言之事，即當委而去之，不復候代，如慮貽誤地方，可速派人接替。」〔註151〕話雖如此，這只不過是陳氏以退爲進的手法而已，很快由直隸督練公所參議舒清阿幕後推助，直隸幫辦軍務大臣張懷芝出面宣導，北五省軍界聯合會出籠，張懷芝、張勳等函電唱和，亦發出君憲之「蛙鳴」。〔註152〕

在地方督撫發出君憲鼓譟的同時，恰值南京臨時政府出臺之際，袁世凱出於對南方民軍政府不滿，發出致各省督撫準備戰爭的十一日眞電，作出意欲與南方民軍政府決裂的樣子。

陳夔龍接電後即刻覆電，表示支持：「眞電敬悉，明詔召集國會，取決國體，朝廷不設成見，胞與爲懷，同深感泣。此次討論大局，革軍處處強我聽

〔註147〕要聞：《甘新亦有不認共和之公電》，《大公報》1912年1月8日。

〔註148〕陳秉淵：《辛亥革命時陝甘議和拾遺》，中國人民政治協商會議甘肅省委員會文史資料研究委員會：《甘肅文史資料選輯》第11輯，蘭州：甘肅人民出版社，1981年，第206頁。

〔註149〕《南北議和》，中國史學會主編：中國近代史資料叢刊《辛亥革命》（八），上海：上海人民出版社，1957年，第158頁；要聞：《陝甘新三省反對共和之公電》，《大公報》1912年1月13日。

〔註150〕第一歷史檔案館編：《清代檔案史料叢編》第8輯，北京：中華書局，1982年，第109～110、112頁。

〔註151〕要聞：《關於國民大會之種種消息》，《大公報》1912年1月3日；中國光復史：《北人破壞和舉止犬吠·陳夔龍》，《申報》1912年1月10日。

〔註152〕要聞：《北五省軍界聯合團體》，《大公報》1912年1月2日；《辛亥革命在奉天》，《歷史檔案》1981年第4期，第19頁。

彼，其要求以少數代表於上海開會議決，固可逆料及之。……倘彼仍堅持不從，自必仍歸決裂。似應再降明詔，將朝廷不得已而用兵宣告天下，以收人心，以固士氣。至軍餉一節，龍必惟力是視，多方設法。」〔註153〕

為增加力度，陳夔龍又聯合東三省總督趙爾巽致電內閣，稱「革軍既然一味強勁，不肯和平解決，勢不得不以兵力相見，請將初九日上諭明白取銷。」〔註154〕全然一副誓與革軍決裂死拚的架勢。

袁世凱並非真心要與南方民軍政府決裂，為應付輿論，袁內閣再次把清王室搬出來做擋箭牌：「初九日諭旨係由時局所迫，朝廷不忍各處軍民再遭戰禍，故不私大位，付之公決，所有以後事機，自有內閣酌核辦法，務以諭旨閣令為依從，斷不可輕舉致滋戰禍，轉失朝廷慈讓之至意。」〔註155〕

剛剛由袁世凱第三鎮新軍收復的山西，以省諮議局的名義致電各省諮議局向袁世凱示好表態：「和議若裂，生民塗炭，救國亡國，奚對同胞？敝局已分電袁內閣、伍代表，為國為民，籲泣請命，懇兩方退讓，從速解決，如蒙貴局贊成，乞速分電，多數主張或可挽救。晉諮議局，漾。」〔註156〕

各省督撫受慣性的影響，繼續籌謀著與南方民軍政府的武力對抗之夢。十一月十九日（1912年1月7日），直隸總督陳夔龍致電東三省總督趙爾巽，計劃直隸、奉天、吉林、河南等省聯合組建一支隊伍，「剋日開赴徐州，匯合張（勳）軍，不達君憲目的不已。」〔註157〕

繼任河南巡撫齊耀琳是袁世凱的死黨，自然不會與陳夔龍等人相唱和，吉林巡撫陳昭常與袁世凱也有淵源，原本承諾陳夔龍組建的「勤王聯軍」，也藉口吉省防務吃緊予以回絕。

因是之故，袁內閣特意致電東督勸誡奉省出兵之事：「頃接奉天軍界人傳說，……言內閣意不主戰，默認共和，軍界聞知多有疑慮云。此說似有誤會，

〔註153〕《南北議和》，中國史學會主編：中國近代史資料叢刊《辛亥革命》（八），上海：上海人民出版社，1957年，第156頁；第一歷史檔案館編：《清代軍機處電報檔彙編》第3冊，北京：中國人民大學出版社，2005年，第468頁。（注：十一日真電參看《歷史檔案》1983年第3期，第38頁。）

〔註154〕要聞：《關於議和決裂之種種消息》，《大公報》1912年1月4日。（《東三省各團體致駐京代表函》，章開沅、羅福惠、嚴昌洪：《辛亥革命史資料新編》第3卷，武漢：湖北人民出版社，2006年，第469～471頁。）

〔註155〕要聞：《勸慰各督撫之要電》，《大公報》1912年1月8日。

〔註156〕要聞：《電請維持雙方和議》，《大公報》1912年1月14日。

〔註157〕第一歷史檔案館編：《清代檔案史料叢編》第8輯，北京：中華書局，1982年，第291頁。

恐軍人離心，請招諸將諄切開導。」東督在覆電中毫不含糊：「奉軍界尚無誤會，惟志在決戰，毫無他意，公必能善用之。」〔註158〕

趙爾巽作爲官場老手，很懂得「造勢運動」，很快袁內閣收到一封東三省軍界聯名電文：「袁宮太保鑒：革黨蠻執私見，不顧全局，民主政體爲現在國度所萬不能行，……彼黨不知人道，無理要求，主張共和政體，……非以武裝解決，則坐延時日，不特招外人之干涉，亦難望前途之保全，……爰爲大局起見，爲將來起見，已除將本省防務處置外，即日組織東省現有軍隊，編成勁旅，共任勤王，……指日南下，取道齊豫，誓滅彼黨，以達君主立憲之目的。」〔註159〕

袁世凱深諳官場政治，又熟知各省的眞實狀況與處境，當然不會受惑於趙爾巽等人的威逼利誘，況且袁世凱手中還有一張對付地方督撫最重要的王牌——清王室。懦弱的滿清權貴在攝政王載灃於十月十六日被「哄騙」歸藩之後，幾乎失去了同袁「總理」相抗詰的武器，袁世凱利用清王室殘存的北方勢力贏得了與南方民軍政府討價的砝碼。

十一月十三日（1912 年 1 月 1 日）南京臨時政府成立，南北議和出現一些波折，但很快袁世凱就得到了自己想要的東西，按照南北議和雙方早已設計好了的情節，逼迫清王室「遜位」成爲袁世凱的工作重心。

袁世凱深知要實現自己的戰略，必須與時間賽跑，速戰速決清王室的去留問題，才能實現自己「以快打慢」、瓦解地方督撫的策略。十一月二十八日（1 月 16 日）袁世凱遭遇革命黨人的炸彈襲擊，炸彈的爆炸聲反而讓袁世凱的「逼宮」戲碼更具有了威力。

十一月底「遜位」傳聞已彌散開來。十二月初二日（1912 年 1 月 20 日）趙爾巽接獲奉省派往京城的代表王蔭棠、曾有翼等轉發的信函，通報了共和告成、遜位在即的緊要情況，祈求東三省「或以軍界要求、或以民團阻抗」等方式，急圖挽救。

趙爾巽不敢怠慢，即刻召集聯席會議，籌商對策。十二月初二日當天即以奉省諮議局暨各法團名義急電內閣質詢：「內閣總理鈞鑒：東省人士擁戴君主，矢死不能移，公也，非私也，所以維持中國前途，恐陷於無政府之禍也。

〔註158〕第一歷史檔案館編：《清代檔案史料叢編》第 8 輯，北京：中華書局，1982年，第 123 頁。
〔註159〕要件：《東三省軍界致內閣電文》，《大公報》1912 年 1 月 12 日。

近日閣電停戰，賡續不已，究不知所議何事。老（勞）師糜餉，無賢愚老幼莫不疑而非之。乃日來更有可駭可怪之名詞隱約入口，皆以為朝廷將有遜位之說。明知中興碩輔，倚畀方隆，此等謠諑，本屬無稽。然而報紙宣傳，外人議論，軍人憤激，士民駭疑，皆足以誤大局而亂人心。萬一出此，東省人民萬不敢承認。鈞閣若不亟有以表示之，則因疑成信，人心一激，禍何可言？……應請鈞閣宣佈政見，亟謀所以表示之，以靖浮言而安全局。」〔註160〕對於派往南方參與議和的奉天諮議局議長吳景濂，「因私往南京投票」選舉總統事，「業經公議表決，呈明取消議長資格」。隨後吉林諮議局也如法炮製，電內閣反對遜位，取消「投票」代表資格。

十二月初四日（1月22日）趙督以東三省防陸各軍名義致電內閣，除對遜位之說表示「駭異」外，揚言東三省軍隊已作好「勤王」準備，為實現君憲政治，赴湯蹈火，在所不惜。〔註161〕同時又把相同意思的電文一併發給了滿清各權貴以及各省軍隊將領，以期引發共鳴。不僅如此，趙爾巽又向遼原阿王爺發電，懇請聯合御前會議上反對共和甚屬的駐京蒙古王公「合力爭之」。

滿清權貴中確有不願意清帝遜位者，組建了一個所謂的君主立憲維持會的小團體——宗社黨，他們派一個叫吳蔚的人到天津、奉天四下活動，寄希望於趙爾巽與陳夔龍兩督聯手，有所展布。

直隸總督陳夔龍雖有效忠清廷之心，但其能力與膽略稍顯不足，從十二月初六日陳夔龍發往奉天的一封電報中可以窺見：「蔚極可佩，擬屆時相機應付。比聞某國反對共和，事有轉機。」〔註162〕當時袁世凱掌控的北洋軍布控京畿，陳夔龍手中的軍隊根本無力與袁抗衡，陳夔龍素有「巧宦」之稱，自然不會孤身犯險；而且直隸士紳自「鄂亂」以來受獨立省分影響，宣導「獨立、共和」的聲音不絕於耳，革命黨人在直隸又異常活躍，或「兵變」或暴動或暗殺，陳夔龍疲於應付，焦頭爛額；直隸幫辦軍務大臣張懷芝素為陳夔龍所倚重，可謂陳氏的左膀右臂，十二月十二日（1月30日）袁世凱以明升

〔註160〕第一歷史檔案館編：《清代檔案史料叢編》第 8 輯，北京：中華書局，1982年，第 134 頁。

〔註161〕《南北議和》，中國史學會主編：中國近代史資料叢刊《辛亥革命》（八），上海：上海人民出版社，1957 年，第 170 頁；第一歷史檔案館編：《清代檔案史料叢編》第 8 輯，北京：中華書局，1982 年，第 294～295 頁。

〔註162〕第一歷史檔案館編：《清代檔案史料叢編》第 8 輯，北京：中華書局，1982年，第 138 頁。

暗降的手法解除了張懷芝的軍事實權，任命張爲已沒有任何領地的安徽巡撫。張懷芝之被去職，等於陳夔龍的虎牙被拔掉，而活躍於直隸的革命黨人接二連三的炸彈暗殺也讓陳夔龍有些膽寒。十二月十一日夜半，戒備森嚴的總督署竟然也發生了炸彈案，眼見大勢已去，獨木難支，陳夔龍終於下定決心託病請辭，十二月十六日（2月3日）遜位詔書頒佈前十天，袁世凱的表弟張鎮芳接署直督，陳夔龍依依不捨地告別了自己的政治舞臺。

西北督撫對清王室心懷效忠之志，也都是極端的君憲主義者，然因地域限制，訊息不暢，又處於與民軍交戰的狀況之下，即使有心「勤王」，亦是遠水難解近渴。繼任的戰時巡撫齊耀琳、張錫鑾、胡建樞等均是袁世凱的死黨，因此東三省督撫就成爲袁內閣著力對付之人。

東三省改制之機，授予了東省總督轄制吉、黑兩省巡撫之特權，因此趙爾巽在與袁內閣交涉時，往往以東三省的代言人面目而出現。如十一月二十八日袁世凱遭遇炸彈襲擊前曾奏請朝廷遷就議和，作遜位計，東督趙爾巽聞訊極爲憤懣，隨即以東三省督撫名義致電袁內閣詰問：閣下投降革黨，豈將爲炸彈未中之酬報乎？〔註163〕

外有督撫之詰責，內有王公大臣之反對，袁世凱遂採取以退爲進的策略，數度奏請辭職，反對共和的恭親王溥偉等人不知天高地厚，十二月初四日御前會議時竟然狂言：「倘袁世凱辭職，我輩當另組政府，抱定與民軍決戰的姿態以實現君憲政治。」兩日後的御前會議上又拋出解散袁內閣之說，幻想以趙爾巽出任總理來組閣，由鐵良主持軍務，蔭昌赴前敵主持戰事，平滅民軍，甚或有借外兵之議。〔註164〕

趙爾巽派往京城的信使王蔭棠即刻將朝中的新動向彙報給趙爾巽：「頃得最確消息，今日御前會議，趙、胡、梁三國務大臣（皆袁之黨也），極力主持共和，令皇上退位，並與內閣以共和不成，大局難支，辭職要脅，以求售其奸謀。……昨日下午，在城裏寶宅，與寶瑞、巨毓、藹如同五爺（倫貝子之弟）諸公秘密會議，弟仍持前議，如袁自去，固不能留，即袁辭職，亦准之，以次帥總任，以錫清帥督東，均極贊成。」〔註165〕

〔註163〕北京：《各督撫之不贊成共和者》，《大公報》1912年1月22日。
〔註164〕《記事》，《中國革命記》第24冊，上海：上海自由社，1912年，第14、20頁。
〔註165〕第一歷史檔案館編：《清代檔案史料叢編》第8輯，北京：中華書局，1982年，第136～137頁。

　　用趙爾巽取代袁世凱，原本就是一幫不諳時政之徒幻想出來的一廂情願的事情，王蔭棠自己在信函中通過分析基本否決了該計劃有可行性：「總而言之，欲平今日之亂，袁黨無異謀，尚可以中國兵力討平之，袁黨苟再作亂，除借用外國兵力，實無良策。」

　　借兵平亂無異於與虎謀食，各省督撫、紳民迭有詰難，趙爾巽也屢屢發電斥責。既然借兵平亂之路難以通行，唯一能做的就是自己出兵平亂，趙爾巽隨即發出奉省軍、警、民全體動員令，擺出入關「勤王」的姿態以作應急之需。

　　袁世凱使出渾身解數，全力應對：其一，動用北洋軍「逼宮」。十二月初八日（1月26日）以段祺瑞為首的防陸各軍將領計四十七人聯名致電內閣、軍諮府、陸軍部、并各王公大臣，敦請朝廷「渙漢大號，明降諭旨，宣示中外，立定共和政體」，此電即世人所說的共和明詔之催生符。〔註166〕巧合的是，同一天又發生了宗社黨中堅良弼遭遇革命黨人炸彈襲擊斃命事件，原本信誓旦旦抗拒共和的王公大臣即刻作「鳥獸散」。十二月十三日（1月31日）御前會議，隆裕太后接受「禪讓」建議，授權袁世凱與南方民軍政府就共和問題籌商一切。十二月十七日（2月4日）段祺瑞等人又向各王公大臣等發出「逼退」之第二電，受到恫嚇的各王公大臣再無「異議」，十九日內閣會議上遂擬定「允認共和」通電。

　　其二，動用各種勢力瓦解東省勤王軍。張懷芝、張勳都是持君憲主義的軍事將領，二人都與奉天軍界互動較多。張懷芝近在京畿，袁世凱深以為念，特意派人前往天津，「勸慰張鎮軍務須以內閣之命令而為進退，斷不可自由輕動，致生擾亂」；〔註167〕說來也是湊巧，革命黨人加身於張懷芝的炸彈也多少成全了袁內閣，愛惜生命的張軍門不得不低下頭來向黨人表示「輸誠」。〔註168〕

　　張勳在段祺瑞領銜奏請共和電中也有列名，這其實是袁世凱玩得一個小把戲，從當時的《大公報》所登載的一則消息中可見一斑：「目前政府接到前敵各軍隊聯銜請願共和長電一道，袁內閣恐有不實不盡，因發急電詢問段祺

〔註166〕渤海壽臣：《辛亥革命始末記》，《近代中國史料叢刊》第42輯，臺北：文海出版社，1969年，第944〜945頁。

〔註167〕北京：《袁內閣特派軍官赴津》，《大公報》1912年1月9日。

〔註168〕十二月十一日（1月29日）黃興在南京參議院曾與人言，二日前張懷芝、張勳特派親信人來寧，陳述實情，均願反正，暗中協助我軍。（要聞：《陸軍總長之時局談》，《申報》1912年1月30日）

瑞、張勳等是否有此請願，十一日早接張勳覆電，力言請願共和並不知情，原係姦人捏造，希圖亂我軍心，殊堪痛恨，勳已激勵士卒，誓持君主，有死不二，並云若有開戰閣令，勳部下盡願效死。」〔註169〕現如今世人都知道段祺瑞等人之電奏乃由袁氏授意，袁世凱當然清楚張勳列名「內因」，其之所以致電張勳「詢問」，就是要探一探張勳的真實反應，張勳雖然仍強調堅持君憲主義，但有一點讓袁世凱極為寬心，那就是張勳覆電中有聽從閣令的表示，並不想貿然盲動。其後袁世凱為拉攏張勳，任命張護署江督，緊接著又動用親信將領姜桂題、段祺瑞、馮國璋等聯名致電張勳，核心是勸誡張氏，為維護北方軍界之榮譽，行止進退宜恪遵命令。〔註170〕在各方面形勢的壓力之下，張勳也被迫選擇了順從輿情，「贊成共和」。〔註171〕

在瓦解掉張懷芝、張勳二人之後，袁世凱又動用張錫鑾來對付奉省勤王軍的領袖人物張作霖、馮麟閣，張、馮二人既迫於張錫鑾之情面，又有現實情形的各種壓力，遂覆電表示「承認共和」，附加三項條件：保全皇上地位、以袁總理為大總統、新政府仍設在北京。〔註172〕

其三，撫慰趙爾巽。趙爾巽因為遜位傳聞意欲起兵勤王，袁世凱在接到趙爾巽以東省防陸各軍名義發來的詰問支電後不敢大意，針對該電中詰問事項一一作出「答覆」：（一）山東登黃革匪已派兵往剿，並無退讓；（二）「遜位、共和」說，概係謠傳，萬勿聽信；（三）勤王軍隊既經組妥，望速開拔。

袁世凱應對之中既有真戲假唱，又有假戲真唱，可謂老道、狡猾之極。革命黨人佔據登黃為真，清廷派兵亦為真，「往剿」則明顯有「假唱」嫌疑；遜位、共和已進入議程，袁「內閣」比任何人都清楚其中內幕，但仍然矢口否認，也有「假唱」之嫌；至於東省勤王軍隊，袁世凱極不情願它們入關，覆電中卻做出歡迎姿態，典型的「假戲真唱」。更有甚者，趙爾巽曾致電內閣稱「倘革黨仍不反正，東省八旗子定必組織決死隊，定期南征」，袁世凱明知

〔註169〕要聞：《張勳堅持君主之要電》，《大公報》1912 年 2 月 1 日。

〔註170〕《記事》，《中國革命記》第 26 冊，上海：上海自由社，1912 年，第 10～11 頁。

〔註171〕專電（南京），《申報》1912 年 2 月 5 日。（張勳電致南京政府已贊成共和）

〔註172〕渤海壽臣：《辛亥革命始末記》，《近代中國史料叢刊》第 42 輯，臺北：文海出版社，1969 年，第 944 頁；要聞：《勸諭奉天軍隊承認共和》，《大公報》1912 年 2 月 9 日。

此舉有很大程度的虛張聲勢，也不點破，反而飭令趙爾巽查明情形，編練成軍，迅即奏聞。〔註173〕典型的「急脈緩受」之法。

為阻攔東省勤王軍入關，袁世凱一方面密令親信梁士詒將京奉鐵路上可資運兵入關的車輛全部調離；一方面函電交加散播謠言，或稱革黨艦隻十餘艘意欲由秦皇島叩問山海關、或稱「鬍匪頭目」意欲竄奉招隊起事，目的在於遲滯東省軍隊集結南下。

及至十二月十三日清王室在北軍段祺瑞等人「逼宮」後確定「禪讓」。趙爾巽偕吉、黑巡撫均有電到京，堅持君主，反對共和，措辭極為堅決，西北督撫亦做出相同反應，「袁內閣非常焦灼，連電各督撫，均係勸令恪遵朝旨，贊同共和，毋得抗拒暴動」；奉、甘兩督及陝撫再度覆電中，對袁內閣頗多微詞，責其不應遽變宗旨，趨向共和，有勒逼朝廷，蠱惑軍隊之舉。〔註174〕

袁世凱對於督撫與閣部間的這種「電報戰」並不擔心，為防止趙爾巽鋌而走險，袁內閣決意利用自己「挾天子令諸侯」的優勢，十二月十四日（2月1日）任命親信張錫鑾出任奉天防務會辦大臣，為取代東督趙爾巽做鋪墊。面對袁世凱的「殺手鐧」，趙爾巽急了，連忙策動東省軍政紳商各界致電內閣勸阻更換東督事宜，東省各軍將領也直接致電張錫鑾，暫緩東行，「免生衝突」。〔註175〕袁世凱借坡下驢，投書趙爾巽，言辭懇切，力勸其不得堅持君主主義，以至妨害東省大局，又言及東省外力逼迫之危險，決不可再有內亂發生。趙爾巽深知其中甘味，以袁內閣之勸告為然，覆電時允准將勤王軍隊調回，不再堅持入關事項。〔註176〕

趙爾巽雖不再堅持入關勤王，但在共和問題上依然態度堅決，毫不讓步。十二月十四日趙爾巽以東三省全體人民的名義致電內閣，稱「東三省所處地位特別，人民對於朝廷之心理亦特別，默察輿情，熟籌時勢，現決無承認共和之理。……若果君主立憲，無論如何危險，東三省人民至死不移；如竟成共和國體，應請將東三省暫予以特別辦法，以保境安民為公要，萬不可

〔註173〕第一歷史檔案館編：《清代檔案史料叢編》第 8 輯，北京：中華書局，1982年，第 295 頁。
〔註174〕要聞：《袁內閣與各督撫之要電》，《大公報》1912 年 2 月 5 日。
〔註175〕第一歷史檔案館編：《清代檔案史料叢編》第 8 輯，北京：中華書局，1982年，第 157 頁。
〔註176〕要聞：《袁內閣一封書之效力》，《大公報》1912 年 2 月 6 日。

與內地各省混同一致，以免鋌而走險，牽動全局，致釀瓜分。」〔註177〕

內閣接電後置之不理，因為朝局的演變此時已完全進入了袁世凱設計的軌道。十四日御前會議，隆裕太后代表清王室允認「虛君共和」，並欲擬旨籌商召集國會，選舉大總統。十六日（2月3日）清廷降諭：授權袁世凱迅速與民軍商酌退位條件。〔註178〕十九日（2月6日）御前會議，隆裕太后代表清王室接受「議和優待條件」，十八日（2月5日）袁世凱曾致電東督，通報南北趨向共和，國體問題「將次解決」；十九日內閣會議，袁世凱出示段祺瑞等人「逼退」電文，眾王公大臣遂擬定贊成共和公電一道予以發表。

東督趙爾巽對滿清各親貴之怯弱退讓極度不滿，曾有電到京詰責：「東省諮議局、各僚屬、軍隊、以至各團體，萬眾一心絕不承認共和，倘冒昧頒旨，則東三省必即宣佈獨立，非爾巽一人所能締禁，且以爾巽管見，北方軍隊迄未戰敗，勢須背城借一再定辦法，且皇帝、親貴、各大臣只有死社稷，而無降社稷。」〔註179〕

十二月二十日（2月7日）趙爾巽致電袁世凱，提出「維持東省大局」辦法七條：一、東三省臣民對於大清皇帝致其尊敬親密，永無限制；二、東三省人民得專備大清皇帝選充禁衛官兵；三、大清皇帝於東三省三年巡幸一次；四、南北政府未統一、各國未未正式承認以前，不令東三省承認；五、凡有興革章制，三年內不強東三省以必行；六、三年內在東三省官吏，自總督以下，中央不得任意易人；七、三年內東三省賦稅、軍隊，不調撥他處之用。〔註180〕這是一份沒有「獨立」字眼的東省獨立宣言書。同一天，東省各界也致電內閣，對東督之「籲請」鼎立支持。

十二月二十一日（2月8日），袁世凱覆電趙爾巽等，對東省之詰責作答：「電悉，內閣只有行權之責，至解決國體，關係重大，非閣臣所敢擅裁，迭經皇族會議，請旨辦理。近日討論優待條件，亦係奉旨之事，並隨時請旨遵

〔註177〕　第一歷史檔案館編：《清代軍機處電報檔案彙編》第3冊，北京：中國人民大學出版社，2005年，第570頁；要聞：《東三省全體人民之要電》，《大公報》1912年2月9日。

〔註178〕　中國第一歷史檔案館：《光緒宣統兩朝上諭檔》第37冊，桂林：廣西師範大學出版社，1996年，第415頁。

〔註179〕　要聞：《趙制軍之再接再厲》，《大公報》1912年1月24日。

〔註180〕　第一歷史檔案館編：《清代檔案史料叢編》第8輯，北京：中華書局，1982年，第158～159頁。

行。凡奉旨不准宣佈者，則不得布告士民。現國體如何解決，尚未奉有明詔，
詎可以臆度之詞，向人商議？是以來電，未便作覆。總之，無論何省，斷不
肯置之不顧。以本閣私意所見，如東三省謹遵朝命，恪守秩序，則全局必可
保全，如先自擾攘，則不堪設想矣。曾聞外人公議，如中國各省不先自亂秩
序，決不至無端干涉。現南北士庶均望平和解決，萬一東省一隅稍生枝節，
有破壞平和之事，豈非爲我全國國民之絕大遺憾？又東三省諮議局係奉、吉、
江三處，咨電統稱東三省諮議局者，是否僅係奉局所發？」〔註181〕其中有眞
有假，有虛有實，最重要的信息是不同意東三省獨立，用詞雖說委婉，脅迫
顯而易見。

是日，袁世凱也向趙爾巽發出了一封私人勸慰電，解釋「戰與和」之艱
難選擇，實屬「兩害取輕」之無奈，希望東省能顧全大局，以免「予人以可
乘之機」，辜負「慈聖與全國臣民渴望平和之意」。〔註182〕用詞謙遜，然軟中
帶硬。

趙爾巽深知東省之處境，外有日、俄兩大列強虎視眈眈，內有各反對派
躍躍欲試，稍有不愼，就會陷東省於萬劫不復之地，趙爾巽在安撫各派反對
勢力時，也常以此爲出發點。此外，英美列強也通過自己在奉天的代理人，
向趙爾巽傳達了不希望東省獨立或者與中國本部分離的意願。〔註183〕

與此同時，袁世凱調動各方勢力，廣布輿論，營造出一種非共和無以弭
戰亂、救殘局的氛圍。第一波共和吶喊聲出現在停戰議和早期，以江蘇各地、
各團體爲中心，近在京畿的順直諮議局、河南諮議局也都有發聲。第二波共
和吶喊聲出現在十一月下旬，即南京臨時政府承諾清帝遜位即將大總統職位
讓與袁世凱之後，以麇集上海的閒散清大吏爲主。

十一月二十二日（1月10日）廣西宣慰使趙炳麟請辭電中有「人心趨向
共和無可宣慰」之語；〔註184〕十一月二十五日（1月13日）前粵督袁樹勳、

〔註181〕第一歷史檔案館編：《清代檔案史料叢編》第 8 輯，北京：中華書局，1982
　　　　年，第 160～161 頁。

〔註182〕第一歷史檔案館編：《清代檔案史料叢編》第 8 輯，北京：中華書局，1982
　　　　年，第 161 頁。

〔註183〕中國近代經濟史資料叢刊編輯委員會：《帝國主義與中國海關·中國海關與辛
　　　　亥革命》第 13 編，北京：中華書局，1964 年，第 311 頁。

〔註184〕第一歷史檔案館編：《清代軍機處電報檔案彙編》第 3 冊，北京：中國人民大學
　　　　出版社，2005 年，第 495 頁；《南北議和》，中國史學會主編：中國近代史資料
　　　　叢刊《辛亥革命》（八），上海：上海人民出版社，1957 年，第 159～160 頁。

前晉撫丁寶銓、前湘撫楊文鼎等聯名致電載灃各權貴，以「人心趨向共和」，即速「明降諭旨早定共和政體」，既可以保全宗廟陵寢、人民生命財產安全，又可以免除大局決裂導致的外人干涉、兵連禍結；十一月二十六日（1月14日）川督岑春煊也同樣致電載灃等人，以「人心已去」，勸誡朝廷「明降諭旨，宣示中外，令人民組織共和政治」，「上全宗祀，下全民生」，「俾天下知禪讓美德」。〔註185〕此外，以陸徵祥爲首的駐外公使、萬國禁煙會代表丁義華等也有發出籲請共和公電，順直諮議局、河南諮議局此時同樣有共和發聲。

　　第二波共和吶喊，很大程度上受到袁世凱的操控，段祺瑞等北軍將領更是衝鋒在先。甘簃在《辛亥議和之祕史》中有如是說：項城（袁世凱）志乃決，從容詔克定（袁世凱長子）、士詒曰：「爲我電致少川（唐紹儀）、杏城（楊士琦）、精衛，並轉秩庸（伍廷芳），謂事在必行，義無反顧。惟不能自我一人先發，已將斯旨訓示北洋諸鎮將及駐外專使，旅滬疆吏，令聯銜勸幼帝退位，以國讓民，一舉而大局可定。」〔註186〕與袁世凱過往甚密的河南士紳王錫彤在其《抑齋自述》中對河南請願共和的內幕也曾有所揭露。〔註187〕

　　繼段祺瑞等北軍將領通電共和後，山西巡撫張錫鑾率晉省各司道員以及統兵將領聯合致電清廷，籲請「下詔南北罷兵、速組共和政體」；〔註188〕隨即張錫鑾又向北五省巡撫發出倡議，議請聯銜電奏共和，得到吉林巡撫陳昭常、黑龍江巡撫周樹模、山東巡撫張廣建等人的回應。河南巡撫齊耀琳則以「共和潮流勃不可遏」，大局糜爛，「無術挽回」爲由，懇請「罷黜」相威脅。

　　十二月十九日（2月6日）內閣會議之後，共和大局底定，袁世凱授意剛剛接署直督的表弟張鎮芳聯絡北五省督撫，推舉東督趙爾巽領銜聯名奏請共和，袁世凱明知趙爾巽不會有如此之作爲，只不過是透過此舉向趙爾巽施加壓力而已，果不其然趙爾巽予以了拒絕，二十二日（2月9日）由張鎮芳領銜，署江督張勳、署鄂督段祺瑞、豫撫齊耀琳、署魯撫張廣建、皖撫張懷

〔註185〕《記事》，《中國革命記》第24冊，上海：上海自由社，1912年，第3～5頁；《南北議和》，中國史學會主編：中國近代史資料叢刊《辛亥革命》（八），上海：上海人民出版社，1957年，第160～161頁。

〔註186〕陳贛一：《睇向齋隨筆》，章伯鋒、顧亞：《近代稗海》第13輯，成都：四川人民出版社，1989年，第382頁。

〔註187〕王錫彤：《辛亥紀事》，中國科學院近代史研究所史料編譯組：《近代史資料》總25號，1961年第1號，北京：中華書局，1961年，第517～522頁。

〔註188〕《南北議和》，中國史學會主編：中國近代史資料叢刊《辛亥革命》（八），上海：上海人民出版社，1957年，第176～177頁。

芝、晉撫張錫鑾、吉撫陳昭常等列名，聯銜勸諫朝廷，因為共和國體久延不決，致使「危機四伏，險象環生，內多靡爛之虞，外召干涉之禍」，「人民陷火熱水深之境，皇室有覆宗絕祀之憂」，故懇請「速降明詔，宣佈共和，……大計早一日決，即大局可早一日定，……四萬萬生靈得解倒懸之厄，數百年宗廟陵寢仍保磐石之安。」〔註189〕可謂危言聳聽之極，「逼宮」戲碼達到頂峰。

電奏結尾稱列名督撫「往返電商，意見相同」，而陝西、甘肅、新疆三省因為電報不通，未得列名，由此也可以判斷，東督趙爾巽、黑龍江巡撫周樹模是因為有反對意見而未予列名。很快周樹模託病請辭而去，趙爾巽原本還寄予厚望的熱河都統錫良眼見大勢已去，也作出同樣的選擇，叫囂得很厲害的蒙古王公在利益得到了優待條款保證後也偃旗息鼓。

在瓦解趙爾巽同盟軍的同時，袁世凱還利用各種勢力對趙爾巽本人進行「圍剿」。十二月二十日（2月7日）吳淞軍政府總司令楊承溥、光復軍北伐總司令李燮和等紛紛致電趙爾巽，言稱滿清氣數已盡，共和大勢所趨，希望趙爾巽「早樹自由之旗」，「幡然來歸」，不要「為虎作倀」，「逆時勢而行」；二十三日（2月10日）四川革命黨人吳劍豐也致電趙爾巽，借傳言諷勸趙爾巽不要因乃弟趙爾豐死於川亂而懷一己之私忿，「仇殺黨人，反對共和」，表示只要趙「幡然改圖」，願意電川省黨人保護趙爾豐家眷，安全出境，希冀借助親情來打動趙爾巽；黨人之外，趙爾巽的親信、由奉天交涉司出任吉林民政使的韓國鈞也電勸趙爾巽應放棄君憲主張，不要再做無謂之抗爭。〔註190〕

內外夾攻之下，趙爾巽只得退而求其次。十二月二十一日（2月8日）趙督致電內閣，雖然還在強調東省地位特殊，人民心理與內地不同，但並沒有像以前一樣出言反對共和，只是聲稱為「撫慰軍民，保全領土，維持全局」起見，東省「應有權宜辦法」，即「東三省人民未選出代表赴臨時國會議決以前，所有東三省一切章制，均暫仍其舊。」〔註191〕

〔註189〕《南北議和》，中國史學會主編：中國近代史資料叢刊《辛亥革命》（八），上海：上海人民出版社，1957年，第180～181頁。

〔註190〕第一歷史檔案館編：《清代檔案史料叢編》第8輯，北京：中華書局，1982年，第157～158、162、164頁。

〔註191〕第一歷史檔案館編：《清代檔案史料叢編》第8輯，北京：中華書局，1982年，第160頁。

　　十二月二十四日（2月11日）日本駐奉天領事館把遜位詔書的內容提前透露給奉天當局，二十五日（2月12日）遜位詔書頒佈。翌日，袁世凱即以全權身份公告各省督撫：現在共和國體業經宣佈，「凱以非才謬膺組織臨時政府，……所賴我賢士大夫各竭知能，共謀匡濟，……以慰同胞望治之心，方不負大清皇帝致政之意，……務令各安生業，不釀事端，是爲至要，……在新官制未定以前，一切暫仍舊貫。」〔註192〕

　　遜位詔書頒佈以後，西北督撫因電訊不暢難以即刻有所表示，北方督撫紛紛發表對袁世凱的所謂「擁戴書」，十二月二十五日張鎮芳、張懷芝率同直隸各文武官員致電「袁全權」：「天祐中國化種族之見而改良政治，變政治之體而咸認共和，保皇號之尊榮，拯生靈之塗炭，惟我宮太保實苦心締造，碩畫維持，洞觀世界大同，力以天下爲任，指揮若定，震憾不驚，功業恢宏，上下攸賴；現在時同危迫，中外望治，慕殷極待，古今不世出之雄才，及時建設，必須外交素有信用，內政富於經驗，軍人翕服，輿論推崇，乃能維繫眾心，保持全局，南北合一政府臨時大總統，非我宮太保力任其難，不足以濟時艱而饜群望；鎮芳等以事關安危大計，用敢公同，電懇商求宮太保以民人爲重，俯順所請，力任統一政府臨時大總統，俾建新基，共蒙幸輻，不勝迫切籲懇之至。」〔註193〕言語諂媚之極，此後由張鎮芳帶動，河南、山東、山西、吉林等省巡撫紛紛傚仿，甚至張勳也自徐州發電向袁世凱「恭賀」。

　　趙爾巽雖說沒有向袁世凱表示「志賀」，但他知道清王室退位已是必然之中的事，時勢如此，無可挽回。袁世凱抓住趙爾巽想做忠臣的心理，在遜位詔書頒佈前，特意擬定長電一封，勸令東省顧全大局，贊成共和，「惟該電進呈皇太后御覽，奉旨頒發，飭由趙爾巽宣佈」。〔註194〕可謂正中趙督「死穴」。

　　趙爾巽奉旨後召集各司道在督署會議，旋經大眾表決，於是日晚同赴奉天皇宮內廷署名畫押，允認共和，傳聞趙督簽押後禁不住伏案大哭。〔註195〕經過理智與情感的矛盾鬥爭，趙爾巽的理智戰勝了情感，從二十六日（2月

〔註192〕渤海壽臣：《辛亥革命始末記》，《近代中國史料叢刊》第42輯，臺北：文海出版社，1969年，第966～967頁。

〔註193〕要聞一：《各省推戴袁總統之電文》，《申報》1912年2月22日；渤海壽臣：《辛亥革命始末記》，《近代中國史料叢刊》第42輯，臺北：文海出版社，1969年，第975～978頁。

〔註194〕要聞：《內閣請電東省承認共和》，《大公報》1912年2月13日。

〔註195〕接要聞：《趙爾巽塵不過袁世凱》，《申報》1912年2月8日。

13 日）趙督寄發吉林、黑龍江兩巡撫的電文中即可感知，趙爾巽對「國體變更」給予了認可，其後的工作重心已轉向維持地方治安與秩序：「吉林陳撫臺、卜奎宋署院鑒：本日致內閣電文如下：恭讀欽奉懿旨，國體解決，此後完全辦法，鈞閣自有主裁。惟關於東三省之事，連日邀集各界籌議，僉以鄂變起後，三省即以維持治安，不啓外人干涉爲目的，迄今數月，上下一心，尚無貽誤。即國體解決後，仍認定保守治安，照常辦理，不任自相紛擾，牽動全局。尚有勉爲，亦必內中對於東三省用人行政能不遽變更，乃可共相維繫，不生疑慮。……至所以俯協群情，克弭外釁，是在鈞閣之偉畫矣。巽。宥。等因。即祈查照，並轉告諮議局及各界一體知照。至於開諭軍民，維持治安秩序，全賴藎籌，以支危局。巽。宥。」〔註196〕

樹欲靜而風不止，東三省作爲龍興之地，地方官紳與民眾的確對清王室懷有一份特殊的情感，加之趙爾巽此前反對共和、擁護君憲又如此之堅決，在京城做鳥獸散的滿清權貴爲再作圖謀計紛紛潛赴東省，一時間流言蜚語甚多。

南方立憲派領袖張謇、湯壽潛等十二月二十六日（2 月 13 日）致電詰問：「頃見報載，親貴至奉，擬借外兵，與公欲謀獨立等語。殊深駭異。現在皇帝遜位，南北統一，五大民族組織成國，凡此上下交讓，皆爲保全中國領土計也。……現在某國深恐南北統一，不利於彼，百方破壞。公奈何引狼入室？上使優待皇室復蹈於危險，下使領土致滅於異域，中外史冊稱爲亡國罪魁，恐非公所出也。」

趙爾巽的心腹葉景葵也自青島發電予以規勸：「乃聞妄人阻撓我帥，力勸擁戴親貴，借助外人。是動天下之兵，以三省爲孤注，生爲戎首，歿受惡名，破國亡家，豈徒殺身而已！我帥仁明，決不出此。惟盼早日退休。」

弟弟趙爾萃於二十八日（2 月 15 日）也發來一封感情至深的「勸退」電：「今日誰家天下？官爲守，君爲堯舜，眾主共和，王無可勤，義無可舉，苟有妄動，即是攘奪，轉爲南北公敵。敗一己之忠清，擾通國之治安，於義云何？即爲奉計，兄去奉必安，兄在奉必危，且人逐我，而我猶遲遲，能無貽戀棧譏邪！三日無復，弟決來奉。」

面對眾人之疑慮，趙爾巽覆電作答，二十七日（2 月 14 日）電張謇等人：「來電所云，稍有國家思想者，無不知之。東省情勢不同，千回百折，始歸

〔註196〕第一歷史檔案館編：《清代檔案史料叢編》第 8 輯，北京：中華書局，1982年，第 185 頁。

一致。即傳聞之異辭，可知波瀾之起伏矣。公等求仁得仁，然去岸尚遠，望速謀統一，勿謂天下已治已安也。」

　　從中可以讀出趙爾巽之思想境界確非一般人所能比擬，他並不像常人想像的那樣「膚淺」，而是一個眞正有擔當的人。在回覆葉景葵的電文中，趙爾巽更是直抒胸臆：「一舉足而亂作，一坐鎮而境安，宜何擇焉！退則必退，但有其時耳。諸公勿躁擾，把晤不遠也。」〔註197〕

　　此後趙爾巽爲穩定東省局勢，縱橫捭闔，對藍天蔚等發起的民軍攻勢，一方面派軍迎拒，一方面函電交涉，內外兼修，一一化解；對活動東省的革命黨人，也是剿撫兼施，或脅迫潛逃或軟化遣散出境；對圖謀「復辟」的宗社黨人亦不念舊情，一體嚴究；對倡亂的「兵變、民變」更是毫不手軟，迅即出兵剿懲。

　　清帝遜位後，東省與其它省分一樣奉袁「總統」爲正統，但趙爾巽等人一直保存了前清督撫的稱謂，可謂當時的一大奇觀。有人或許認爲這是趙爾巽心存「復辟」夢想的見證，其實不然。如前所述，在接奉遜位詔書後，趙爾巽即致電吉林、黑龍江兩省巡撫，告誡二人「國體解決」，當以「保守治安」爲要；及至民國元年正月十二日（2月29日）夜，袁世凱因不願南下，唆使三鎮在京津發動「兵變」，趙爾巽得訊後，又致電吉、黑巡撫：「京津有事，我三省務須鎮定戒備，撫輯軍民，以維治安秩序，用免外人藉口。」〔註198〕可見趙爾巽之心思仍在於穩定東三省治安秩序，並沒有乘亂謀變之意。

　　趙爾巽在民國改元後，內心雖然仍對大清帝國保有深深的眷戀之情，但也認識到江山「易幟」乃大勢所趨，故奉天於十二月二十九日（2月16日）「改旗易幟」，諮議局暨工農學商各團體致電南京時有云：「欽奉懿旨宣佈共和，東省紳民豈獨無此世界眼光、國家思想，故官紳軍民同意奉行，已懸掛五色國旗，一致辦理。」其後東省各屬相繼接奉總督「易幟」憲諭，紛紛撤去龍旗，改懸五彩旗，〔註199〕吉林、黑龍江亦隨之回應。

〔註197〕　第一歷史檔案館編：《清代檔案史料叢編》第 8 輯，北京：中華書局，1982年，第 192～193、188～189 頁。（注：張謇、湯壽潛等人之滬電乃有人冒張名而作，張謇曾致函辯白。）
〔註198〕　第一歷史檔案館編：《清代檔案史料叢編》第 8 輯，北京：中華書局，1982年，第 224 頁。
〔註199〕　《遼寧辛亥革命史料選輯》，章開沅、羅福惠、嚴昌洪：《辛亥革命史資料新

由此可見，趙爾巽並沒有封閉自己，而是選擇了勇敢地面對現實，走出內心世界的牢籠，他之所以沒有選擇去職，是因為他不想看到東省因為自己的「自私」而陷入紛亂狀態，這或許正是趙爾巽高出陳夔龍、周樹模等人之處。其後趙爾巽曾致函黎元洪，表達了自己此時的心境：「爾巽重來東土，任重材輕，惕惕然以國權領土為懼。彼強鄰之包藏禍心者，於未共和之先，則冀奉省脫離政府以為干涉之地步。既共和之後，則又冀恢復君主以達其保護之目的。爾巽抱定主義，惟知以國家為前提，萬不敢一息與中央相斷絕，禍東省以禍全國。……爾巽老矣，惟知有中國，有同胞，不忍以外間謠諑之故而生灰冷，亦不暇以外間謠諑之故而喋喋以自明。誠以事實具在，可覆而按。古人謂：何以止謗？曰：不辨。竊取斯義焉。」〔註200〕這或許是對當時乃至後世之人譏諷趙爾巽「陽贊共和、陰主君憲」謬說的最好反駁。

陝撫升允接獲遜位詔書後「秘而不宣」，仍一力督飭軍隊繼續與民軍交戰，十二月二十九日（2月16日）竟然繞過乾州偷襲成功，克復醴泉，矛頭直指咸陽，陝西民軍一方面向南京急電求援，一方面派員直接與援陝甘軍交涉，不料升允竟將信使慘殺。

南京方面轉電袁「總統」，紛紛以升允破壞共和提出交涉，南京與北京都向陝省民軍伸出援手，段祺瑞不僅派出手下副官毛繼成赴陝協調，甚至電調潼關方向業已與民軍停戰議和的毅軍趙倜部應援。陝西大都督張鳳翽聞聽乾州、醴泉戰事吃緊，親臨前線視察。

壬子正月十四日（3月2日），甘軍西路馬步全軍總統馬安良，由乾州民軍送來的大都督張鳳翽告示中，得知清帝早經退位，共和也已告成，遂怒召升允詰問：「清帝位已去，我為誰爭？……保汝做皇帝乎？」〔註201〕十八日（3月6日）馬安良與張鳳翽都督會晤於乾州城外，商談停戰議和事宜，二十日（3月8日）雙方簽約。

升允因為馬安良「反水」，陷入欲罷不甘、欲戰不能的尷尬境地。二十二日（3月10日）民軍方面再次派出與升允交好的地方士紳牛夢周、張小山二人，前往醴泉與升允「晤談」，升允有曰：「故人來意，我已悉知，今清帝退

編》第3卷，武漢：湖北人民出版社，2006年，第511、514、520、521、525頁。

〔註200〕第一歷史檔案館編：《清代檔案史料叢編》第8輯，北京：中華書局，1982年，第269～270頁。

〔註201〕要聞二：《陝亂將和平解決矣》，《申報》1912年4月1日。

位，無君可事，惟有一死以報國。至於議和條約，悉聽彭、馬二公主持。」〔註202〕二十三日（3 月 11 日）升允攜兵退往平涼，鳳翔方面甘軍亦隨之撤回甘省。

升允被迫從醴泉「班師」，內心痛苦不堪，後在致電齊耀琳時即曾大訴苦水：「此次督隊剿匪，係奉朝廷諭旨及內閣命令，用兵數月，無日不在冰天雪地之中，……又因軍糈無出，允即罄家室之所有，以助軍用，允之此舉，蓋欲以死報國家也。世界共和，迫於形勢，允何敢獨違，第此時允受兩方面之欺迫，實覺憤不欲生，……蓋初時係為剿張鳳翽而用允，今則共和甫布，忽又飭張鳳翔督軍以討允，昔視為賊，今反為正大之師，昨日勤王，刻反為悖逆之輩，試問天下五洲有此理乎？……今允之志決不與共和為難，亦決不傷害百姓，獨張鳳翔以大總統命令而來討允，實不甘心，……自茲以往，即與張為敵。如果允死張存，或亦天命人心之公道耶？」〔註203〕

走頭無路的升允幾乎像一條瘋狗一樣狂亂犬吠，不知所云。更有甚者，二月初二日（3 月 20 日）升允竟然致電袁世凱，提出兩項要求：「一、須發給現款二百萬兩，藉以遣散各軍隊；二、須撤去張都督鳳翔，以升允為陝西都督，俟明白宣佈後，升即自行辭職，否則寧死不就範。因從前飭升允攻鳳翔，今又令鳳翔進攻升允，故升允不順。」〔註204〕直如癡人夢囈。升允之無理要求袁世凱自然難以應承，其後升允便踏上「復辟」清朝的流亡之旅。

（二）民清兩軍交鋒問題

南北雙方議和代表十月二十八日第一次開議，首先遇到的交涉問題，即

〔註202〕《東西路戰役歷史資料選錄》，沈傳忠：《辛亥革命在陝西》，西安：陝西人民出版社，1986 年，第 802 頁；朱敘伍、黨自新：《陝西辛亥革命回憶》，中國人民政治協商會議全國委員會文史資料研究委員會：《辛亥革命回憶錄》第 5集，北京：中華書局，1963 年，第 44 頁。（注：朱、黨回憶文中升允所說的話似乎更符合升允本人的角色：「現今皇上退位，我已無君可事，惟有一死以報聖恩。至於議和條約，已由彭、馬二公主持，我不過問。」）

〔註203〕要聞二：《陝西軍事近聞》，《申報》1912 年 3 月 15 日；陳秉淵：《辛亥革命時陝甘議和拾遺》，中國人民政治協商會議甘肅省委員會文史資料研究委員會：《甘肅文史資料選輯》第 11 輯，蘭州：甘肅人民出版社，1981 年，第 206～207 頁。

〔註204〕要聞二：《升允無理之要求》，《申報》1912 年 4 月 2 日；陳秉淵：《辛亥革命時陝甘議和拾遺》，中國人民政治協商會議甘肅省委員會文史資料研究委員會：《甘肅文史資料選輯》第 11 輯，蘭州：甘肅人民出版社，1981 年，第 209頁。

停戰期間發生的違約軍事進攻。南方總代表伍廷芳發言稱，近日迭接山西、陝西、安徽、山東等地民軍報告，有清軍違約進攻情事發生，故提請北方總代表唐紹儀致電袁內閣，飭令各處一律停戰，俟得確實回電承諾後始行正式之討論且開議。〔註205〕十一月初一日早六鐘，袁內閣覆電：「豔電悉，停戰命令早經通飭湖北、山西、陝西、山東、安徽、江蘇、奉天等省，均歸一律，自無疑義。倘於開議期內有擅自行動之軍隊，定行處以嚴罰，至山西陝西兩處彼因電報不通，屬為轉電，頃為照轉，望即告，前途為要。凱，豔。」〔註206〕結合事實考察，袁內閣在回覆的該豔電中所陳述的並無虛妄之處，十月十九日南北雙方續簽停戰協定，為期十五日，停戰範圍延及全國，黎元洪向獨立各省發佈了停戰議和電，袁世凱也同時向未獨立省分發佈了停戰「皓」電。〔註207〕

很多著述為了凸顯袁世凱之狡詐，特意強調停戰議和期間袁世凱實行的是所謂的「緩南攻西」之計。然根據這一時期袁世凱與各督撫往來電文可以查證，西線民清兩軍交鋒，未能停戰緣故，既有電訊阻塞不暢之外因，亦有長庚、升允等主戰、不尊閣令之內因。

西路戰事主要涉及山西、陝西。山西方面：繼任巡撫吳祿貞於九月十七日被殺後，清廷又任命張錫鑾接替晉撫，調曹錕第三鎮進軍山西，十月十八日（12月8日）民、清兩軍於娘子關開兵見仗，十月二十一日（12月11日）前線清軍接奉停戰命令，然曹錕等人以兩軍酣戰為辭，拒絕停戰，次日即攻佔娘子關，娘子關失守後民軍都督閻錫山出逃，省城太原隨即宣告「復辟」。

〔註205〕 《記事》，《中國革命記》第 13 冊，上海：上海自由社，1912 年，第 18 頁；觀渡廬：《南北議和史料》，中國史學會主編：中國近代史資料叢刊《辛亥革命》（八），上海：上海人民出版社，1957 年，第 71～72 頁。

〔註206〕 《記事》，《中國革命記》第 13 冊，上海：上海自由社，1912 年，第 20 頁。

〔註207〕 《記事》，《中國革命記》第 13 冊，上海：上海自由社，1912 年，第 6～7 頁。（電文：兩月來因政治爭競，致天下騷動，生靈塗炭，朝廷極切悲憫，近由英使介紹武昌革軍黎元洪議定停戰，十五日內遣代表討論大局，唐楊諸大臣今日南下，甚望和平解決。本閣擬令南北軍停戰，南軍不向北，北軍亦不向南。黎要求全國停戰，閣詰以能否節制全國民軍，黎尚未復，俟唐大臣到漢再面訂。現在軍事辦法，奸殺焚掠是為土匪，無民軍資格，仍須用兵掃除；正在交戰之區，如民軍不肯接洽停戰，我軍仍照舊進攻，民軍先來撲攻須竭力抵禦，我軍不必先進攻，其各路防軍仍嚴密整備，勿因停戰稍涉疏懈，候唐大臣定期停戰地段再行電聞，望先傳知管轄及就近各軍營，一體遵照，閣部皓。）

陝西方面：陝西省城西安於九月初一日宣告光復，陝西民軍因此面臨著東西兩線作戰的窘困。東線戰事主要集中於潼關、靈寶一帶，潼關作為陝西門戶，戰略位置尤為重要，民清兩軍自九月二十日（11月10日）起在潼關展開了爭奪大戰。西線戰事主要集中於乾州及鳳翔一帶。

西線清軍的統帥為升允。長庚因陝甘唇齒相依，對升允出兵陝西鼎立相助。援陝甘軍分南北兩路東進，北路軍由陸洪濤、馬安良部組成，兵力30餘營，15000人，由平涼、涇州、長武、邠州、永壽，沿陝甘大道直取咸陽西門戶——乾州；南路軍由張行志、崔正午部組成，兵力約10餘營，5000人，向陝西汧陽、隴州、鳳翔進攻，兩軍最後會師目的地為咸陽，升允為兩路大軍統帥。十月初一日（11月21日）援陝甘軍順利攻佔長武，邠州民軍不戰而退，民、清兩軍遂在乾州展開空前的防守大戰。南路援陝甘軍崔正午部於十月二十七日（12月17日）由平涼東進攻，陷固關、隴州，隨即督師越汧陽直趨鳳翔；與此同時，張行志所部也自靈臺南下，經天堂進駐水溝大相寺，與崔正午部合擊鳳翔。

山、陝戰事持續一方面因為電訊阻塞，接奉停戰電令有時間差的問題，另一方面也出現了前線戰事指揮官抗不奉命的情形，如前述山西方面曹錕等人，而援陝甘軍總指揮、繼任陝西巡撫升允也是如此，對停戰協議表示出強烈不滿：「升允竊見唐紹儀等與革匪訂停戰約，長寇志，慢軍心，非特陝不認此約，即各省亦無照辦之理。應請旨飭各省督撫及各科道，議唐紹儀等庇匪之罪，仍速進兵，大局幸甚。」〔註208〕民、清兩軍均有出現不奉停戰電令及殺害信使現象。〔註209〕

除卻山西、陝西，豫皖交界的穎州、壽州一帶，也曾出現民、清兩軍激烈交鋒戰事，其次為河南南陽、信陽以及山東煙臺、登州等地，甚至湖北武

〔註208〕陝西巡撫升允致督察院暨資政院電，宣統三年十一月初七日（1911年12月26日），責任內閣來文檔。

〔註209〕十月二十一日（12月11日）曹錕等人以奸細罪名殺害了由士紳公推的充當信使之代表三人及一名高等小學堂學生（劉存善：《辛亥革命在山西》，山西人民出版社，1981年，第60頁）；十月二十六日（12月6日）陝西民軍大都督張鳳翽在督師進攻潼關時，以「敵軍緩兵之計」為由，殺害了趙個委託傳達停戰電令的信使靈寶紅十字會會員、基督教教徒姚景鐸；十一月十七日（1912年1月5日）趙個殺害陝西民軍所派議和專使劉粹軒等人。（朱敘五、黨自新：《陝西辛亥革命回憶》，中國人民政治協商會議全國委員會文史資料研究委員會：《辛亥革命回憶錄》第5集，北京：中華書局，1963年，第29、32頁。）

昌、江蘇徐州也發生過民、清兩軍交戰情事。為此議和雙方代表函電交加，或詰責或辯解，不一而足。

北方督撫多站在朝廷一側，對袁內閣予以聲援。北方議和大臣唐紹儀與南方議和總代表伍廷芳上海議和起始，直隸總督陳夔龍曾致電內閣，對南方民軍在停戰期間增兵武漢一事提出責難，希望前敵官軍提前戒備，予以防範；無獨有偶，徐州方面張勳等也致電內閣，稱「有民軍運兵增械至固鎮及臨淮關等情事，希詰阻」。伍廷芳覆電中稱，停戰協議約定停戰期內兩軍不得進攻，至於軍事上之調遣並不能算作「違約之舉動」。〔註210〕直督陳夔龍得知覆電後，義憤填膺，十一月初六日又致電內閣：「微電敬悉，唐大臣所稱在戰時可行之事，則停戰時亦可行。此語殊含混，倘充斯意，戰時可開炮，豈停戰亦可開炮乎？查張少軒（張勳，字少軒）軍請前赴山東招兵，慕帥（指山東巡撫孫寶琦）即以停戰為詞，拒不准行。彼則於武昌源源運兵，臨淮亦添兵極多，而上海且有準備航海北來之舉。是兩旬以來，我則遵守信約，彼乃乘時籌備。名為停戰，資彼備戰，倘停戰期滿，討論未能就緒，彼必以迅雷不及掩耳之勢三路進攻，危急何堪設想！」〔註211〕其憤怒之情已然難以掩飾。

對於袁內閣以「土匪論」作答南方議和總代表伍廷芳詰責援陝甘軍之違約，直隸總督陳夔龍也予以「立挺」：「各處土匪決不能認為革軍，應即一律痛剿，否則北方將無安寧之日。」〔註212〕陝甘總督長庚、繼任陝西巡撫升允更是借甘肅諮議局來發聲，支持袁內閣「陝西民軍土匪」論：「陝西土匪假革軍名義，淫掠燒殺，慘無人理，近且有綁票勒贖之舉，全陝人民不堪其擾，請即速飭姜軍（姜桂提部）切實進攻，以期迅就敉平。」〔註213〕

宣統三年十一月十三日（1912年1月1日）南京臨時政府成立，海外歸國的孫中山當選為臨時大總統，袁世凱的如意算盤幾盡落空，故以議和大臣唐紹儀「逾權」為由，逼迫唐紹儀電請辭職，一時間北方掀起一股聲討唐紹儀的聲浪。

〔註210〕《記事》，《中國革命記》第13冊，上海：上海自由社，1912年，第6頁。
〔註211〕第一歷史檔案館編：《清代軍機處電報檔案彙編》第3冊，北京：中國人民大學出版社，2005年，第447頁；《南北議和》，中國史學會主編：中國近代史資料叢刊《辛亥革命》（八），上海：上海人民出版社，1957年，第219～220頁。
〔註212〕要聞：《直督對於和議之電告》，《大公報》1912年1月7日。
〔註213〕要聞：《山陝革軍舉動之貪謬》，《大公報》1911年12月18日。

　　唯袁世凱馬首是瞻的繼任山西巡撫張錫鑾首先發難，十一月十三、十四日連電內閣，詆毀唐紹儀：「唐紹儀抵滬之後，獻媚革軍，恫嚇政府，請即撤銷該大臣代表之任，並將該代表前此所議之案一律取消，以維大局。」〔註214〕直隸總督陳夔龍對唐「大臣」在議和期間的種種退讓之舉，深為不滿，擬「嚴劾紹儀，並商之袁世凱紹議之謬妄」；〔註215〕東三省督撫在總督趙爾巽領銜之下也致電內閣，「痛駁中央主和及唐代表議和退讓之非」。〔註216〕

　　受袁世凱蠱惑的北洋軍也為袁世凱的「主戰」政策轉向發聲鼓譟，原本即對議和中多有退讓而深表不滿的督撫大受鼓舞，直督陳夔龍、東督趙爾巽電內閣，聲稱和局破裂，「勢不得不以兵力相見，請將召集國民會議的初九日上諭明白取銷」。〔註217〕為籌措戰備計，直隸與東三省均發出了軍隊集結令，一方面為援徐作準備，一方面東三省的軍隊還發出了入關勤王的吶喊；西北方面更是以戰場上的積極進取為袁世凱的「主戰」來造勢，十一月二十日（1912年1月10日）繼任山西巡撫張錫鑾挾第三鎮盧永祥所部之兵威進駐太原，十二月初二日（1912年1月20日）趙倜所部與第二鎮周符麟所部合力攻取潼關，十二月初四日（1月22日）張行志所部與崔正午部合擊鳳翔，農曆除夕前夜（1912年2月18日）援陝甘軍陸洪濤部繞過乾州，偷襲澧泉得逞。升任河南藩司的倪嗣沖也督率所部於豫皖交界之穎州、壽州也展開架勢，四處攻掠。

　　袁世凱的「主戰」並非出於真心，只是出於政策性的需求，當南方革命黨人滿足了袁氏要求之後，袁世凱的「主戰」政策很快又轉向，袁世凱接下來要解決的如何安撫業已鼓譟起來的地方督撫。山西方面，因為民軍都督閻錫山業已逃離，省城太原再度「光復」，對袁世凱極為忠心的張錫鑾使命完成，隨即奉命撤離太原；陝甘方面，袁世凱出於穩定北方形勢戰略需要，同時也因為統帥升允拒不聽命，袁氏除了繼續販賣自己「土匪非民軍」的論調外，再度端出電訊不暢的理由予以搪塞。至於豫皖交界的倪嗣沖部，袁世凱則以倪部乃應地方紳民「剿匪」籲請為由覆電辯解。對於河

〔註214〕北京：《張中丞電閣述聞》，《大公報》1912年1月6日。
〔註215〕二陵：《清室滅亡之前夜》，《越風》第20期，第35頁。
〔註216〕要聞：《東省督撫反對和議》，《大公報》1912年1月5日；《東三省各團體致駐京代表函》，章開沅、羅福惠、嚴昌洪：《辛亥革命史資料新編》第3卷，武漢：湖北人民出版社，2006年，第469～470頁。
〔註217〕要聞：《關於和議決裂之種種消息》，《大公報》1912年1月4日。

南、直隸、東三省等地督撫爲了穩定疆域統治而對黨人鼓動的「兵變、民變」所採取的鎮壓措施，袁世凱從心底裏贊成，故對地方當局之行事多採取默許乃至縱容的態度。

十月十二日（12月2日）夜直隸探訪局在奧租界拿獲王鐘聲等七名革命黨人，王鐘聲等人對自己身份「直認不諱」，且以清廷曾有開黨禁上諭爲自己辯護，直隸總督陳夔龍則將王氏一干人犯押送天津鎮總兵張懷芝軍營之中，命令將「首犯」王鐘聲依照軍營拿獲「奸細」罪處斬，此事大受南方民軍政府責難。直隸總督陳夔龍爲混淆視聽，於十月十九日致函《大公報》，不惜捏造事實極力「抹黑」王鐘聲等人：「敬啓者，敝局捕獲王鐘聲一案，查王鐘聲本以演唱新戲爲業者，實則爲戲界中之敗類，陽襲文明之名，陰行訛騙之實；宣統元年在天津與某君等合辦大觀新舞臺，竟向某君等訛去二千餘元，涉訟有案；本年在北京唱文明戲時犯姦有案，曾經遞解回籍交地方官嚴加管束，實係一著名無賴之匪徒。……」〔註218〕

誣黨人爲匪徒並非陳夔龍首創，實乃官府一貫之作風，十一月初一日業已取消獨立的山東巡撫孫寶琦在接獲停戰電令後致電內閣：「豔電悉遵，已分飭第五鎮及各路巡防營恪守辦理，倘停戰期內有革黨暴動及土匪冒充民軍搶掠擾害地方應如何辦理，請電令唐大臣切實商妥辦法，以免誤會。」〔註219〕袁世凱覆電很直接，如有暴動及搶掠擾害之事，當作匪類從嚴懲辦。

無獨有偶，十一月初三日（12月22日）夜河南巡撫齊耀琳擒獲密謀起事的革命黨人張鍾瑞等，張氏等已據實承認，猶復嚴拷不已，當用鐵錘叩脛敲肘，骨肉破碎，血淋漓下，必使其自認土匪而後止，兩日後，張鍾瑞等十一人遭槍擊死亡。〔註220〕清廷得報後對齊耀琳等人予以「傳旨嘉獎」。對於豫晉秦隴協會以及南方議和總代表伍廷芳發出的詰責電，齊耀琳以「剿匪」爲職任所在爲由，又以張鍾瑞等「供證確鑿」爲據，百般狡辯。〔註221〕

〔註218〕《來函》，《大公報》1911年12月9日；梅蘭芳：《戲劇界參加辛亥革命的幾件事》，中國人民政治協商會議全國委員會文史資料研究委員會：《辛亥革命回憶錄》第1集，北京：中華書局，1961年，第359頁。

〔註219〕第一歷史檔案館編：《清代軍機處電報檔彙編》第3冊，北京：中國人民大學出版社，2005年，第425頁。

〔註220〕河南省地方史志編纂委員會主編：《河南辛亥革命史長編》下卷，河南人民出版社，1986年，第151頁。

〔註221〕河南省地方史志編纂委員會主編：《河南辛亥革命史長編》下卷，河南人民出版社，1986年，第161～163頁；《記事》，《中國革命記》第21冊，上海：上海自由社，1912年，第5頁。

　　十一月十四日（1月2日）伍廷芳透過唐紹儀對奉省官吏「誣黨人以盜賊、鬍匪」，並施以私刑殘害情事提出抗議，趙爾巽電覆完全予以否認，且對治下發生的槍殺急進會首領張榕事件以及遼陽、莊河、復州、寧遠等地所謂「亂事」極力辯解：「奉省本無亂黨，自有人到處煽惑，專以利用鬍匪為主，於我諭解之隊官則槍傷之，於我招撫之議紳則槍斃之，純是鬍匪行為，誰實使之？得勢則肆彼兇殘，失勢則誣我暴戾，欲令官民將士束手以待，有是理乎？」〔註222〕

　　十一月十二日（12月31日）直隸灤州駐軍受革命黨人鼓動，發表「共和」公電，南方議和總代表伍廷芳隨即致電清政府袁內閣：「灤州軍隊主張共和，即係民軍，現在停戰期內清軍應緩進攻，以免違約。伍廷芳，支。」〔註223〕直隸總督陳夔龍自然不會依照南方伍代表要求對灤州「反正」駐軍置之不理，他一方面派出親信通永鎮總兵王懷慶前往灤州鎮撫「兵變」兵士，一方面偽造訊息蠱惑「反正」官兵：「南軍政府派來兵輪三艘，載革命軍北伐，請灤軍暫待，俟南軍由秦皇島開到後，增厚兵力，共取天津。」〔註224〕灤州舉義官兵信以為真，陳夔龍等得以獲得寶貴的喘息之機調兵遣將，成功地將灤州「兵變」絞殺。而在答覆伍代表詰責的電文中，陳夔龍避重就輕，自說自話：「灤州兵隊數百人與其上官偶生衝突，假託名義，污蔑長官，現已平靖，與違約無涉；該處為聯軍通道，載在辛丑合約，倘生梗阻，大局恐生危險。」〔註225〕

　　面對南方革命黨人咄咄逼人之詰問，北方督撫並不甘心示弱，十一月十八日（1月6日）直督陳夔龍分別致電各省主政長官，希冀各省督撫聯名致電內閣以及南方議和總代表伍廷芳，對南方軍政府向北方各省提起的「詰問」進行強力反擊。十一月二十日由東三省總督趙爾巽領銜，北方督撫全體列名的號電發往內閣：

　　　　查自鄂省告變，各省匪黨潛煽，防不勝防。朝廷愛惜民命，從寬認為政黨，致使捕治之權，欲保治安，殊多棘手。近則土匪馬賊

〔註222〕　《記事》，《中國革命記》第21冊，上海：上海自由社，1912年，第8～9頁；第一歷史檔案館編：《清代檔案史料叢編》第8輯，北京：中華書局，1982年，第114頁。

〔註223〕　《記事》，《中國革命記》第21冊，上海：上海自由社，1912年，第3頁。

〔註224〕　羅正緯：《灤州革命紀實初稿》，中國史學會主編：中國近代史資料叢刊《辛亥革命》（六），上海：上海人民出版社，1957年，第349頁。

〔註225〕　《記事》，《中國革命記》第21冊，上海：上海自由社，1912年，第3～4頁。

痞棍亦皆冒稱革黨，藉口號召。而彼黨在長江一帶任意拿人，目爲漢奸，處以死刑，脅迫抄搶，日有所聞。彼黨滿布北方，到處煽惑，尤以運動軍隊爲最可慮。我或捕戮匪徒，彼且多方致詰，是彼獨有利用匪賊之權，而我轉失保衛地方之力。爲今之計，必須先清內亂，而後可以防外。應請頒佈閣令，凡有大隊反抗擾害者，即以兵力制服；其造謠煽動，輕者勒令驅逐出境，倘敢挾軍械火器暨刊發僞印僞示以及散放票布，利用匪徒，意圖暴動，即照土匪律嚴拿懲辦。並商請各國公使、領事勿任潛匿租界車站爲根據地，爲政治之運動，及公然結會招匪，買槍運炮，有則即行驅逐。各國公使、領事力主平和，諒表同情。如此，則民情可安，軍氣亦振，言戰既有同仇之慨，停戰亦無內顧之憂。〔註226〕

兩天後，袁世凱稍作修改即以北方督撫聯電名義轉致伍廷芳，結尾處有謂：「本督撫除暴安良，責無旁貸，惟以維持秩序，保衛公安爲目的，南方苟再無理詰問，應即置之不理。」〔註227〕

借助北方督撫之聲勢，袁世凱在應對南方軍政府責難時可謂得心應手，遊刃有餘。南北議和進入尾聲後，袁世凱利用北方督撫與南方民軍政府抗衡的目的已經達到，然北方督撫出於對清王室的忠誠，不肯作出妥協，陳夔龍、趙爾巽等人堅持出兵援徐或勤王的舉措很是讓袁世凱頭疼，如何安撫陳夔龍與趙爾巽等人是袁世凱苦思冥想要解決的問題。

張勳在南京失守後敗退至徐州，鄰近省分督撫如直督陳夔龍、豫撫齊耀琳、魯撫孫寶琦等出於戰略防守上的考量，盡可能地給予張勳軍用物資方面的資助，同時也數度電請內閣、軍諮府、陸軍部調撥餉械、增添兵隊，應援徐州。

南北議和約期停戰，河南巡撫齊耀琳一切唯袁世凱馬首是瞻，魯撫孫寶琦則表現出些許書卷氣，認爲停戰期內張勳派員至山東招兵一事似不合時宜。直督陳夔龍則對民軍在前線增兵運械一事表現出相當警覺，十月二十五日（12月15日）曾致內閣電請「餉前敵預爲防備」。十一月初六日（12月25日）陳夔龍又致電內閣，在責備民軍違約之際，強烈要求對徐州張勳所部予以應援：「徐州僅有張勳敗疲孤軍，裝械不齊，兵額復少，……徐爲直魯豫三

〔註226〕第一歷史檔案館編：《清代檔案史料叢編》第 8 輯，北京：中華書局，1982年，第365～366頁。

〔註227〕《記事》，《中國革命記》第 22 冊，上海：上海自由社，1912 年，第 19～20頁；要聞：《電達北省對付土匪之辦法》，《大公報》1912 年 1 月 13 日。

省門戶，萬一疏虞，黃河以北慮將無從防守，鄙意擬請數日內迅調得力勁旅，極少亦需混成一協，星夜赴徐防備，以資策應。」灤州「兵變」，直隸已是危急萬分，陳夔龍仍然對援徐事念念不忘，十一月十三日（1月1日）陳督又致電內閣：「元電敬悉，革軍違約開仗，……徐州尤為危急，可否派禁衛軍一協迎擊。」〔註228〕

　　但是袁世凱並沒有作應援徐州的打算，直督陳夔龍籌備的援徐隊伍反而被袁內閣抽調去援晉、援潁，無奈之下的陳夔龍遂聯絡奉、吉、魯、豫四省督撫，希望憑藉四省力量可以聯合組建一支隊伍去應援徐州，袁世凱不好直接拒絕陳夔龍等人援徐倡議及行動，但援徐的確會打亂袁已策劃好的步驟，因此袁世凱在與南方民軍政府達成「協定」後，便加緊自己的「逼宮」計劃，同時籌謀對直督走馬換將，陳夔龍自武昌「兵變」後已有數次託病請辭，及至十二月初皇室遜位消息傳出，陳夔龍更是去意已決，十二月十六日（2月3日）袁世凱表弟張鎮芳接署直督上諭頒佈，援徐之事終因陳夔龍去職而成畫餅。

　　北方首倡勤王舉動者為山東，時值南北議和初期，雙方議定的停戰協議剛剛推延及全國，為此，袁內閣專電魯撫孫寶琦：「請查明該省人民有無提倡組合義兵舉行勤王之事，如果確有此議，請即設法開導，切實阻止，萬勿聽其妄動。」〔註229〕

　　及至南京臨時政府成立，袁世凱希冀借助北方督撫勢力壓迫南方民軍政府，做出開仗的姿態，袁世凱幕府中的守舊派勢力借機釋放出袁氏已決計與南方民軍續戰的煙幕，北軍主戰的聲浪則一浪高過一浪，東省軍隊勤王籲請乘勢而發。十一月十七日（1月5日）趙爾巽總督電內閣稱：「北京內閣鈞鑒：頃據陸防各軍官校聯稱，革軍要求太甚，非戰不可。擬將所有軍隊除布置省防外，餘皆聯合成營，編成勁旅，定期南下，以期掃平南服，共保和平。」〔註230〕吉林、黑龍江兩地駐省新軍也打出勤王旗號，準備與東省軍隊一同行動。為壯大聲勢，東三省軍界發表聯名「勤王」公電。〔註231〕

〔註228〕第一歷史檔案館編：《清代軍機處電報檔彙編》第 3 冊，北京：中國人民大學出版社，2005 年，第 447、475 頁。
〔註229〕要聞：《電阻義民勤王之舉》，《大公報》1911 年 12 月 13 日。
〔註230〕第一歷史檔案館編：《清代檔案史料叢編》第 8 輯，北京：中華書局，1982 年，第 288～289 頁。
〔註231〕要件：《東三省軍界致內閣電文》，《大公報》1912 年 1 月 12 日。

　　北方軍界被「哄鬧」起來之後，袁世凱目的達到，然為防止軍界貿然妄動，袁世凱又連連致電北軍聯合會及黑龍江巡撫，一方面對各地組建勤王軍表示「嘉悅」或「嘉佩」，但要求軍隊之行動均須聽閣令。〔註232〕而對於挑頭叫喊勤王的東省軍隊，袁內閣則再三發電勸阻：「現聞馮麟閣將率東省義師舉行勤王，不日入關等情，查現在停戰議和，將來是否從事戰鬥，尚在未能預決，請飭令該軍暫駐關外，靜候消息，不准率行入關，致礙和局。」〔註233〕

　　東省軍隊之舉動並不以袁世凱意志為轉移，在總督趙爾巽鼓動之下，東省勤王熱潮反而愈見高漲，軍警民全員發動，籌款練兵，積極為入關勤王做準備，且與關內保守勢力相唱和。

　　袁世凱電阻不成，遂使出以退為進的「陰招」來對付東督趙爾巽等籌組的勤王軍。此前直督陳夔龍曾要求聯合東省軍隊援徐，趙督以及東省將領也做出過承諾，但稍後東督即以東省防務緊張為由對援徐事予以推託、敷衍。故此，袁世凱深知道東省之現狀，認為現如今東省所謂的勤王軍應有很大程度上的虛張聲勢，遂於十二月初六日（1月24日）致電東督，要求趙督查明東省軍隊現在情形，究竟能編練若干營，何時可以成軍開拔，迅即奏聞。〔註234〕一副準備徵調東省軍隊勤王的樣子，試圖通過借力卸力的辦法來瓦解東省勤王軍。

　　東督趙爾巽等在聽聞清王室有遜位消息後，竟然「假戲真做」，再一次以東三省陸防全軍的名義致電內閣：「內閣總理鈞鑒：日來停戰展期，全為一方面舉動。軍人等聞之，憤激曷極！正在疑駭間，又傳聞朝廷將有遜位之舉，大臣有贊成共和之說，可驚可怪，莫此為甚！至東三省勤王軍隊，業經組織，預備開拔，赴湯蹈火，惟聽鈞命。」〔註235〕趙爾巽唯恐自己的意思被扭曲，誤解，乃親自致電內閣，明確聲言：「東三省各項軍隊極端反對共和，勤王隊已經組織就緒，約於本省各軍隊酌抽十分之六，預備出發。若北京堅持君主

〔註232〕北京：《北軍聯合會須聽內閣命令》，《大公報》1912年1月13日；北京：《電致黑撫紀聞》，《大公報》1912年1月16日；要聞：《內閣電諭各處勤王軍隊》，《大公報》1912年1月27日。

〔註233〕要聞：《再電東督暫阻勤王隊入關》，《大公報》1912年1月25日。

〔註234〕第一歷史檔案館編：《清代檔案史料叢編》第8輯，北京：中華書局，1982年，第295頁。

〔註235〕第一歷史檔案館編：《清代檔案史料叢編》第8輯，北京：中華書局，1982年，第294～295頁；《南北議和》，中國史學會主編：中國近代史資料叢刊《辛亥革命》（八），上海：上海人民出版社，1957年，第170頁。

主義，則願赴前敵死戰，倘若爲姦人蠱惑，強迫皇帝遜位，即移師以攻北京。」〔註 236〕

　　袁世凱玩火自焚，遂一方面致電東省解釋「遜位、贊成共和」之說概係謠傳，萬勿聽信，一方面不得不再思解決之策。晉撫張錫鑾以軍功起家東北，與東省防軍將領張作霖、馮麟閣等關係至深。十二月十四日（2月1日）袁世凱任命張錫鑾爲奉天防務會辦，意欲瓦解東省勤王軍；另外希冀再次上演直隸辦法，以張錫鑾取代趙爾巽。

　　趙爾巽難以敵抵「挾天子以令諸侯」的袁世凱，不得不「委曲求全」，一方面電請辭職，一方面動員東省各界力量勸阻張錫鑾「東行」。如此一來張錫鑾勸誠張作霖、馮麟閣之電很快發生效力，馮、張均覆電表示願意「承認共和」。

　　挖牆角成功後，袁世凱致函趙爾巽予以撫慰，勸其不得堅持君主主義，以至妨害東省大局；且極言東省外力逼迫之危險，決不可再有內亂發生。趙爾巽雖有勤王之志，無奈清皇室猶如扶不起的阿斗，趙督只好面對現實，以袁內閣之勸告爲然，覆電允將軍隊調回奉天。〔註 237〕

　　西北各省督撫統帥下的軍隊，雖然也有勤王之意，但一直處於與民軍交戰狀態，且遠離京師，議和前期不僅沒有成爲袁內閣的障礙，反成爲袁內閣與南方民軍政府討價還價的砝碼。南北議和後期，西北戰火不斷，但並不能對袁世凱的政策走向產生根本影響，故袁世凱也沒有把很多精力用來對付西北督撫。及至清帝遜位，「共和」告成，西北督撫失去了效忠對象，紛紛請辭去職，西北軍隊勤王隨之也消散於無形。

〔註 236〕要聞：《趙次帥主張之強硬》，《大公報》1912 年 1 月 30 日。
〔註 237〕要聞：《袁內閣一封書之效力》，《大公報》1912 年 2 月 6 日。

第五章　辛亥鼎革後督撫之結局

　　辛亥鼎革之際，地方督撫或戰或逃，間或有死難殉職者，亦或有出任民軍都督者，表現雖不盡相同，然伴隨清王朝之壽終正寢，這些督撫的歷史使命也宣告「被完成」。進入民國以後，曾經的前清督撫們，因機緣不同，加之個人「信仰」上的區別，其人生軌跡亦出現分野，根據其入仕與否，粗略可分為兩大類：其一，民國改元後絕仕督撫；其二，民國改元後入仕督撫。絕仕督撫從理論上講，應當是在情感上仍然效忠於清王室者，他們囿於傳統「忠臣不事二主」的理念，固守著中國讀書人所謂的道德底線，為逝去的大清王朝「節義」哀鳴。不過，除卻極少數督撫為「效忠」清王室走上「復辟」道路外，他們中的絕大多數人對民國改元在理智上有著清醒的認識，接受了現實的「安排」。民國改元入仕督撫又分直接由前清大員變身為民國官吏者，以及短暫息政後受邀復出者。前清督撫入仕民國，其動機不盡相同，但他們中的多數人對逝去的清王朝心存眷戀之情，趙爾巽、李經羲、周樹模、朱家寶等人甚或還以清「遺臣」自居。

第一節　民國後絕仕者

　　民國後絕仕督撫可劃歸「遺老」行列。所謂遺老，是指朝代更替後仍矢志效忠前朝之人。古有伯夷、叔齊「不食周粟、餓死首陽山」的傳說，即從一個角度襃揚了前朝遺老的忠義氣節，明朝遺臣朱舜水不願歸順蒙古人建立的元朝，亡命日本，似乎也為前朝遺老提供了另外的一種選擇。辛亥鼎革，作為王朝支柱的地方督撫，在完成了歷史使命之後，由於當時中國特殊的環

境氛圍，「不死、不降、不走」之外，他們還多了一種出路，即到租界去做遺老。辛亥鼎革後，前清舊臣選擇租界作爲的避居之地以上海、天津、青島等爲主。在辛亥鼎革之際督撫群體中，作爲本書研究對象的 23 位督撫，有 4 人辛亥死難，而其餘 19 位前清督撫，有 8 人在民國時期無入仕記錄，他們是：直隸總督陳夔龍、兩江總督張人駿、湖廣總督瑞澂、陝甘總督長庚、河南巡撫寶棻、湖南巡撫余誠格、貴州巡撫沈瑜慶、新疆巡撫袁大化等，在武昌起義後任命的督撫中，繼任陝西巡撫升允較爲另類，在民國也無入仕記錄，而且成爲堅定的「復辟」分子。

一、旗人督撫

在劃歸「遺臣」行列的 9 位督撫中，有 4 位旗人督撫，分別是湖廣總督瑞澂、陝甘總督長庚、繼任陝西巡撫升允、河南巡撫寶棻。

（一）瑞澂

湖廣總督瑞澂在民國時期雖沒有入仕記錄，但似乎很難將他歸入「遺老」行列，很重要的一個原因，就是前清遺老們對瑞澂在辛亥國變中的表現極不認可，他們認爲如果不是瑞澂在武昌「兵變」之夜率先逃跑，省城斷不致失守；武昌若不失守，也不會引發以後的各省獨立，因是之故，大清政局的「多米諾」骨牌倒塌，瑞澂實應負主要責任。清遺臣惲毓鼎在其《澄齋日記》中有云：「舊制督撫同城而治，郭嵩燾、薛福成二公皆以爲可裁併，餘意亦深然其說。即今思之，湖北巡撫不裁，瑞澂雖逃，苟得一有膽力之漢巡撫，無難調遣標兵，居城定亂，何致一長官逃而闔城屬員皆逃乎？益知祖制之不可輕動也。」〔註1〕惲之「督撫同城」說固屬可笑之談，然可以窺見若輩對瑞澂苛責之心理。以「遺老」自居的趙爾巽，十數年後在編纂《清史稿》時，對「逃督」瑞澂之怨恨仍不能忘懷，憤憤然曰：辛亥國變「如瑞澂者，諡以罪首，尚何辭哉？」〔註2〕不滿之情，溢於言表。

另外一個難以將瑞澂劃歸「遺老」行列的原因，是瑞澂出逃之後就失卻了對大清王朝的忠貞。作爲湖廣總督，瑞澂本有守土之責，棄城而逃，依律當斬，然犯有死罪的瑞督因爲朝中有妻兄鎮國公載澤的護祐，僅落得一革職

〔註 1〕 惲毓鼎：《惲毓鼎澄齋日記》，杭州：浙江古籍出版社，2004 年，第 553 頁。
〔註 2〕 趙爾巽：《清史稿》卷 471，列傳 258，北京：中華書局，1977 年，第 12813 頁。

處分，朝野上下對此多有非議，誰知瑞澂頗不自律，爲了給自己找尋一處安全避難所在，在致內閣電奏中一再找尋藉口，然後用無賴手段，先斬後奏，逕自順流而下，由漢口而九江，由九江至上海，最後一頭躲進租界內的哈同花園，再也不肯出來。不僅如此，瑞澂爲逃避清廷追捕，甚至有「求神拜佛，詛咒清政府快點垮臺」之無恥舉動。

民國成立，清帝遜位，瑞澂逃過了清廷懲戒，避免了滅頂之災，然而他的日子並沒有好轉，他存在一個叫「合升園」錢莊的一百多萬元家產，被人倒掉，氣急攻心的瑞澂，幾乎送命，後經百般調治，並沒有什麼效果。1912年7月19日（民國元年六月初六日），瑞澂氣喘病發作，死於上海租界寓所（哈同花園斜對面），終年四十九歲。

（二）長庚

長庚去職前，曾接獲袁世凱專電，請其「以都督名義暫時維持甘肅現狀」，長庚無意爲之，乃以「病老」相辭。覆電中有稱：「我不願作人民的公敵，也不願作新朝的大官，亦不願爲夷齊的清高，只願下野作閒散人員足矣！」〔註3〕而對於下屬劉某效法前人王保保〔註4〕「坐擁陝甘爲遠大之謀」的建議，長庚亦不以爲然，以「大廈將傾，豈一木所能支」作答。〔註5〕由此可見，長庚雖然內心歸屬上親近滿清王室，但對於時局的認識還算明達。1912年3月19日，長庚在甘肅承認共和之際，將總督印信交與臨時省議會，次日便踏上東歸的旅途，經由寧夏、包頭返回京城。傳聞長庚在離別蘭州前，曾特意登臨坐落城北的王保保城憑弔，良久乃「歎息而去」。

民國時期，袁世凱數次派人或專電請長庚出山在政府中任事，均被長庚婉言謝絕。〔註6〕長庚不願做民國的官，是因爲他那顆跳動的心還時刻牽掛著逝去的大清王朝，1913年2月22日（夏曆癸丑正月十七日）前清隆裕太后殯天，長庚拖著七十餘歲高齡的病軀前往祭祀，赫然出現在首批叩謁行禮清遺

〔註3〕　朱幼華：《辛亥革命時期在陝甘總督公署見聞》，中國人民政治協商會議甘肅省委員會文史資料研究委員會編：《甘肅文史資料選輯》第11輯，蘭州：甘肅人民出版社，1981年，第84頁。

〔註4〕　王保保，胡名「擴廓帖木兒」，元末將領，昔日元順帝走北漠，王保保據蘭州以圖恢復。

〔註5〕　慕壽祺：《甘寧青史略》（八），臺灣：廣文書局，1972年，第113頁。

〔註6〕　趙欣餘：《先父長庚奉旨二次出關的前前後後》，中國人民政治協商會議全國委員會文史資料研究委員會《文史資料選輯》編輯部編：《文史資料選輯》第41卷，總120輯，北京：中國文史出版社，1990年，第100頁。

臣人員的名單中；4 月 3 日（二月二十七日）隆裕太后梓宮奉移西陵梁格莊暫安殿安奉，長庚又親臨祭祀行禮；及至 12 月 13 日（十一月十六日）隆裕太后梓宮舉行奉安大典，長庚再一次跑到西陵「叩謁」致禮。〔註7〕對隆裕太后的拳拳之心，實際上寄託的是對清王朝難以泯滅的眷眷哀思。1914 年 11 月，長庚因「宿疾復發，遂至不救」，〔註8〕終年 72 歲。

（三）升允

對大清王朝的忠貞之心，升允比之長庚有過之而無不及。還在清帝遜位前，升允即參與了宗社黨〔註9〕的組建及活動，清帝遜位後，升允被迫從醴泉「班師」，其內心痛苦不堪，「欲仰藥以殉」，〔註10〕幸有左右攔阻勸慰，「留身以待」，及至退守平涼，又致電袁世凱，要求由他出任陝西都督以取代張鳳翽，好作日後「圖謀」，只因升允曾慘殺民軍議和代表，成為南方軍政府眾矢之的，袁難以應承，其後，升允並不死心，開始踏上「復辟」清朝的流亡之旅。

1913 年 4 月，升允輾轉來至庫倫（外蒙古舊地名，今蒙古國烏蘭巴托），希冀利用其蒙古族人的身份，說服庫倫的蒙古王公出兵復清，1965 年 9 月出刊的《近代史資料》（總 35 期）登載了一組該時段的升允函稿，真實地為我們再現了升允「復辟」活動的努力過程，其意圖由俄國及庫倫之蒙兵出北路進攻張家口，東三省、滿蒙之兵南下進攻山海關，甘肅漢、回各軍及寧夏涼州旗兵分路攻取秦、晉，綏遠、歸化等處旗兵起而回應，「聯合一氣，入衛京都」，擁宣統復位大統，或成「中興」之功。至是年 7 月，南方黨人反袁的「二次革命」似乎也刺激了升允「蠢蠢欲動」的躁動之心，可惜的是，俄國人並不願意為升允的「復辟」計劃「火中取栗」，而庫倫之蒙古王公大多為庸碌之輩，有「卓識」者不過二三人，對於升允之「復清」計劃，有心無力，僅願以駝馬牛羊相助，甘肅升允「舊屬」也多持「坐觀其成」的心理敷衍以待，最為實際的餉械問題又遲遲不能解決，屋漏偏逢連陰雨，升允寄予重望的庫倫蒙古王公發生內訌，致使升允的設想徹底歸於破滅。

〔註 7〕 《隆裕皇太后大事記》，《近代中國史料叢刊續編》第 82 輯，臺北：文海出版社，1981 年，第 7、107、132 頁。

〔註 8〕 《長少白逝世之傳聞》，《大公報》1914 年 11 月 6 日。

〔註 9〕 清末滿洲皇族，如良弼、溥偉、鐵良等籌謀組建，其目的在於挽救滿清之滅亡，反對清帝退位，阻止袁世凱南北議和，清帝遜位後曾圖謀復辟活動。

〔註 10〕 溥儒：《清授光祿大夫前陝甘總督大學士多羅特文忠公神道碑》，卞孝萱、唐文權：《辛亥人物碑傳集》，北京：團結出版社，1991 年，第 656 頁。

借助俄國人不能實現自己的「復清」夢想，升允則把目光投向了日本人，1914 年 2 月，升允取道恰克圖烏金斯克，輾轉至西比利亞南滿大連，東渡日本，「館於東京」。在東京升允首先與「復辟」分子善耆之子憲德、川島浪速以及青柳勝敏等進行了會晤，然後便頻繁穿梭於日本政界要人及民間浪人之間，進行鼓動宣傳，只是此刻日本與袁世凱正打得火熱，故無人理會升允兜售的「復辟」理論，「久無所遇」，升允悻悻而歸，「還寓青島」。〔註 11〕在青島，升允很快成爲麇集此地的「復辟」分子們所倚重的人物之一。1914 年 11 月，青島由德國人手中轉入日本人之手，升允有了更多的機會與日本人聯絡，日本上層中支持「復辟」的人士也十分看中升允的地位和影響力，一時間不斷有日本人出入青島升允的宅邸。

除卻青島，前清遺臣在上海也保有一股很大的「復辟」勢力，這其中曾出任過湖南布政使的鄭孝胥是一個不可忽視的人物，他在上海組建了一個叫做「一元會」復辟團體，升允通過函電或信使與鄭氏建立了良好的溝通。1916 年 2 月，舊曆新年過去沒多久，升允即化名錢大猷，悄悄乘船來到上海與鄭氏會晤，日本的海軍少佐八角三郎與浪人宗方小太郎也參與了這次會面，經過密謀，他們達成共識，即復辟倒袁應須借助武力，而盤踞徐州的張勳統率之「辮軍」是值得借助的武裝。

會商後，升允返回青島，同年 4 月，鄭孝胥派姚賦秋作爲自己的私人代表來青島與升允商談「復辟」發展武裝的問題，升允此時既無兵又無權，不得已授權姚作爲自己和鄭孝胥的「共同」代表赴徐州與張勳洽商，升允則趕赴東北前去做奉天督軍張作霖的疏通工作，欲勸說張作霖加入「興師復辟」的行列。6 月初，升允又馬不停蹄乘車前往濟南，秘密會見山東督軍張懷芝，希望說服張懷芝「共同復辟」，〔註 12〕在局面不甚明朗的情況下，張懷芝虛與委蛇地對升允做出口頭承諾。除了張勳、張作霖之外，對袁世凱稱帝心懷不滿的馮國璋也成爲升允等人拉攏的對象。

日本人此時似乎對升允等人策劃的武裝復辟計劃表現出很大的興趣，這其中有一個叫信田夫的關鍵人物出場了，信田夫是日本黑龍會首領，在中國

〔註 11〕溥儒：《清授光祿大夫前陝甘總督大學士多羅特文忠公神道碑》，卞孝萱、唐文權：《辛亥人物碑傳集》，北京：團結出版社，1991 年，第 657 頁。

〔註 12〕勞祖德整理：《鄭孝胥日記》第 3 冊，北京：中華書局，1993 年，第 1598、1606、1613 頁。

問題上宣導的是「復辟論」，而且他認為在中國最適合的「復辟」人選就是遜帝溥儀，袁世凱跳出來當皇帝，「乃亂臣賊子」之所為，違背了東方道德標準，[註13] 對於升允等人不辭辛苦為「宣統復辟」所奔走，「舉國重其義，稱其道德」。[註14] 更重要的是 1916 年（日本大正五年）十月，「認為君主制度對中國較為適宜」的寺內取代大隈上臺，寺內與信田夫不一樣，他認為在中國誰當皇帝並不重要，所以一度對袁世凱稱帝表示過支持，袁世凱歿後，信田夫通過向寺內販售自己的「中國復辟論」，竟然得到了寺內的首肯，升允等人策劃的「復辟」有了日本強有力人物的支持作背景，形勢一片光明，「復辟」最頭疼的餉械問題日本人也答應予以幫助解決，然原本應允參與起事的馮國璋中途變卦，致使「武裝復辟」無疾而終。馮國璋變卦的原因，一個說法：馮本身就不是一個堅定的「復辟」分子，「為人狡猾，左右皆新黨，意見遊移不定。其後（指袁世凱歿後）既得副總統，意遂大變矣。」還有一個說法：馮國璋因為日本人青木宣純傳達了一個自己捏造的日政府「錯誤」信息而罷兵，[註15] 或許馮國璋只是把青木傳達的信息當作了「不為」的一個藉口而已，也未可知。

聯兵之舉未果，升允並不死心。段祺瑞上臺執政後，派系傾軋、紛爭愈演愈烈，這反而為「復辟」派拓展了活動空間。1917 年元旦，升允攜日人遠藤文雄再一次來至上海約見鄭孝胥，在鄭孝胥的海藏樓，升允見到了信田夫，信田夫對升允等「復辟」派深懷敬意，對虎臥在徐州的張勳「辮軍」勢力也表示認可，也願意為升允等面見寺內首相穿針引線，1 月 13 日升允踏上赴日的輪渡，在日本升允見到了寺內首相，寺內承諾對升允等人的「武裝復辟」日本不予干涉，還表示將致函日本駐青島司令官大谷，命其對升允等人的「復辟」活動多多關照。升允十分歡喜，認為有日本人做後盾，奔波數年的辛苦總算看到了希望，周身也感到有了氣力，翌日即辭別東京，回國覆命。不料

〔註13〕《張勳與信田夫》，中國科學院近代史研究所近代史資料編輯組：《近代史資料》總 35 號，北京：中華書局，1965 年，第 118～119 頁。

〔註14〕勞祖德整理：《鄭孝胥日記》第 3 冊，北京：中華書局，1993 年，第 1613 頁。

〔註15〕冷汰：《丁巳復辟記》，中國科學院歷史研究所第三所：《近代史資料》總 18 號，北京：科學出版社，1958 年，第 110 頁；附：《胡嗣瑗致馮國璋函》，第 118～119 頁。（注：青木宣純，日本陸軍中將，曾做過日本駐華公使武官，1916 年受日本參謀本部委派，來華執行大隈內閣援助中國境內一切反袁「志士」的指令，袁世凱死後，任務結束。青木持強硬的「滿蒙分割論」，且為達目的，應不擇手段，鼓勵對盜賊和革命黨實行放任政策以便於尋找口實。）

就在升允等人擊節致賀的時候，日本方面又出現了意外，大谷司令官竟然接到日本政府兩道完全不同的「訓令」：寺內首相命他對升允等人的「武裝復辟」活動多行方便；而陸軍大臣則命其力勸升允等人，「發動復辟，目下尚非其時」。〔註16〕

兵急亂投醫，升允轉而聯絡當時在青島非常活躍的德國傳教士尉禮賢，希望能夠通過尉氏與德國搭上關係，消息傳出，日本方面表示了對「復辟」派尋求德國幫助的強烈不滿；不僅如此，革命黨人對升允等策劃的「復辟」活動也極力阻撓，甚至還曾在升允等人看戲時投擲炸彈以示威脅；但更讓升允心冷的是，在聯絡張勳「復辟」的過程中，他還受到了當時也寓居青島的另一「復辟」派要人劉廷琛的排擠。因是之故，升允在託人帶給鄭孝胥的信函中，表達了對張勳起兵「復辟」的某種內心失衡。恰在此時。北京政局發生了令人意想不到的變化，總統黎元洪與總理段祺瑞的「府院之爭」讓張勳有了可乘之機，張勳以協調黎段矛盾的名義帶兵進京，很快上演了一場「復辟」鬧劇，史稱「丁巳復辟」，升允雖未及參與，仍被授予「大學士」。只可惜這次「復辟」的時間過於短暫，僅僅只有12天，現實中最接近理想的「復辟」之夢，猶如流星劃過夜空，瞬間消失得無影無蹤。

此後，升允在「復辟」的道路上依舊孑然而行，1917年冬月，升允偕日人工藤忠、齋藤源內以及下屬關、郭二人，「溯長江，歷巫峽，間道度隴，遍說舊部諸馬」，希望舊部回軍將領組建「勤王義師」，「爲國家存一省之地，徐圖恢復」，然諸回軍將領相互推諉，「無敢挺身先任者」，升允頹然無功而返。〔註17〕1924年秋天，67歲的升允再度「力疾入隴」，仍欲招撫舊部，圖謀起事，至綏遠，「遇故將某，力阻之，遂臨河而返。」〔註18〕

升允自辛亥遜清後，十數年爲擁戴宣統「復辟」奔波不已，不辭辛勞，家資散盡，然終至一事無成，1931年9月5日（民國二十年七月二十三日）升允滿懷遺憾走完了自己的人生路途，病逝於天津寓所德鄰里，終年74歲。遜帝溥儀感念升允十數年之辛苦付出，予諡文忠，並遣專人至宅悼念。

〔註16〕《張勳與信田夫》，中國科學院近代史研究所近代史資料編輯組：《近代史資料》總35號，北京：中華書局，1965年，第129頁。

〔註17〕《升允復辟陰謀》，中國科學院近代史研究所近代史資料編輯組：《近代史資料》總35號，北京：中華書局，1965年，第129頁。

〔註18〕溥儒：《清授光祿大夫前陝甘總督大學士多羅特文忠公神道碑》，卞孝萱、唐文權：《辛亥人物碑傳集》，北京：團結出版社，1991年，第657頁。

（四）寶棻

河南巡撫寶棻在清帝遜位前即稱病請辭，去職後返籍歸隱。1913 年隆裕太后殯天，寶棻曾前往祭奠，其它活動，限於資料欠缺，暫無法考證。

相對於湖廣總督瑞澂，旗人督撫陝甘總督長庚、河南巡撫寶棻、繼任陝西巡撫升允，始終保持了一顆對清王室的忠貞之心。

二、漢人督撫

辛亥鼎革後，拒絕入仕的漢人督撫有 5 位，其中幾乎可以讓大清王室聊以自慰的就是「忝居群牧之長」的直隸總督兼北洋大臣陳夔龍以及兩江總督兼南洋大臣張人駿赫然在列，除卻陳、張之外，甘願做「遺臣」的還有湖南巡撫余誠格、貴州巡撫沈瑜慶、新疆巡撫袁大化。陳夔龍、張人駿、余誠格均是標準的讀書人、進士出身，陳夔龍、余誠格中進士時已 30 歲開外，兩人都有十餘年京曹歷練，正式步入官場已是 40 歲以後；張人駿中進士的年齡稍早一些，但他在京曹位置上歷練的時間有 20 年，外放時也已 40 歲開外，四十歲以後的人生觀、價值觀形成後很難再有所改變；沈瑜慶雖然沒有中過進士，但中舉後曾兩度進京會試應考，不容忽視的是家庭的薰陶對他人生觀、世界觀形成更重要一些，其父乃晚清大名臣沈葆楨，其母林夫人亦名門之後，乃林則徐之次女；至於袁大化，雖然他沒有中過舉人，但他一直在科舉道路上苦苦掙扎，1880 年（光緒六年）年屆 30 的袁大化迫不得已走上從軍的道路，隨吳大澂的靖綏軍赴吉林效力，近十年的時間，基層軍營培養了他堅韌的毅力，更培養了他對上級的忠誠，其後又在漠河金礦 8 年，雖然開拓了他的事業，但沒有精神作支撐，他很難熬過來，這種精神或許已經昇華為忠君的一種信念。

（一）陳夔龍

直隸總督陳夔龍辭職後，暫寓津門德租界「養疴」，「越歲八月」以就醫為名，歸隱滬上，混跡於一班「遺臣」之中，以「風月」自娛，基本上不問世事，但他對清王朝的眷戀並沒有絲毫的蛻減。

1924 年（民國十三年），68 歲的陳夔龍撰寫了一部自傳體筆記雜談《夢蕉亭雜記》，行文的字裏行間無不反映了陳氏對清王朝的眷念情感。如：對辛亥「國變」的罪魁禍首瑞澂極盡鞭撻，稱武昌「兵變」乃因「某督辦理操切，激變軍心」；及至鄂事驟起，「某督倉皇出走」，致使「武漢重地突歸黨人之手」，

「變遂生於肘腋之間，玉步因之遽改。誰使神州陸沉？恐夷甫諸人不得不執其咎也。」

對曾經稱帝的袁世凱表示出極度的厭惡，其一：極盡其詳解釋不願保舉袁世凱復出的「來龍去脈」；其二：對袁世凱復出後亦多有責怨，「當其奉命督師也，徘徊於豫楚之間，不肯直入鄂境。卒以夤緣組閣，巡回京師，大權獨握，修前日之怨，力排監國去之。政由己出，東朝但司用璽而已。嗣復授意前驅各將領，聯銜力請遜位。二百六十八年之天下，從此斷送，哀何可言。」故在談及袁世凱時心情悲憤竟至有「惡貫雖滿，竟獲善終」之歎。

對於重新起用的川督岑春煊，因其電請「遜位」而表示不齒，「鄂事起，余時任北洋，電保制軍移督湖廣，責以規復鄂垣。詎知己微服扁舟，潛回滬瀆。卒徇黨人之請，首先列名，電迫朝廷遜位。臣節不終，識者惜之。」〔註19〕對同年進士徐世昌出任國務卿及總統也「頗事譏訕」。〔註20〕

民國改元後，陳夔龍多次拒絕了袁世凱請其「出山」任職的邀約。陳夔龍不願做民國的官，但他卻接受了「丁巳復辟」時遜帝溥儀授予的「弼德院顧問大臣」一職，只可惜只有短短的 12 天。雖然陳夔龍標榜自己不聞「世事」，但他那顆時時跳動著的心無時無刻不在繫念著逝去的大清王朝。1913 年 2 月 22 日（夏曆癸丑正月十七日）陳夔龍聽聞前清隆裕太后殯天的消息，不禁失聲痛哭，並作挽詩三首，以寄哀思；〔註21〕是年在崇陵修建的過程中，因國民政府撥款不足，梁鼎芬為崇陵進行募捐，陳夔龍是清「遺臣」中報效銀兩最多的人；而且清帝雖已遜位，但每逢溥儀生日，他必定先期寄呈「賀表」以示「臣節」，甚或有「北向叩首、恭祝萬壽」的舉動；1924 年發生的馮玉祥「逼宮」事件以及 1928 年的孫殿英「東陵盜寶」事件，更讓我們看到了「遺臣」陳夔龍對清皇室的忠貞之心。〔註22〕投桃報李，1933 年遜帝溥儀在陳夔

〔註19〕陳夔龍：《夢蕉亭雜記》，北京：北京古籍出版社，1985 年，第 118、105、112、66、30 頁。

〔註20〕姚崧齡：《記陳夔龍——惟一目睹抗戰勝利的滿清遺老》，《傳記文學》，第 29 卷第 1 期，第 50 頁；（陳氏民國十一年三月間詩云：龍頭休浪執，腹尾會平分。所謂「龍頭、腹尾」蓋用華歆與邴原、管寧故事，以示異趣。）徐一士：《一士類稿》，《近代中國史料叢刊》第 1 輯，臺北：文海出版社，1966 年，第 161 頁。（注：華歆、邴原、管寧典故「菜園鋤金、割席斷義」出自《世說新語》）

〔註21〕李房：《陳夔龍年譜》，南昌大學，碩士論文，2012 年 6 月，第 157～158 頁。

〔註22〕1924 年 11 月，馮玉祥的國民軍為斬斷「復辟」禍根，「駕炮」驅逐盤踞在紫禁城的遜帝溥儀，陳夔龍稱這次「逼宮」事件為「冒天下之大不韙」，「惡耗

龍舉行中舉六十年的「重宴鹿鳴」之期，特賜賞陳氏「太子少保」銜以示恩寵，陳夔龍爲此不名一文的虛銜，竟四下裏邀集高朋好友，志詩唱和，以爲紀念。

陳夔龍對大清王朝深懷眷念，但他在拒絕出任「滿洲國」僞職方面表現出了相當的冷靜與理智，並沒有盲目地一味去追隨「故主」。1937 年抗日戰爭爆發後，一度有人想利用陳氏的聲望，拉攏誘惑他「出來」爲日本人做事，陳氏「大義凜然」予以拒絕，不僅「克全晚節」以清白自身，此刻在他身上表現出來的民族情懷更是令人起敬。〔註 23〕

陳夔龍民國後長期居住上海，只是在抗日戰爭爆發初期一度遷居香港，後因患「目疾」回滬治療，割去右眼，「眠食如常」。另據陳夔龍的子孫回憶，陳氏晚年，白天讀書吟詩，打坐養生；傍晚就由家人陪護出門散步，天長日久陳氏已成了住所孟德蘭路（今江陰路）上一道風景。〔註 24〕1948 年 8 月 17日（民國三十七年七月十三日），最後一任直隸總督走完了自己人生的旅程，雖然大清王朝已經逝去了 37 個春秋，但陳夔龍依然活在自己的世界裏，他的訃告照舊沿用的是清朝封疆大吏的格式！

（陳死後，因其續弦夫人爲杭州橫河橋的許家小姐，故選墓址爲杭州許家墓地相近的三臺山下，文革中曾被毀，2004 年又恢復重建。）

（二）張人駿

張人駿由江寧出逃，親朋好友包括他的兒子都建議其先至徐州，再做良圖，但張人駿並不認爲到徐州是最好的選擇，《張人駿家書日記》中對此有所披露與解釋。〔註 25〕張人駿認爲越早從江督位子上脫身對自己越有利，而且

傳來」，「聞之尤爲憤懣」，遂聯合「海上諸遺老」，領銜公電段祺瑞、張作霖，「作秦庭包胥之哭」，要求「速復優待皇室原狀，免致根本動搖」；（參見陳夔龍《夢蕉亭雜記》，第 112、121 頁。）1928 年 6 月，軍閥孫殿英以軍事演習爲名「盜挖」東陵，事件發生後，舉國震驚，滿清遺老更是憤恨難平，陳夔龍曾致電胡嗣瑗：「東陵慘案，眺裂魂飛。應由南北遺臣，合詞電請北平當局，從嚴拿辦，以寒賊膽；力爲保護，以慰人心。」（參見克誠：《東陵盜寶》，長沙：嶽麓書社，1986 年，第 6 頁。）

〔註 23〕 景華：《陳夔龍的生平》，《老爺》，1946 年第 1 卷第 1 期，第 35 頁。

〔註 24〕 陳南萍：《貴陽尋根並追記祖父陳夔龍》，《貴州文史叢刊》，2005 年第 3 期，第 84 頁。

〔註 25〕 張守中：《張人駿家書日記》，北京：中國文史出版社，1993 年，第 141～143頁。（注：張人駿在 1912 年 1 月 17 日／宣統三年十一月二十九日曾兩次致函其子張允，稱自己此次北上爲「大錯」，現如今退返徐州並不可行，此刻「徐

也做好了接受任何處分的準備，隨即張人駿發出了致內閣請代奏電，詳細向朝廷解釋了江寧戰事的「原貌」，以及自己爲此所作的一切努力，懇請朝廷「罷黜治罪，另簡賢員」。1912 年 1 月 23 日（宣統三年十二月初五日）清廷降旨：將張人駿「開缺」。

　　開缺後的張人駿如釋重負，當亂世之時，爲選擇避居之地，他看中了青島，因爲張氏任職魯撫時曾與膠澳德國當局有過交往。在青島，張人駿混跡於逃亡此地清皇族舊臣之中，過起了隱居的生活，但他的內心始終保有著對大清王朝難以割捨的眷念之情，1912 年 2 月 12 日（宣統三年十二月二十五日）清帝遜位，詔告天下，張人駿聞訊甚是哀感，竟至「涕泗滿襟」。〔註26〕

　　由於家國命運的急劇轉換，原本很溫和的張人駿，脾氣開始暴躁起來，在青島很多人把他看作是一個行爲古怪的人。據青島時期與張人駿接觸較多的德國傳教士尉禮賢分析，張人駿的性格變化，很可能跟他辛亥年的那次坐著籮筐縋城出逃有關，也就是說，張人駿始終不能對自己的逃跑經歷釋懷。〔註27〕他恨自己，更恨那些對大清「不忠」的人，曾經的「搭檔」上司、盟兄弟、兒女親家袁世凱「洪憲」稱帝，就深深地刺痛了他那根脆弱、敏感的神經，切齒「袁世凱欺人寡婦孤兒以取天下，其罪視曹孟德尤過之。」不接受親友對長子允言「敘官少卿」之賀，不允許兒子、兒媳（指袁世凱長女）與袁府往來，〔註28〕甚至對當年袁世凱「坐視」徐州不救也耿耿於懷。〔註29〕對於

州防軍之餉並不由張少軒（張勳，字少軒）發給，皆本地官紳籌墊，我若到彼，豈肯再墊。」故「非得鉅款不能南行」，況且現如今「無款無兵，如何前去？」至於「汝言速到徐了，過節即脫身，談何容易。」）

〔註26〕 陳贛一：《新語林·卷三·方正》，上海：上海書店出版社，1997 年，第 56 頁。

〔註27〕 王志可：《遜清遺老的民國歲月》，桂林：廣西人民出版社，2008 年，第 121 頁。

〔註28〕 陳贛一：《睇向齋秘錄》，《近代中國史料叢刊續編》第 24 輯，臺北：文海出版社，1975 年，第 181 頁。

〔註29〕 據魯勇撰寫的《遜清遺老的青島時光》記述，有一次張人駿與于式枚談及宋儒理學，張人駿突然提高了聲音，正色道：「古人重朋友，列入五倫，如今竟有以朋友交情兼兒女親家坐視不救的，你道可恨不可恨。」說話間聲震屋瓦，一臉怒色。于式枚知道他與袁世凱是兒女親家，只是不知道袁世凱怎麼有礙於他了，一時也摸不著頭腦。（魯勇：《遜清遺老的青島時光》，第 57 頁。）又：《張人駿家書日記》中登錄一封張人駿致袁世凱函，函中張人駿請求袁世凱伸手援助徐州，並詳細彙報了徐州軍情。（張守中：《張人駿家書日記》，北京：中國文史出版社，1993 年，第 143～146 頁。）

像孫中山這樣的革命黨人，張人駿更是表現出強烈的「憎恨」之情，傳聞 1912 年孫中山來青島時，張人駿聽到消息，竟然跳了起來，把刀砍在桌子上，憤憤地說：「大清江山都壞在此人手中，他如來，讓他站著來到，躺著出去。」〔註30〕

張人駿任官尚屬清廉，雖久任封疆大吏，但宦囊談不上「豐裕」，甚或可以用「羞澀」來形容，據說在青島時得到過很多「同僚」接濟。儘管如此，由於對大清不能忘懷的情感，張人駿民國後即絕意仕宦，「親家」袁世凱曾多次函電促其「出山」，張人駿不僅不應，還有意擇地避之。青島聚集了一批清「遺臣」，有些人還是狂熱的「復辟」分子，不過張人駿對「復辟」一事並不熱衷，1917 年張勳「復辟」，他並未參與，然仍授予了「協辦大學士」一個名譽虛銜。

張人駿在青島度過了近三年光景，1914 年因日德交戰，被迫由青島轉至天津，退居天津後，無所事事，張氏主要以詩文書法自娛。據張人駿的子孫張象耆回憶，張人駿與當時的「官僚」作派很不相同，不吸鴉片、不打麻將（賭博）、一生也未納妾，全家族人受其影響，大多過著類似的清教徒式生活，家族群居的生活方式也一直維持至解放前。〔註31〕1927 年 2 月 8 日（民國十六年正月初七日），82 歲的張人駿走完了自己人生的最後旅程，帶著對大清永遠抹拭不掉的眷念情懷離開了人世。彌留之際的張人駿在進呈遜帝溥儀的遺折中還在為辛亥當年「縋城」而逃事件深深自責：「臣自辛亥以後無日不在愧憤之中，力劣既不足以迴天心，愚徒殷乎向日。」文末所署日期竟然為「宣統十九年正月初七日」。〔註32〕遜帝溥儀則親臨戈登路張宅弔唁，並予諡「文貞」，有人戲稱與李鴻章「文忠」的諡號相映成輝，今人讀之感慨良多。

（三）袁大化

袁大化先是鎮壓了革命黨人劉先俊在迪化發動的新軍起義，然後又派兵進剿伊犁民軍，正值兩軍對峙于果子溝、大河沿、四棵樹、精河一帶，南北雙方議和告成。

新疆邊遠，「去京師萬里之遙」，交通多有不便，袁大化於 3 月 12 日始接

〔註30〕 魯勇：《遜清遺老的青島時光》，青島：青島出版社，2006 年，第 56 頁。
〔註31〕 張象耆：《張人駿軼事》，中國人民政治協商會議河北省豐潤縣委員會文史資料研究委員會編：《豐潤文史資料選輯》第 5 輯，1990 年，第 57 頁。
〔註32〕 秦國經：《遜清皇室秘聞》，北京：故宮出版社，2014 年，第 226 頁。

獲 1912 年 2 月 12 日（宣統三年十二月二十五日）的遜位詔書，不久臨時大總統袁世凱又電致袁大化，命其總督新疆事宜，罷戰言和。懷抱滿腔忠義的袁大化，被突如其來的時局變化一時無法適應，失去了效忠對象，內心頗感失望，而對於新疆都督之任所，更是難以接受，乃稱病請辭，袁專電慰留，「現值四方多故，新伊僻在邊陲，逼近強鄰，種類雜錯，一有搖動，必至瓦解。中央政府相距萬里，遙制為難，執事應變才長，尚望體察情形，鑒觀大勢，相機辦理。總期保全領土，勿貽漁利。務望以大局為重，暫為緩行，俟事局稍定，即聽東歸，俾遂初志。」〔註 33〕袁大化雖不願出任都督，但也不願坐看新疆糜爛，故以袁世凱電令為名「張大旗，做虎皮」。1912 年 3 月 19 日袁大化致電伊犁民軍都督廣福（前伊犁將軍）聲稱：「現接袁大總統電，共和宣佈，南北統一，各省督撫，皆稱都督，新疆以巡撫兼之，統一事權。舊日領土，自應保全。請公銷去獨立都督名號，退還新疆地方，軍裝繳回公家，中外商民保護無擾，亂軍聽其自散，概不深究。如不從，即係不願罷兵息民。」〔註 34〕希冀退出新疆之前，「得以完全疆宇」從自己手中送出，然新伊烽火未熄，南疆阿克蘇、焉耆、庫車、輪臺、巴楚、喀什等地又相繼爆發了哥老會「戕官」運動，袁大化推薦的新疆都督喀什噶爾道袁鴻祐便被哥老會所戕殺，一波未平，一波又起，袁大化疲於應付，為避免深陷泥潭，不得已又舉薦鎮迪道楊增新繼任都督。6 月 5 日，袁大化懷著戀戀不捨的心情離開迪化，踏上東歸的路途，6 月 21 日袁大化一行人進抵哈密，應哈密回王沙木胡索特之邀，駐足月餘，以鎮撫該處起事民軍。此刻，楊增新為標榜「革新」之意，在都督府中接納黨人以示好，而逗留哈密的袁大化則成為軍政府攻擊目標，7 月 23 日袁大化被迫從哈密起身東行，結束了自己在新疆的「履任」。

新疆卸任巡撫袁大化東歸後即蟄居天津，或許正如其稱病請辭的電奏中所說，因昔日在漠河任官，「積受寒毒」，導致腿痛時作，嚴重時行動不便，甚至不能下床，因此袁氏在天津較少參與活動。除卻身體原因，情感上對大清王朝的眷念，也使得袁大化民國後再無意仕途。然 1917 年張勳復辟時，他接受了「內閣議政大臣」的任職，表明大清王朝在他的內心還是佔有很重要的位置，為「逝去」的清王朝奔走呼喊，他還是很「樂意為之」。1924 年馮玉

〔註 33〕 張開枚：《辛亥新疆伊犁亂事本末》，中國史學會主編：中國近代史資料叢刊《辛亥革命》（七），上海：上海人民出版社，1957 年，第 437 頁。
〔註 34〕 呂一燃：《辛亥革命在新疆》，《近代史研究》，1980 年第 4 期，第 227 頁。

祥逐遜帝溥儀出宮，袁大化跳出來聲嘶力竭地爲其鳴不平；1928 年東陵盜案發生後，袁大化積極奔走爲修葺陵墓籌措捐款；遜帝溥儀逃亡天津租界後，袁大化更是時常「進謁」，且每逢溥儀生辰，袁氏還要和一班「遺臣」們前往「敬賀」。令人驚異的是，入民國後，各地學校勃興，袁大化竟不准兒孫入學讀書，理由是學校課本乃革命黨人所編，所以他寧願在家設私塾，其頑固不化可見一斑。但是，在「滿洲國」事件中，袁大化卻表現出特有的風骨，他不僅拒絕了日本關東軍邀其出任僞職的拉攏、誘惑，還曾力勸「故主」遜帝溥儀勿赴東北作日本人的「傀儡」。袁大化——一個既可笑又有些可愛的滿清「遺老」，於 1936 年 1 月 23 日（國民二十四年十二月二十九日）歿於天津，終年 85 歲。

（四）余誠格

　　湖南因特殊的地域關係，成爲第一個回應武昌起事的省分，湖南巡撫余誠格似乎運氣眞的不好，9 月 10 日（宣統三年七月十八日）抵任「視事」，僅月餘即逢「兵變」。

　　余誠格雖是讀書人，內心也不乏對大清王朝的忠貞信念，但他還沒有做好「以身殉節」的思想準備，長沙新軍暴動之時，余誠格自以爲可以信賴的舊軍防營呈現出「一邊倒」的情形，失去了護恃的余誠格，又得不到地方士紳的支持，只能鑽狗洞逃生了。按照余誠格的說法，出逃後，他來至水師營，欲召水師反撲省城，然水師亦變，情急之下投江覓死，因「左右援之」，未果。若確如余誠格所說，有此投江一跳，也算得上他對大清王朝表示了自己的最後一點「盡忠」之志誠。後余誠格經由南昌逃至安慶，在安慶他向朝廷拍發了長沙省城失陷的電奏，只不過這已是 10 月 29 日（九月初八日）的事情了，距離長沙失陷已過去了一周的時間，此刻朝廷正經歷著「灤州兵諫」的生死考驗，加之又有湖北瑞總督的前車之鑒，故初九日的上諭中對湖南事件的處理只是走一下官樣文章：「長沙爲省城重地，余誠格雖係甫經到任，所調將領未到，添募未齊，究屬措置乖方，以致倉卒生變，罪無可辭，湖南巡撫余誠格著即革職戴罪圖功，並責成該革撫迅調省外兵隊即將省城剋期克復，毋稍延玩倘不奮力自效，定將該革撫從重治罪。」〔註35〕然長沙光復之後，仿湖北例建立軍政府，湖南各屬很快由軍政府「傳檄而定」，余誠格外無援兵，內

〔註35〕中國第一歷史檔案館：《光緒宣統兩朝上諭檔》第 37 冊，桂林：廣西師範大學出版社，1996 年，第 281～282 頁。

無良方，眼見大局糜爛，再無任何希望，只得逃至上海租界避難去了。

湖南巡撫余誠格革職後逃亡上海，伴隨著清帝遜位，余誠格也宣告自己的仕宦生涯結束了，他發誓「不做民國的官」，所以袁世凱「以其明幹」曾「數洮之出」，而余「卒辭不赴」。〔註 36〕雖然不做官，但余誠格還是出來做了一些事，其一就是組織安徽旅滬同鄉會並出任會長，這件事他做得最久，直至1921 年（民國十年），因受到民國時期「暗殺大王」王亞樵等人的「勒逼」，才去滬回皖，移寓安慶。〔註 37〕除去經理同鄉會之外，余誠格還曾於 1914 年出面辦理過江皖賑災事宜。回到安徽後，余因曾出任過前清封疆大吏，對地方興革事宜會利用其潛在的影響力予以干預。1926 年（民國十五年）余誠格歿於家鄉天台里寓所，終年 71 歲，去世時仍著清朝一品大員的穿戴，腦後依然拖著一根小辮子。

（五）沈瑜慶

貴州巡撫沈瑜慶似乎與余誠格是一對「生不逢時」的難兄難弟，沈瑜慶本任貴州布政使，因與巡撫龐鴻書「鬥法」，經由賄賂慶親王奕劻擠掉龐鴻書，謀得貴州巡撫的位子，1911 年 5 月 26 日（宣統三年四月二十八日）剛剛接任，此時距武昌發生「兵變」四個月還不到。好在沈瑜慶此前在貴州布政使的位子上任職有一年半左右的時間，對貴州的政風民情多少有些瞭解，這或許是貴州光復後沈氏能從容脫身的原因之一。貴州起事的導火索源自新軍，但做鼓動宣傳的是地方士紳，與其它省分一樣，諮議局是地方士紳藉以活動的政治舞臺，貴州諮議局內部明顯以兩大派系作爲分野，即憲政會（憲政派）和自治學社（自治派）。這兩大派系在政治主張上並沒有根本性的區別，雖然此前兩派爲了各自的利益曾一度上演了一段頗爲激烈的「黨爭」。貴州光復受湘、滇獨立影響較深，雲南獨立過程中新舊軍發生了激烈對抗，湖南獨立過程中雖然沒有發生新舊軍之間的衝突，但防營統領黃忠浩被殺，一時間報載傳言、或眞或假，更是不絕於耳。貴州地方士紳不想「暴動」，他們讚助的是和平「革命」，因爲地方糜爛，他們的利益會首當其衝受損，

〔註 36〕沃邱仲子：《當代名人小傳》（下卷），《近代中國史料叢刊三編》第 8 輯，臺北：文海出版社，1986 年，第 143 頁。

〔註 37〕余誠格擔任安徽旅滬同鄉會期間，負責掌管同鄉會的財產。1921 年，王亞樵（安徽合肥人氏），爲紀念亡友韓恢而創辦了「復炎小學」，要求同鄉會資助，遭到余誠格拒絕，王亞樵便邀集柏烈武、許世英等同鄉「強行」接管了會館。（閻樹泉：《清末巡撫余誠格》，《安慶晚報》2010 年 2 月 21 日，A09。）

故地方士紳在光復前夜往勸沈撫「和平光復」，並意欲公推其爲民軍都督，然沈氏狃於成見，囿於自己係曾深受皇家厚恩的沈葆楨之子緣故，本人對「革命」亦有抗拒之心，「堅辭弗受」。不過，地方士紳在關鍵時刻也力勸沈撫放棄了捕殺黨人的過激行爲。〔註38〕沈瑜慶在形勢逼迫下，選擇了「還政於民」，避居上海。

貴州巡撫沈瑜慶退居上海後，抱定與清王朝共進退的決心，甘作「遺臣」。清帝遜位，他即絕意仕宦，爲尋求心靈上的慰籍，與同居滬租界「舊臣同好」瞿鴻禨、樊增祥、沈曾植、周樹模等結社做詩「倡酬爲樂」，每日裏「手抄杜詩，點校文選以自遣」。對於「出山」入仕的邀請一概拒絕，1912 年 5 月「門人」海軍部長劉冠雄函請其出任福建民政長，「謝之」；1915 年，袁世凱搞「帝制復辟」活動，岑春煊意欲在南方組建反袁的「軍政府」，以「共挽艱危」爲詞函約沈瑜慶參與，沈氏同樣予以辭謝。但對於受約出任福建通志局總纂修一職，卻欣然接受，可見其服務社會，造福鄉梓之心並沒有泯滅。而對於 1913 年隆裕太后大喪、奉安等祭祀活動，沈瑜慶不辭辛苦，「一再躬赴」，則顯現了其內心對逝去的大清朝不能忘懷的拳拳之心。1917 年 10 月 6 日（民國七年九月初二日），沈瑜慶終於走完了自己生命的最後路程，卒於上海虹口沈家灣寓所，終年 61 歲。他在彌留之際給遜帝溥儀寫的的遺折中，我們仍能感受到他那顆跳動的心仍然屬於「他的」大清朝：驚心事變，追念知恩，數載以來，憂憤填胸，悲傷過度，遂成不治之症，延至今日，醫術俱窮。伏願我皇上修身日愼，典學日新，勤求世事之艱難，深察人才之消長，天心有屬，國運終回。臣病難醫，臣心不死。臨危瞻戀，涕淚隨之。〔註39〕沈瑜慶時刻生活在過去的影子裏，辛亥「國變」成爲他心中永遠都抹不去的痛，「劫後」、「劫餘」等字眼時常出現在他的詩中即是證明。

在劃歸前清「遺臣」行列的 9 位督撫中，只有一位（升允）是堅定的「復辟」分子，其餘 8 位對「復辟」大清並沒有表現出過多的熱誠，除湖廣總督瑞澂外，均保留了一份對大清朝難以割捨的情愫，這種情愫成爲一種「動力」，讓他生活在自己過去的世界裏，但透過他們服務社會，造福鄉

〔註38〕 拙作：《清末最後一任貴州巡撫——沈瑜慶》，《貴州文史叢刊》2011 年第 1 期，第 89～93 頁。

〔註39〕 沈瑜慶：《濤園集》，《近代中國史料叢刊》第 6 輯，臺北：文海出版社，1967 年，第 358 頁。

里的舉動，仍可以感受到他們內心的熾熱，只不過他們經常會把它包裹的很厚重，輕易不外露而已。或許出於思想保守，或許狃於傳統道德的約束，他們大多會對鼎革後的社會、新生事物天然地產生一種牴觸情緒。當然，民國以後社會秩序重建的過程中，「武人」當政，「遊戲」規則屢遭踐踏，社會整體道德水準滑坡，也使得他們不願意「同流合污」，而甘願以前清「遺臣」自居，對大清王朝眷念的情感成為他們「時進我不進」的精神支柱。對於升允這樣的「復辟」分子而言，情感泯滅了他的理性，「報恩思想」成為他狂熱的動力源泉，他是把「復辟」當作自己的事業來做，這種不以現實作考量的行為，注定了其人生的悲劇基調。沃邱仲子有如是評價：其百折不回之慨，求之今日，誠曙星矣。然思仍以滿人主華夏，其非夢囈。且清室讓國，安富尊榮，過於虞賓，必欲復辟，適以害之，明達者所不出也。
〔註40〕

　　甘作「遺臣」的漢人督撫中並沒有出現象升允那樣為清王朝「復辟」而竭盡所能去追夢的人，這或許反映了他們對逝去的清王朝儘管懷有深深的眷戀之情，但從理智上都接受了現實的「安排」。

第二節　民國後入仕者

　　辛亥鼎革督撫群體中民國後有入仕記錄的督撫 11 位，他們是：雲貴總督李經羲、東三省總督趙爾巽、兩廣總督張鳴岐、江蘇巡撫程德全、山東巡撫孫寶琦、安徽巡撫朱家寶、廣西巡撫沈秉堃、陝西護撫錢能訓、浙江巡撫增韞、吉林巡撫陳昭常、黑龍江巡撫周樹模。浙江巡撫增韞（蒙古鑲藍旗）屬於純正的滿蒙督撫系列，而東三省總督趙爾巽則是漢軍八旗，勉強可以歸入旗人督撫系列中。民國後入仕督撫，其民國仕宦之旅多與袁世凱當政有關，辛亥遜清在他們的思想意識裏，與過去的王朝更替不同，遜清皇帝尚在，不同的是皇帝把曾經「至高無上」的皇權，即「統治權」讓渡出來「公諸國民」而已，這對於經過了清末「憲政」思想洗禮的督撫而言，並非難以接受，故他們寧願相信袁世凱的「政權」在某種程度上接續了大清王朝的「香火」，況且這一點在遜位詔書中說的也很清楚：「當茲新舊代謝之際，宜有南北統一之

〔註40〕沃邱仲子：《當代名人小傳》（下卷），《近代中國史料叢刊三編》第 8 輯，臺北：文海出版社，1986 年，第 123～124 頁。

方。即由袁世凱以全權組織臨時共和政府與民軍協商統一辦法。」〔註41〕既然如此，入仕民國，在情感上、心理上也就沒有了不可逾越的障礙，況且，功名利祿對他們而言，畢竟還是難以避免的誘惑。

一、民清交錯直接置入型

在民國入仕督撫中，有一部份人是自督撫位置上直接轉化爲民國官吏的，其民國入仕動機各不相同，結局也各式各樣。他們是：江蘇巡撫程德全、廣西巡撫沈秉堃、吉林巡撫陳昭常等。武昌起義後任命的督撫、對地方政局走向產生影響的有兩位，他們是繼任河南巡撫齊耀琳、山西巡撫張錫鑾。

（一）程德全

1911 年 11 月 5 日（九月十五日），巡撫程德全應蘇州各界人士的請求，順應時勢，毅然宣佈「獨立」，斷絕與滿清中央政府的關係，脫離清王朝的統治，成爲督撫群體中率先「反正」、由巡撫變身民軍都督的「第一人」。因是之故，江蘇雖在光復省分中排名僅列第九位，然程德全卻是辛亥鼎革之際清末督撫群體中表現最爲搶眼的人物。

程德全以「巡撫」之尊，「舉義東南」，其造成的轟動與影響在民、清雙方都甚爲震撼，日漸「激進」的程德全利用自己特殊的區域優勢，函電交加，成爲一時萬人矚目的焦點。在呼籲孫中山回國組織臨時政府電發出後，程德全又與革命黨內著名的理論鼓動家章太炎發起組織中華民國全國聯合會，目的在於爲組建全國性的統一機關──臨時政府掃除障礙，此時「被革命化」了的程德全似乎滿腔都是膨脹的政治激情。1911 年 12 月 2 日（十一月十二日）江浙聯軍攻克南京，鎮軍林述慶部首先入城，佔據了兩江總督署，搶奪了大清銀行、電報局等，且自稱寧軍都督出示安民，聯軍本身即有矛盾，隨後入城的各軍憤憤不平，幾釀內訌、火拼之事，寧紳仇繼恒、陶保晉等異常驚恐，連夜奔赴蘇州，「籲請」程德全來寧，12 月 6 日（十一月十六日）程德全進入金陵，林述慶自知威望、資歷不敵，加之黨人宋教仁、于右任等從中說和，林述慶取消寧軍都督稱號，就任北伐軍總司令一職，經眾人公議，推舉程德全出任蘇、寧合一的「江蘇都督」。

〔註41〕 中國第二歷史檔案館：《中華民國史檔案資料彙編》第 1 輯，南京：江蘇人民出版社，1979 年版，第 217 頁。

　　依照清制，江蘇實行江寧分治，即一省之內設立兩布政司，分割不同屬域，其一隨巡撫駐蘇州，其一隨兩江總督駐南京。因此蘇省境內的江蘇巡撫，實際統治區域不僅不完整，而且在江寧還有一個比自己大一級、壓自己一頭的兩江總督。程德全對於得到蘇、寧合一的「江蘇大都督」，甚是志得意滿，但很快他的政治熱情即遭遇到了現實的挑戰。上海是江蘇境內最先響應武昌「首義」的區域，滬軍都督陳其美亦因此「居功自傲」，其本人甚或還有「覬覦江蘇都督」的野心，自然不會對程德全「言聽計從」。鎮江是繼蘇州獨立之後宣佈光復的地方，傳聞林述慶曾「碎裂」程德全的「使歸節制檄」，乃自稱「都督」。所以，在會攻江寧前江蘇已是「一省三督」的局面。其後，林述慶因出任北伐軍總司令，鎮江都督無形中被取消，然為保留權力，又在鎮江特設軍政分府相抗衡。就在程德全被推舉為「蘇省都督」後，原江寧舊屬「淮北三府」不甘願對統一後所謂的「蘇督」臣服，乃經由各代表公推新軍協統蔣雁行出任江北都督，希冀繼續與「程督」分庭抗禮，蘇省又呈現「一省三督」。除此之外，蘇省吳淞、揚州、常州等地還出現了軍政分府。各地存在的軍政府或軍政分府名以上都尊奉程德全為江蘇全省「大都督」，且表示願意聽從「節制」，但江蘇的政令統一也僅此而已。

　　在建立臨時政府的過程中，程德全的政治熱情遇到了更大的挑戰。1911年11月14日（九月二十四日）程德全曾公電各省都督籲請孫中山回國組織臨時政府，孫因故遲遲未歸，程轉而力捧黃興，亦因種種機緣，黃興力辭未就，臨時政府幾近難產。1911年12月25日（十一月初六日）孫中山終於回國，臨時政府得以於1912年元旦宣告成立。孫中山回國以前，以黃興、宋教仁為首的革命黨人對程德全的表現較為認可，在協調江蘇都督時對程德全尤為推重，程德全對革命黨人雖不甚滿意，但彼此之間的合作並沒有出現裂痕。孫回國以後，革命黨人在滬、寧麋集，舊官僚出身的程德全那種春風得意、自我感覺良好的狀態或許會刺激到某些革命黨人，難免貽人攻擊的口舌，導致在黨人中形象大打折扣，至少孫中山對程德全印象並不好。

　　據陳贛一記述：「（民國）元年，臨時政府設於南京，德全被命管內政部，日追隨偉人之間，儼然以開國元勳自況。議某事，德全將退席，同座責以大義，不顧而去。次日覆議，詐稱得急喉，啞不能言，夕有遇諸唐紹儀座上者，德全方侃侃而談。中山聞而歎曰：『其人如此不可與謀也。』」〔註42〕這段記

〔註42〕陳贛一：《睇向齋逞臆談》，章伯鋒、顧亞：《近代稗海》第13輯，成都：四
　　　　川人民出版社，1989年，第373～374頁。

述頗有些「語焉不詳」，我們再對照看一看程德全寫給黎元洪的信函，也許可以得到一個清晰的印象：「自臨時政府成立後，僕與孫公意見日形齟齬，僕素有舌強之疾，言語有時艱滯，而孫公謂僕為假託，然即有所建白，又往往遭其擯斥，即如前日僕謂臨時政府無一北人，不足以屬北方同志之心，孫謂：革命之舉即在驅逐滿奴，不用南人，乃用北狗乎？」毋庸贅言，程德全與黨人衝突的焦點在於臨時政府的組建用人問題，程此處所說的「北人」應該不是所謂的「北方革命黨人」，而是特指來自清王朝的「舊官僚」。在革命黨人看來，程德全有「引同黨以自重」的嫌疑，況且用人問題涉及政權的核心利益，程氏「建白」自然會遭受「群起而攻之」的下場。程德全之所以在臨時政府設置上建議引用「北人」，或許完全是為大局著想，並沒有黨人想像的那麼重的私心，這一點在寫給黎元洪的信函中似可證明：「豈知北方數省非盡為滿人，尚有數百萬之同胞在，而孫乃以不可解之言，以抹殺一切，其意蓋以臨時政府必須皆用粵人，非他省人所能丐其餘瀝，較之清政府當年之偏重滿人，又何以異！」〔註43〕然此時的程德全人單勢孤，又感於革命黨人「一意孤行，頗難說話」，因此只能詐稱「喉疾」，覆議時選擇默不作聲，及至晚上應酬遇到昔日同僚唐紹儀難免也會傾訴「侃侃而談」，這自然會被黨人誤解其「舌強之疾」為假託，中山先生鄙薄其人「不可與謀」亦在情理之中。「反正」已不見諒於清廷，此刻又見不容於黨人，程德全只能「引疾滬上」。《申報》1912 年 1 月 1 日（十一月十三日）登載一則專電：「江蘇都督程德全因足疾增劇且患舌強，業已辭職，舉莊思緘代理。」〔註44〕1912 年 1 月 7 日的《大公報》也予以轉載。

現如今很多著述中在言及程德全去職時也多用這種說法，甚至還有人把程德全「稱疾滬上」當作是他不願與革命黨人合作的一種策略。然見諸於程、黎信函可知，非是程德全願意「去職」，實乃迫不得已：「昨孫已勒僕退位，蘇督已另易莊某，僕部下將士皆極憤懣不平，甚有操戈以見孫公者，經僕多端勸諭，始獲無事。」程德全「去職」已見諸報載，將士「操戈」為其鳴不平於 1 月 3 日《申報》蘇軍全體官兵之公電或可佐證：「蘇軍都督程鈞鑒，蘇省光復，雞犬不驚，都督之力，自移節金陵，蘇垣事故迭出，非憲節來臨，不能震懾，蓋躬稍痊即乞來蘇，以慰民軍之望，大局幸甚！」是日《申報》

〔註43〕錄件：《程德全致黎元洪書》，《大公報》1912 年 1 月 15 日。

〔註44〕專電：《申報》1912 年 1 月 1 日。

同時登載代理都督莊蘊寬的電報一封，從另一個角度證明了程氏「去職」時無奈的背景：「寬自維棉薄，懼難勝任，一再固辭，復經孫大總統敦促，責以大義，未許諉卸，於本日來寧任事，仍盼程都督清恙速痊，早日回任。」〔註45〕細究之下就會發現，這裡的所謂「去職」僅指「蘇督」而言，程德全在南京臨時政府中還有「內務總長」的任命。不過，根據實業總長張謇、交通總長湯壽潛「履任」隨即出走上海的經歷證明，程德全的內務總長也應屬於「徒有虛名」。因為在南京臨時政府構建時，依照宋教仁的設計理念「全用革命黨，不用舊官僚」以保證政權的「革命」屬性，對此黃興並不同意，經過商討，採用了黃興「部長取名，次長取實」的任官原則，才拉進些許立憲派、舊官僚「作點綴」，受排斥的張謇、湯壽潛淺嘗輒止，曾到南京「一度就職，與參列各部會議」，隨即出走上海，程德全也只得「臥病」租界不出。〔註46〕

　　滿腔熱誠，換來如此下場，程德全之失落自然可想而知，在寫給黎元洪的信函中不僅有哀怨，甚或有懊悔：「宋卿（黎元洪，字宋卿）足下，一失足成千古恨，僕之謂也。蘇垣起事之初，僕以耄老無能，本不致希冀非分，乃一班熱血少年、青年軍士，多方迫脅，虛聲恫嚇，遂不得不暫允其請，以冀緩死於須臾，同病相憐，想能見諒。」此處程氏為拉近自己與黎元洪的情感距離，多少說了一些與「事實」不符的地方，黎元洪走上「革命」道路真的是刀架在脖子上迫不得已的選擇；程德全並未受到如此之逼迫，他選擇獨立或不獨立的空間要比黎元洪自由許多，只是程德全為了發洩自己的怨憤，寧願營造出一種與黎元洪「同病相憐」的意境。二人現如今原有的「風光」都已不再，程德全「臥病」滬上，黎元洪以「首義」都督「屈居」臨時副總統，這大概都是拜孫中山回國所賜，「天下不平之事又寧有過於此者？公尚如此，僕又何言，每念及此，滿腔孤憤，因之漸銷矣。」〔註47〕牢騷滿腹，但卻是程德全真實的感情流露。

　　經過此次挫折，程德全有些心灰意冷，曾一度想出國「遊歷」。1912年3月下旬，時報即登載了程德全一條「擬赴歐美各國遊歷調查」的消息：統一黨理事程德全，以政黨組織主持進行，非熟察世界大勢，詳考列國法度，不

〔註45〕公電：《申報》1912年1月3日。
〔註46〕《胡漢民自傳》，中國科學院近代史研究所近代史資料編輯組：《近代史資料》
　　　　總45號，北京：中華書局，1981年，第56頁。
〔註47〕錄件：《程德全致黎元洪書》，《大公報》1912年1月15日。

足定精確之方針，決計暫不入政界，擬先赴歐美各國遊歷調查云。〔註 48〕然就在程登舟啓程之際，蘇州發生「兵變」，江蘇各界、甚至南京留守府黃興等人也極力支持程德全復任江蘇都督，4 月 13 日（二月二十六日），袁世凱下達了任命程德全爲江蘇都督的「大總統令」，代理都督莊蘊寬則同樣以身體不適爲由「引病去職」。

程德全藉蘇州「兵變」之機回任，但蘇省問題卻愈加複雜，前述「一省三督」的局面不僅沒有改觀，中央政府北遷後，南京還丟下一個「留守府」。如何結束四分五裂的局面，盡快實現政令統一，是程德全首要解決的問題。

「留守府」與滬督背後都牽扯到革命黨人，程德全的戰略是先易後難，所以他第一個選擇對付的是江北都督。江北都督的出現是蘇、寧分治變相的產物，寧屬士紳爲了保住自己的原有權益甚至還曾有過「江北設省」的提議，1905 年（光緒三十一年）曇花一現的江淮巡撫，業已證明這一構想既不得人心，又不可行。因此，程德全採取果斷措施，一方面授意袁世凱調離都督蔣雁行進京，一方面派自己的心腹劉之潔出任江北護軍使兼第十九師師長，接管江北軍權。儘管此舉遭到地方士紳反對，但程德全毫不妥協，先於 5 月 12 日（三月二十六日）發佈《告江蘇父老書》，從輿論上鉗制江北士紳之抗詰，隨即又於 5 月 17 日（四月初一日）命劉之潔帶兵強行入駐清江，已被拔掉「老虎牙」的地方士紳自是無可奈何，這樣程德全順利接管了江北政權。

在解決了江北都督以後，程德全沒有貿然對滬軍都督以及南京「留守府」採取動作，但他已經看到「留守府」的癥結所在，那就是軍餉匱乏，南京留守的軍隊幾成一隨時引爆的火藥桶，兵痞滋事、士兵嘩潰攪得黃興夜不能寐，黃興也有脫身而去的打算，但此刻程德全並未「急於求成」，他反而勸誡袁世凱應當用「拖」的戰術來達到收功的目的。程德全 4 月 22 日抵任蘇州，幾天後以「養病」的名義趕赴南京與黃興晤談。

程德全分化瓦解的策略，使得滬軍都督陳其美坐不住了，他聯絡革命黨人有一定勢力的駐蘇州軍隊先鋒營，試圖通過「兵變」的方式來達到驅逐程德全以攫取江蘇都督的目的。然密謀被程發覺，5 月 31 日（四月十五日）夜，程德全搶先一步，捕獲了參與「謀亂」的先鋒營團長朱葆誠（兼二營營長）、

〔註 48〕京省：《程德全擬不入政界》，《叻報》（新加坡報紙）1912 年 3 月 28 日。（注：統一黨由中華民國聯合會變身而來，中華民國聯合會成立於 1912 年 1 月，同年 3 月即宣告更名爲統一黨。）

一營營長吳康壽及軍需官蒯佐同、蒯際唐兄弟等人，翌日午後即將主謀蒯氏兄弟審訊槍決，參與該事件的先鋒營則以武力脅迫「勒令」繳械解散，為安撫人心，程德全又將搜獲的文件、名冊全行銷毀，不事株連。對於陳其美，程德全裝作什麼事似乎也沒有發生過一樣，繼續與其保持往來，此刻顯現出程德全高超的政治智慧和魄力。穩定了自己的後方之後，程德全也接到了袁世凱接收留守府的電令，同盟會內部曾有人設想黃興交卸留守職務後可出任江蘇都督以保留黨人在江蘇的勢力，然程德全的「蘇督」地位已無法撼動，黃興去職也就成為必然，1912 年 6 月 14 日（四月二十九日）黃興通電解職，留守府成為了歷史。

　　上海都督陳其美在孫中山、黃興等革命領袖均「功成身退」的情形下，再也難以違拗大勢，強力支撐下去，遂於 7 月 31 日（六月十八日）交卸了滬軍都督職務，江蘇政局終歸於一統。程德全蒞任三個月，成功實現江蘇政令統一，對境內軍隊也進行了大刀闊斧地裁減，以往史書論著對此時的程德全多以「倒向」袁世凱予以否定評價，這並不全面。「反正」後的程德全因江蘇特殊的地理位置，與黨人接觸較多，受其感染，「革命化」的色彩愈加濃厚，但因其脫胎於前清官僚體系，從心理情感角度講，他與袁世凱會有更多的相同語言。總之，程德全是一個自身有政治理想和追求的人，當然也有他自己的施政理念。1912 年 5 月，程德全宣佈脫離共和黨，發起成立「政見商榷會」，宗旨為「溝通南北，調和黨派」之計，成為清末民初「政黨政治」的倡言者與實踐者，此時他與革命黨人黃興、宋教仁等思想上共鳴較多。程德全不是一個「政客」，他是一個做事講「良心」、做官講「官德」的人，或許正因為如此，他在國民黨與袁世凱的較量中，成為雙方政治角逐的犧牲品。

　　1913 年 3 月 20 日（二月十三日），國民黨代理理事長宋教仁在上海車站遇刺身亡，國民黨、袁世凱雙方都「信誓旦旦」徹查此案，追緝兇手，程德全於 3 月 25 日（二月十八日）授權前往上海處理此案。很快案情大白，刺宋的幕後主凶竟然是袁大總統，「宋案」成為引爆黨人反袁「二次革命」的導火索。

　　1913 年 7 月 15 日（六月十二日），黃興抵寧迫程德全宣佈江蘇獨立，出師討袁。以武力的方式來解決問題，並不是程德全願意看到的結果，他更希望通過法律程序來解決黨人與袁有爭端的「宋案」、「善後借款案」，為此程德全曾於 5 月 16 日（四月十一日）發出「去疑弭爭」電表明自己的立場：「宋

案當聽法庭解決，借款當聽國會主持」，「願我同人，以國家爲重，以人民爲心，各自審其許可權，各自盡其職守。毋聽讒言，毋逞臆說，毋爲逆億之術，毋作忿激之爭」。程德全在黨爭紛起之際，試圖中立，並進而調和雙方矛盾，結果適得其反，程氏在雙方都沒有得到好評。7 月 16 日晚不願受黃興等黨人「要脅」的程德全出走上海，隨即發表通電，陳情自己宣佈獨立時迫不得已之苦衷，借機向袁世凱「輸誠」，傳聞袁世凱得報後曾有「雪樓（程德全，字雪樓）從此休矣」之語，程德全日後命運已可概見，然袁世凱爲利用程氏，回電時極力安撫，稱其「與甘心附逆者迥不相侔」，並囑其「選擇得力軍警嚴守要隘，迅圖恢復」。〔註49〕程德全或許爲討好袁世凱計，或許爲迅速安定江蘇局勢計，一方面致電黃興，促其「取消討袁名義，投戈釋甲，自引咎以謝天下」，一方面電令心腹南京衛隊營營長張鵬翥捉拿黃興。「二次革命」之後，程德全的政治生命也宣告了終結，9 月 3 日（八月初三日），袁世凱發佈「免去程德全江蘇都督」令，繼由張勳接任。

經過了辛亥江蘇獨立後一系列政治風波的程德全，心神俱疲，遂決意退出政界，不再過問世事。1916 年，黎元洪出任總統後，曾擬聘程德全爲政治顧問，程氏即以「病老」謝辭。1926 年，業已常年閉門誦經的程德全落髮受戒於常州天寧寺，法名寂照。1930 年（民國十九年）5 月 29 日，71 歲的程德全歿於上海，「遺言以僧服殮」，時人則有戲謔語稱：殆有懺悔之意歟？〔註50〕然透過兩段程德全自己對辛亥往事的追憶，我們似可見證一個對「世事」仍有諸多牽掛的程德全的心路歷程，其一：1916 年程德全爲楊廷棟《秋夜草疏圖卷》作跋：「辛亥八月後，吾苦口勸諫豈止此一疏，乃反覆敷陳，卒不見聽。國體改革以還，日相尋於哄爭猜忌之域，吾時於兩方諄切勸解，亦均不見聽。豈天之不悔禍，抑吾之誠不足以感人也。馴至今日，綱紀凌夷，道德滅絕，人民困於水深火熱，幾不可一朝居。嗚乎！俯無以對故君，復無以對國人，罪深業重，夫復何言。丙辰三月。又：楊君以此卷見示，勉書數語以歸之。素園居士。」〔註51〕其二：1926 年程德全出家前「木瀆法雲寺記」：「邁（相

〔註49〕 朱宗震、楊光輝：《民初政爭與二次革命》，上海：上海人民出版社，1983 年，第 350、617 頁。

〔註50〕 陳贛一：《睇向齋逞臆談》，章伯鋒、顧亞：《近代稗海》第 13 輯，成都：四川人民出版社，1989 年，第 373～374 頁。

〔註51〕 中國人民政治協商會議江蘇省吳縣委員會文史資料委員會編：《吳縣文史資料選輯》第 8 輯，1991 年，第 94～95 頁。

遇）辛亥癸丑諸變，時時當得以死，而卒不得可死之緣，匪死之艱，蓋以死而無利於國，無益於民，吾雖貿大名以去，其實固無殊夫鹿鹿以死也。丙寅（1926 年）秋七月。」〔註52〕第一段話包含有三層意思：一，民、清交錯之際一個滿懷政治熱誠的程德全清晰可見。二，今日之國事日非。三，一句「夫復何言」折射其內心感慨良多。第二段話仍是程德全對民清交錯之際自身所作所為之感悟，其言語中透露出程氏的一種生死觀，即不願像芸芸眾生一樣「鹿鹿以死」，而是要死得有價值「利於國、益於民」，這哪裏找得到一個出家人「四大皆空」的影子？

（二）沈秉堃

沈秉堃是繼程德全之後第二位由清巡撫變身民軍都督之人，後迫於「桂人治桂」的壓力，湘籍出身的沈氏於 1911 年 11 月 25 日（十月初五日）以北上援鄂的名義脫身離開省城桂林，臨行前發表了一篇「情真意切」的「留別桂省父老書」，重在表明自己對都督一職無「戀棧」之意，為「敬避賢路」，現決計「回里養病」，萬望桂省父老「萬眾一心，合謀幸福」。〔註53〕沈秉堃一行人等於 12 月 26 日（十一月初七日）進抵湖南長沙，受到湘省民眾熱烈歡迎，援鄂桂軍已於十月中旬先期到達。在漢陽戰事吃緊之際，鄂督黎元洪對獨立各省援軍日思夜盼，還在沈秉堃行進途中，黎元洪即與湖南都督譚延闓聯電舉薦沈出任援鄂湘桂聯軍總司令一職，沈秉堃進抵長沙前已經接奉聯軍司令關防，並定於初十日督師赴鄂。11 月 27 日（十月初七日）漢陽失守，援鄂桂軍暫依長沙棲身，經過籌商，十一月初旬援鄂桂軍繼續向武昌挺進，1912 年 1 月 4 日（十一月十六日）沈秉堃司令也出發上路了，不過他的最終目的地是中華民國新奠都的南京，援鄂桂軍也奉新任陸軍部總長黃興的命令進駐首府金陵。先後到達南京聚集的桂軍有三部份：沈秉堃帶出來的趙恆惕所部，龍州新軍邕龍標陳裕時部以及隨後率軍北上的廣西副都督王之祥部。

沈秉堃到南京後朝夕與黨人交混，對黃興、宋教仁等黨人領袖又極盡諂媚，以己近天命之年，不惜降尊紆貴，竟呼剛過而立之年的黃興為「克老」（黃

〔註52〕黃炎培：《辛亥革命史中之一人——程德全》，《人文月刊》1931 年第 2 卷第 1期，第 21～22 頁。

〔註53〕郭孝成：《廣西光復記》，中國史學會主編：中國近代史資料叢刊《辛亥革命》（七），上海：上海人民出版社，1957 年，第 222～223 頁。

興，字克強），宋教仁為「漁老」（宋教仁，號漁父），更有甚者，「飾其妾貢之某偉人」，「然臨時政府功人多於卿，卒不得置頓」。〔註54〕

不甘寂寞的沈秉堃於 1912 年 4 月加入統一共和黨，因其以前清巡撫之尊「反正」，共和黨為借助其「威望」，選為總幹事之一。是年 8 月，統一共和黨併入國民黨，沈秉堃又當選為參議。唐紹儀組閣時，黨人提請由沈出任內務總長一職，結果未獲總統允准，唐內閣因「王芝祥督直事件」〔註55〕憤而辭職，接續的陸徵祥組閣時又提議由沈「長工商」，同樣未獲通過。陸徵祥內閣倒臺之後，袁世凱為了拉攏革命黨人，假意提請由沈秉堃出面組閣。沈秉堃本是前清巡撫，新近由國民黨吸納為黨員，若內閣人馬原封不動，僅僅由一個與國民黨關係尚淺的沈秉堃出面組織所謂的政黨內閣，意義不大，結果黨人落入袁世凱的圈套，反而贊成由袁世凱親信、新加入同盟會的趙秉鈞出任內閣總理。沈秉堃最後只落得一個浦口通商督辦的閒職。傳聞沈秉堃「入覲」袁世凱時，袁見其「儀容俊偉，目光炯炯」，曾有「是或稱為閣員」之語，有袁世凱特務頭子之稱的趙秉鈞「聞之」，越日，沈暴斃身亡。〔註56〕因是之故，沈秉堃有「中毒死亡說」，是為民國元年十一月二十八日（1913 年 1 月 5日），卒年 51 歲。

（三）陳昭常

陳昭常於辛亥遜清前曾效法趙爾巽在吉林組織保安會，出任會長。1912年 2 月 12 日（宣統三年十二月二十五日）清帝遜位，東三省因趙爾巽的頑固遲遲不願承認共和，及至 3 月 15 日（正月二十七日）吉林才與奉天一道承認共和，陳也由巡撫變身改稱都督。不久又兼任吉省民政長。陳昭常雖然在攝政王載灃「歸藩」事件上曾有致電內閣詰問的「冒失」舉動，或引發袁世凱之不滿，但陳昭常深得官場三味，對當勢的袁世凱緊緊追隨，2 月 15 日，陳

〔註54〕 費行簡：《近代名人小傳》，《近代中國史料叢刊》第 8 輯，臺北：文海出版社，1966 年，第 319 頁。

〔註55〕 王芝祥，字鐵珊，直隸通縣人，曾出任廣西布政使，廣西獨立後，任副都督，後以北伐名義帶兵至南京，當選統一共和黨總幹事，國民黨理事。1912 年 6月，唐紹儀內閣任命非袁嫡系的王芝祥為直隸都督，袁指使北洋將領通電反對，且不經過內閣副署發佈了王芝祥改任南方軍宣慰使的任命，王接受了袁的「賄賂」欣然赴任，唐紹儀因此憤而辭職。

〔註56〕 費行簡：《近代名人小傳》，《近代中國史料叢刊》第 8 輯，臺北：文海出版社，1966 年，第 320 頁。（注：陶菊隱《北洋軍閥統治時期史話》稱沈秉　死於腦溢血。見陶菊隱《北洋軍閥統治時期史話》第 1 冊，北京：三聯書店，1957年，第 153 頁）。

昭常接奉袁世凱當選臨時大總統電，當即率僚屬回電表示祝賀；3 月 1 日、3 月 5 日或與趙爾巽等人、或單獨致電孫中山革命黨人，爲袁世凱不赴南京就職賴在北京大肆辯解。〔註 57〕不過，陳昭常的時運已不在，主因就是在巡撫任上捕殺革命志士熊成基一事，現共和告成，該事件反成爲陳氏致命的「污點」，雖然陳昭常爲順應時勢，曾命人編纂《熊烈士事略》一卷，予以粉飾，可惜在萬夫所指的矛頭之下，陳昭常迫不得已於 1913 年 6 月去職，袁世凱爲籠絡陳昭常，任命陳氏爲廣東省民政長，希望借陳昭常之手，對革命黨人佔優勢的粵省軍政府加以改造。陳回任廣東，也符合當時本省籍人士回鄉任職的潮流，然廣東方面藉口陳昭常曾有捕殺革命志士熊成基之「劣跡」，拒絕其赴任。迫不得已，陳昭常稱病逗留上海，1914 年 10 月 15 日（民國三年八月二十六日），年僅 47 歲的陳昭常病逝於赴任途中。

鼎革督撫群體中，程德全、沈秉堃、陳昭常三位由巡撫變身都督，途徑各異，程德全雖有被迫的成分，但自身的主導作用卻非常明顯，沈秉堃、陳昭常則幾乎是「被選擇」的過程，陳贛一譏諷程德全的一句話對三人而言，某種程度上都是適用的：「德全之不欲絕其政治生涯，固不遑問其政體之爲民主、君主，官職之爲巡撫，爲都督也。」〔註 58〕因爲程德全主動的成分較多，程氏在民、清交錯之際的政治活動也就較爲活躍，只是生不逢時而已。清末民初風雲變幻的政治舞臺上，程德全因不適應這場新的政治遊戲規則，逐漸被淘汰出局，這或許是程氏還多少保留了些許做人的「良知」以及做官的「官德」注定得到的下場。沈、陳二人在清末爲官，時人風評均以「善鑽營或工逢迎」相譏，沈秉堃以監生資格得任封疆必定有其獨到「心得」，陳昭常「以一道員三年間即擢（升）吉林巡撫」也是了得。入民國後，沈秉堃仍有所表現，有實例爲證，陳昭常則沒有了表現的機會，二人又均因華年早逝讓後人已很難再領略其在民國爲官經營之道。

武昌起義後任命的督撫中，對地方政局走向產生了影響的有兩位，即繼任河南巡撫齊耀琳、山西巡撫張錫鑾，他們都是作爲袁世凱的親信才得以在辛亥變局中登上封疆大吏的名單，故二人在清末或入民國在心理上幾乎沒有

〔註 57〕趙立彬：《各方致孫中山函電彙編》第 1 卷，北京：社會科學文獻出版社，2012 年，第 516～517 頁；趙立彬、何文平：《各方致孫中山函電彙編》第 2 卷，北京：社會科學文獻出版社，2012 年，第 36～38 頁。

〔註 58〕陳贛一：《睇向齋逞臆談》，章伯鋒、顧亞：《近代稗海》第 13 輯，成都：四川人民出版社，1989 年，第 373 頁。

什麼障礙，因為他們效忠的對象就是袁世凱本人，其在民國初年的任職轉換，也多以袁世凱的需要為轉移，這一點在張錫鑾身上表現得最為明顯，袁世凱洪憲帝制失敗後，二人不分屬北洋各派系，在直、皖、奉軍閥紛爭過程中逐漸淡出，也是必然的事情。

二、民清交錯應邀復出型

辛亥督撫群體中民國入仕者有 8 位屬於應邀復出者，他們是：東三省總督趙爾巽、雲貴總督李經羲、兩廣總督張鳴岐以及山東巡撫孫寶琦、安徽巡撫朱家寶、浙江巡撫增韞、黑龍江巡撫周樹模、護陝西巡撫錢能訓，復出的方式大同小異，結局卻各不相同。

（一）趙爾巽

趙爾巽權攝東三省總督，辛亥遜清前後，極力反對共和，反對清帝遜位，甚或曾與宗社黨人圖謀擁迎宣統至東北，謀求「獨立」，後迫於壓力，不得不於 1912 年 3 月 15 日宣佈承認共和，同時由總督變身為都督，為穩定東北局勢，趙爾巽施展鐵腕，對革命黨人以及宗社黨人在東北的勢力均予以打擊。然以傚忠清王室為旨志的趙爾巽，清帝退位後已成無源之水，無根之木，去職是遲早的事，加之袁世凱為從趙爾巽手中搶奪回東北權力，也是煞費苦心，1912 年 11 月，趙爾巽終於如袁世凱所願，辭去奉天都督〔註 59〕一職，前往青島避居。在青島，趙爾巽混跡於逃亡此地的清「遺臣」之中，因其資歷較他人為尊，倒還受人敬重。鑒於趙爾巽之資歷威望，袁世凱曾數次派人與趙聯繫，請他復出，趙爾巽以「一臣不事二主」辭，並稱「青島就是首陽山」，頗有以「遺老」歿世的決心。

1914 年 3 月袁世凱特設立清史館，擬定趙爾巽為總裁（館長），于式枚、劉廷琛為副總裁（副館長），三人均起家翰苑，仕清至官，所謂「一總督一侍郎一京卿」，然于、劉二人辭謝不就，爾巽有復出意，乃以「修史與服官不同，聘書非命令可比」為詞，又抱著藉修史之機「圖報先朝」的目的，獨自赴京上任去了。正因為如此，趙爾巽被一些清「遺老」所瞧不起，趙本人則自嘲：「我是清朝官，我編清朝史，我做清朝事，我吃清朝飯。」頗以三國時「降

〔註 59〕 趙爾巽於 1912 年 3 月 15 日由東三省總督改稱東三省都督，5 月參議院議決，東三省總督改為奉天都督，毋庸兼轄吉、黑兩省案，然拖至 7 月 17 日袁世凱才下發總統令。

漢不降曹」的關羽自比。傳聞趙爾巽接受赴京邀請前，還曾提出一個條件，即為死在四川的弟弟趙爾豐「昭雪」，為此袁世凱還特地於 3 月 24 日頒佈大總統令：「前清四川總督趙爾豐，值武昌起義，滇黔響應，該故督將政權交歸士紳自治，商定條件，於辛亥十月初六日退職，初七懸掛國旗，公明退讓，贊成民國，人無異議，乃無端因亂被戕，請予昭雪。查該故督於改革之際，洞明大局，退職安民，贊成共和之心，昭然若揭，有功民國，確有實證，猝被慘禍，殊堪矜憫，著國務院從優議恤，並著內務部查取事實，宣付史館，以彰勞藎。」〔註 60〕死於前清的總督大員由民國的大總統下令「議恤」本風牛馬不相及之事，但袁世凱為籠絡趙爾巽，不惜出此下策。

趙爾巽在纂修清史的過程中，網羅了一批同樣對清王室懷有感情的「志同道合」者，多時達 300 餘人。袁世凱當政時，撥付清史館的經費較為充裕，因為袁世凱設清史館本身即有「援曩例以縶逸賢」的意味，及至 1916 年 6 月袁世凱過世，清史館經費大幅縮水，趙爾巽憑藉自己善於應變的能力以及百折不撓的精神，多方運動，四處籌措，才使得修史工作得以維繫，至 1927 年 9 月趙爾巽去世前，歷經十餘年的清史編纂工作也接近完成，趙爾巽深感此書的缺陷與不足，故定名為《清史稿》，而非《清史》。

1914 年 3 月趙爾巽應聘清史館總裁，同年 5 月又兼任參政院參政。1915 年，袁世凱搞「復辟」帝制活動，趙爾巽授中卿加上卿銜，後又被封為「嵩山四友」之一以示尊崇。1917 年，丁巳復辟，趙爾巽並未與聞，仍被授予「弼德院顧問大臣」。是年 9 月，趙爾巽與徐世昌、馮國璋等亦曾籌謀「復辟」，徐、馮產生矛盾，馮國璋的心腹大將曹錕堅決反對，加之外國駐京使節也不予支持，這個復辟計劃終胎死腹中。〔註 61〕1925 年段祺瑞執政府期間，趙任善後會議議長、臨時參政院議長。1926 年，北京又經歷了一次短期的權力變更，馮玉祥國民軍退往南口，段祺瑞離京去津，張作霖進逼北京，趙爾巽與王士珍等組織臨時治安維持會，維護北京秩序。1927 年 9 月 3 日（民國十六年八月初八日）趙爾巽歿於北京，終年 84 歲，臨死前趙爾巽念念不忘的是讓他費盡心血的《清史稿》付梓出刊問題。

〔註 60〕 中國大事記：《議恤前清川督趙爾豐》，《東方雜誌》第 10 卷第 11 號，第 1～2 頁。

〔註 61〕 王志可：《遜清遺老的民國歲月》，桂林：廣西人民出版社，2008 年，第 5～6 頁。

（二）李經羲

辛亥雲南光復，總督李經羲被蔡鍔等人「禮送」出境，他自稱於 11 月 10 日（九月二十日）夜被「嚴護出境」，這其中似有「失實」之處，據《字林報》載，十月十一日（12 月 1 日）雲南訪函云：前滇督李經羲曾於兩星期前由民軍護送出省，乘火車前往東京勞開，當時圍觀者如堵，李督髮辮已去，衣尋常教員之服，步登火車之時，嗒然若失，無嚮之鞠躬送別或祝其平安者。〔註62〕如此盛大的歡送場面自然不可能放在夜間。李經羲「出境」前，軍政府曾向其索要總督官印，李經羲堅持帶走，稱到香港後尚有奏摺上呈攝政王，以了個人之責任。或許是蔡鍔等人礙於情面，並未堅持，而且軍政府不僅允許李經羲帶走其積蓄「銀四萬餘兩作養老資」，並另送銀五千元，「全眷車資，均由公備」，不承想李經羲行至河口，「不經（民軍）政府允許，又由副督辦許九畹處，攜取公款三千元。」故孫種因（重九起義後任蔡鍔秘書長）對李經羲之所作所為極為不滿，甚至對其老底還進行了不遺餘力的揭露和鞭撻，稱其為「滑官吏，偽名士，除做官要錢外，別無所為」。〔註63〕

李經羲在湖廣總督瑞澂失卻武昌後曾義憤填膺奏請「殺某大員以收人心」，然等到自己身臨其境，難免也會有英雄氣短。李經羲離開昆明，經由香港轉赴上海，後見上海形勢不穩，又選擇了青島作為自己的避居地。

李經羲雖然已退歸「山林」，但對局勢仍然十分關注，1913 年 2 月，李經羲與王芝祥、于右任等組建國事維持會，以「調解立法與行政、中央與地方、政黨與政黨之衝突」為宗旨，同年 7 月，革命黨人的「二次革命」被鎮壓，袁世凱有意撇開國會，另起爐灶，11 月 26 日（十月二十九日），袁世凱下令召集政治會議，成員由 13 人組成，其中總統指派 8 人，袁大總統指派的 8 人中第一人就是李經羲。12 月 12 日（十一月十五日）政治會議成立，李經羲被禮聘為議長，15 日政治會議開幕。1914 年 1 月，袁世凱明令以政治會議取代國會，代行民意機關。

李經羲在政治會議議長的位子上為袁世凱所做的最大貢獻，就是炮製出一部《民國約法》，取代了此前黨人制訂的《臨時約法》。陳贛一據此演繹了李經羲軼事一則：李經羲因有功於造法，項城擬令督粵，以酬其勞。「先生（指

〔註62〕 要聞：《中國光復史・雲南新霽色》，《申報》1911 年 12 月 22 日。
〔註63〕 孫種因：《重九戰記》，中國史學會主編：中國近代史資料叢刊《辛亥革命》（六），上海：上海人民出版社，1957 年，第 246 頁。

李經羲）要求節制廣西、雲南、貴州三省軍隊，方允就任。項城曰：『是不啻以一人兼爲兩廣雲貴總督也，烏乎可。』議遂未決。未幾，其子國筠裁缺入觀，項城雅重其才，俾以粵巡按，以爲與其子，即所以酬報，且因以阻其野心。令下日，先生恚曰：『吾爲督撫十餘載，尚不若吾子之初出茅廬？項城眼光固如是耶？』」雖說是軼事，難免有虛誇成分，但足以折射出李經羲對仕宦名利的熱衷。從另外一個角度講，李經羲於清末曾醞釀發動督撫國會請願運動，終因當政的滿清親貴顧頊，其國會夢終未能實現，現如今借助袁世凱的「幫忙」，其親身參與的「國會夢」終於得償所願。

　　1914 年 5 月，政治會議撤銷，設參政院，李又充任參政院參政，10 月出任審計院院長。1915 年元旦，袁世凱爲搞稱帝活動進行過渡，下授卿令，李經羲授予中卿加上卿銜。李經羲對袁世凱雖然多有稱譽，認爲袁不忘「故主」，以民國總統之尊，對隆裕太后、遜帝溥儀仍以帝禮相待；甚至在制訂《民國約法》時還認爲袁是眞心想建立國會，實行共和制度。及至袁世凱想當皇帝的眞面目暴露以後，李經羲則表現出相當的理智，極其眞誠地對袁進行規勸：「公以雄才大略見稱於中外，今乃甘冒大不韙之名，欲登九五之位，國家利害，人心從違，兩不顧慮。設此而易爲者，則先叔文忠公已先公作皇帝矣。惜公以數十年之聲威，爲宵小所弄，墮於一旦也。」〔註 64〕可惜袁世凱利令智昏，一意孤行。洪憲帝制時，李經羲又被授封爲「嵩山四友」之一，位極崇。

　　1916 年 6 月，袁世凱歿，黎元洪繼任總統，黎先請徐世昌出面組閣，徐不應；黎又請王士診，王拒絕。幾經周折，1917 年 5 月黎懇請李經羲出任國務總理，出面組閣，隨即獲得參眾兩院的通過。然由於各方反對，李嚇得避居天津租界不敢到京就職，早有「復辟」野心的張勳帶兵進京「保駕」，李經羲得以於 6 月 25 日宣佈就任，五日後張勳、劉廷琛等人即宣佈擁遜帝溥儀「復辟」，李經羲無奈之下倉惶出逃。李經羲經歷了「丁巳復辟」的政壇地震之後，心灰意冷，從此絕意仕宦，經由天津短暫逗留，最終選擇了上海作爲自己的終養之所。1925 年 11 月 4 日（民國十四年九月十八日），李經羲走完了自己的最後一段人生之路，終年 65 歲。

（三）張鳴岐

　　辛亥廣東光復，張鳴岐逃亡香港，香港總督路夏德熱情地接待了他，

〔註 64〕　陳贛一：《睇向齋秘錄》，《近代中國史料叢刊續編》第 24 輯，臺北：文海出版社，1975 年，第 202～203 頁。

當時他很疲憊，精神狀態也不好，所以拒絕了港督晚宴的邀請。翌日（11月 10 日／九月二十日），張鳴岐與港督共進了午宴，宴會結束後兩人還進行了私密的交談。兩人晤談時，張鳴岐提及他有去歐洲的打算，因為廣州獨立，作為總督的張鳴岐未能很好地履行自己的職責，對於清政府而言「他是一名罪犯」；另外，廣州獨立時，黨人曾提出擁戴他出任民軍都督，張鳴岐出爾反爾，最終選擇了以逃亡的方式予以拒絕，現如今又不能為黨人「所容」，處境尷尬的張鳴岐似乎並無更好的選擇。不過目前張鳴岐想暫時在香港逗留幾日，一個星期或十天左右，大概有觀望時局的打算。〔註 65〕然張鳴岐在香港駐足一周，看不到形勢有好轉的勢頭，11 月 17 日（九月二十七日）才下決心經由香港去了上海。23 日（十月初三日）張鳴岐一行數人進抵滬上，隨即在《申報》刊發了「請清廷遜位電」，為辛亥督撫群體中「首倡」者，較之「反正」巡撫程德全有過之而無不及，以張鳴岐此時對「共和」的理解來考量，這篇電文「政治秀」的成分更濃厚一些。張鳴岐在上海存身月餘，又輾轉來至日本神戶，12 月 24 日（十一月初五日）的《申報》為此刊發了一則電訊：前清粵督張鳴歧已抵神戶，與康有為、梁啟超會晤，聞張將在日本寄寓一年。〔註 66〕

張鳴岐作為清末最年輕「能幹」的督撫，當然不希望自己乘坐的清王朝這條「大船」沉沒，只是命運多舛，生不逢時，隨著大清王朝的「謝幕」，督撫也作為「陳跡」留作了歷史。張鳴岐在辛亥變局中的「政治秀」未能為他在未來的政治舞臺上搶佔一席之地，好在袁世凱當政後，對曾經的「同僚」都有所眷顧。張鳴岐從日本回國後，掛名袁世凱總統府的高級顧問，1913 年 7 月，袁世凱鎮壓了革命黨人的「二次革命」，10 月，為監視西南軍閥，遂派張鳴岐為廣西民政長，後改稱巡按使，會辦廣西軍務，廣西都督陸榮廷對曾經的老上司敬而遠之，張鳴岐無計可施。1915 年 7 月，張鳴岐又調任廣東巡按使，廣東都督龍濟光對張也是大加排斥，未及三月張鳴岐便請辭去職。張鳴岐在兩廣經營數年，本想有所斬獲以取得袁世凱青睞，誰知陸榮廷、龍濟光二人對他百般防範，張鳴岐竟然難以施展手腳，志不得遂。及至洪憲帝制，張鳴岐為迎合袁氏，竟上表勸進，因「表忠」有功，張鳴岐被封為一等伯。

〔註 65〕 附件二：《1911 年 11 月 1 日前兩廣總督張鳴岐與香港總督卜夏德在總督府會談備忘錄》，章開沅、羅福惠、嚴昌洪：《辛亥革命史資料新編》第 8 卷，武漢：湖北人民出版社，2006 年，第 23～24 頁。

〔註 66〕 譯電（東京）：《申報》1911 年 12 月 24 日。

1916 年護國戰爭爆發，廣東於 4 月 6 日（三月初四日）宣佈「獨立」，因發生「海珠事件」〔註67〕，龍派張鳴岐赴廣西陸榮廷處解釋，被陸扣作人質，5 月張始返回廣州。後護國軍在肇慶成立軍務院，代理撫軍長是岑春煊，龍濟光因為龍軍與護國軍屢起衝突，便請張去岑處作說客以圖轉寰，他認為張出自岑的門下，應當是個理想的代表，其實張岑早已交惡，張鳴岐自然是一無所獲。在兩廣發家的張鳴岐，民初任職兩廣處處碰壁，事事不遂人願，經過眾多挫折之後，張鳴岐乃絕意仕宦，脫離政界，退隱上海法租界。

1927 年南京國民政府建立後，張鳴岐又移居天津英租界，從此繡佛長齋，不聞世事。抗日戰爭時期，張鳴岐參加了漢奸王揖唐等人發起的中華佛教會。1942 年 3 月，張竟然又與王克敏、靳雲鵬等任職偽華北政務委員會諮議會議委員。1945 年 3 月，張與王揖唐、殷汝耕等發起「乙酉法會」，為已陷入窮途末路的日本法西斯張目，祈禱「大東亞戰爭之必勝」。〔註68〕賣身投靠日偽政權，是張鳴岐一生中的最大污點，1945 年 9 月 15 日（民國三十四年八月初十日）張鳴岐病死於天津，終年 71 歲。

（四）孫寶琦

孫寶琦在山東獨立後復又取消，清廷雖未予嚴譴，自己也無顏面再「忝居」巡撫之位，遂將巡撫印信交給布政使胡建樞護理，稱病避入法國醫院。然山東取消獨立，竟使得南省「民軍大嘩」，特別是孫寶琦的鄉黨（浙江錢塘）至有「掘祖墳，殲族類，以泄公憤」之議，孫寶琦在醫院中還接到浙軍政府的詰問電，更覺羞愧難當，不禁有「君親兩負，不可為人」的慨歎。〔註69〕兩面不討好的孫寶琦迭次電請辭職，12 月 17 日（十月二十七日）

〔註67〕護國戰爭時，龍濟光玩弄假獨立的陰謀以緩和民軍的進攻，為解決宣佈獨立後以廣東護國軍的名義存在的民軍和龍軍的協調問題，4 月 12 日，龍派代表與廣東護國軍司令徐勤以及陸榮廷和梁啓超的代表湯覺頓在海珠召開協調會議。會上，龍方代表竟然提出「取消護國軍的名義，將護國軍併入警衛軍」的要求，引起雙方爭執。龍軍警衛軍統領顏啓漢、賀文標竟野蠻射殺湯覺頓、譚學衡（陸軍少將）、王廣齡（警察廳廳長）等人，時人稱之為海珠慘案。

〔註68〕天津《華北新報》，1945 年 3 月 28 日。（轉引李新、孫思白：《民國人物傳》第 2 卷，北京：中華書局，1980 年，第 199 頁。）

〔註69〕《山東假獨立資料》，中國科學院歷史研究所第三所：《近代史資料》總 8 號，1956 年第 1 期，北京：科學出版社，1956 年，第 131 頁；中國史學會濟南分會編：《山東近代史資料》第 2 分冊，濟南：山東人民出版社，1958 年，第 77 頁。

清廷諭令山東巡撫孫寶琦准予開缺，黯然神傷的孫寶琦遂離開山東，避居天津租界。

孫寶琦雖然服官十數年，甚或封疆，然「持躬廉正」，又生性豪爽，時常扶危濟困，避居天津租界後，身無長物、又無積蓄的孫寶琦生活窘困，竟然依靠親朋好友接濟、甚至借債抵押度日，〔註 70〕不得已與親家慶親王奕劻合作經商，開設了一家橡皮輪公司。

袁世凱當政後，孫寶琦受邀復出。1912 年 12 月任稅務幫辦，充日本專使，既可以實心任事，又可以貼補家用；1913 年 9 月，熊希齡組閣，孫出任外交總長，正可謂「人盡其才、物盡其用」。孫寶琦任上與俄國談判外蒙古問題，11 月 5 日（十月初八日）訂約，俄國承認中國對外蒙古的主權，而中國則同意外蒙古自治。1914 年 2 月，熊希齡辭職，孫寶琦任代總理。1915 年 1 月，日本人提出滅亡中國的「二十一條」，孫寶琦不願迎合袁世凱稱帝陰謀，拒絕簽字，去職。1916 年 4 月，孫寶琦復出任段祺瑞內閣財政總長，旋因不同意中央銀行、交通銀行停兌幣券事，力爭不得，自行乞退。1922 年，中國派代表參加華盛頓會議，孫寶琦聯合「同志」，組織外交後援會，為廢除不平等條約、收回治外法權及租界等事宜積極奔走。1924 年，由總統曹錕提名任命為內閣總理，兼外長，任內與蘇聯建立了外交關係，與德國進行的索取賠款談判獲得成功。1924 年 7 月，孫寶琦因與財政總長王克敏在「金佛朗案」問題上不能取得一致意見，曹錕又極力袒護王克敏，孫即宣告去職。是年 10 月，段祺瑞重返政壇出任臨時執政後，特提名孫寶琦出任駐蘇聯大使，1928 年北伐成功後，孫辭職回國。此後，孫寶琦退出政壇，寓居上海。

孫寶琦在清末有過出使經歷，民國時期復出後多掌外交，但因為時運不濟，一方面國家衰弱，同時各派軍閥紛爭不止，孫寶琦空有報國之志，難以施展，故多次「憤而去職」，這是孫寶琦不入俗流、天性率真的個性使然，也注定了孫寶琦仕途坎坷的命運。孫寶琦除卻上述政界要職外，亦曾先後出任防災委員會主任、災害救濟局督辦、揚子江委員會委員長、漢冶萍公司及招商局董事長、中法大學董事長等職。1931 年 2 月 3 日（民國十九年十二月十六日），孫寶琦病逝於上海，終年 64 歲。

<hr>

〔註 70〕 王爾敏、吳倫霓霞：《盛宣懷實業朋僚函稿》（下冊），臺灣「中央」研究院近代史研究所資料叢刊（35），1997 年，第 1477 頁。（注：參閱孫寶琦致盛宣懷函·三十九）

（五）朱家寶

辛亥安徽獨立，朱家寶被舉為都督，數日後因入皖贛軍索餉滋事，朱乘機出逃，後由天主教會護送輾轉進京。朱家寶詳細向清廷奏陳了安慶失守的經過，「懇恩罷黜治罪」，1912 年 1 月 26 日（十二月初八日）朝廷降旨，予朱家寶「開缺聽候查辦」的處分。〔註 71〕由於朱家寶與袁世凱關係非淺，朱在京並未逗留，即銜命前赴安徽戰事最為激烈的潁州一帶，佐助倪嗣沖與民軍對抗。

朱家寶到潁州以後，頓時掀起一股「逆浪」，據安徽都督孫毓筠 1 月 8 日（十一月二十日）發給南京、武昌、上海及各省都督「十萬火急」電稱：「據皖北確實急報，朱家寶率兵十五營到亳（州），倪嗣沖迎之入潁，……議和期內，諸賊舉動若此，顯係藉議和緩我之師，冀占長、淮，請速籌方略，飭北伐聯軍會合，戰地備攻，一面詰責袁世凱違約之罪。庚。」〔註 72〕隨後，廬州方面民軍司令張綸也發來一份類似急電：「袁世凱以停戰議和為緩南攻北之計，竟令倪嗣沖於十月二十四夜攻破潁州，……現朱家寶又受袁命令率兵十五營分紮亳州、太和、潁州一帶，與倪軍會合，計共二十餘營，……朱家寶假安徽巡撫名義，威嚇愚民，人心尤易震動，……速撥大軍助戰。」〔註 73〕江北北伐軍司令徐寶山則向《申報》、《時報》、《民立報》、《神州報》等報館拍發了籲請民眾「助戰」的公開電：「張勳逆賊受袁賊密使，偷行至固鎮，意圖暗襲天長；倪嗣沖於潁州焚殺姦掠，慘無人道；朱家寶則於六安假偽廷巡撫，蠱惑皖北愚民，江北大局危如累卵，……愛國健兒速與乎來！」〔註 74〕

於是乎，各方輿論對朱家寶展開了「聲討」，安徽青年軍在朱家寶未到潁州之前，接獲朱有可能再度蒞皖傳聞，即發表一公開長電，對朱家寶「諂媚」慈禧、結緣袁世凱以求進身的醜態進行了揭露，對朱家寶撫皖後鎮壓革命黨人、貪墨庫款的醜行給予了鞭撻，對朱家寶武昌起義後「誘使皖人獨立」，甘作袁世凱「桀犬」予以了聲討，「吾皖不振實家寶遺毒，有以致之。今若聽其再履皖地，是我三千萬之皖人無一人生存可也，謹與同胞約，家寶苟一旦來者，

〔註 71〕《安徽巡撫朱家寶奏摺》，中國史學會主編：中國近代史資料叢刊《辛亥革命》
　　　　（七），上海：上海人民出版社，1957 年，第 218 頁。
〔註 72〕公電：《申報》，1912 年 1 月 10 日。
〔註 73〕公電：《申報》，1912 年 1 月 13 日。
〔註 74〕公電：《申報》，1912 年 1 月 15 日。

吾三尺童子實將挾彈懷刃伺之於途。」〔註75〕1912 年 1 月 19 日（十二月初一日）駐寧雲南同鄉發表公電，認為朱家寶被舉為皖督後「藉故逃匿」以及「與逆賊倪嗣沖率清兵違約攻皖」事，使滇人蒙羞，乃以其「家族財產廬墓均在民國權力保護之下」相威脅，敦促其「剋期反正，以蓋前愆，倘敢怙惡不悛，殘害同胞，藉希虜廷之寵，吾滇人必以最後之手段待閣下，以謝全國而雪滇恥。」〔註76〕浙軍統制朱瑞因曾任職安徽督練公所，與朱家寶相識，亦致電朱家寶予以勸誡：清廷政教失修，我公未嘗不深恐論亡，嘗相談論，迄今民心激變，無法挽回。我公在皖有政聲，滿廷有賢聲，所以報舊政府對新國民者，本可如題而止。今公依附倪軍出入皖北，……甘冒天下之大不韙，誠恐滿不以為德，袁不以為功，身敗名裂，何樂而為之？〔註77〕更有直接冠名朱家寶「逃督」、「偽巡撫」甚至「漢奸」稱謂者，口誅筆伐，不絕於耳，因此朱家寶的這段經歷在馬其昶為朱家寶撰寫的墓誌銘中以及朱綸為其父編撰的「哀啟」中均未曾提及。

　　清帝遜位後，朱家寶暫時蟄居天津，及至袁世凱「當選」臨時大總統，朱家寶復起用為倉場總督，1913 年 1 月任參議院參議，1914 年 2 月，趙秉鈞被袁世凱毒殺，朱家寶接任直隸民政長兼署都督，後改稱巡按使、將軍。袁世凱稱帝時朱家寶授封為一等伯爵。1916 年 6 月，袁世凱病死，7 月巡按使、將軍改稱省長、督軍，9 月曹錕任直隸督軍，朱家寶專任省長。1917 年，朱家寶參加了張勳圖謀「復辟」的徐州會議，並作書介紹日本駐天津的一個少將，赴徐州會見張勳，7 月張勳擁遜帝溥儀復辟，授朱家寶為「民政部尚書」，朱頗為得意，旋復辟失敗，朱被迫亡命日本。1918 年北京政府赦免復辟帝制犯，朱家寶結束流亡生涯，回到天津，寓居貝子花園。

　　朱家寶進士出身，在直隸任內結緣袁世凱，被袁推崇為「近畿循吏第一」，此後仕途一帆風順，官至封疆，因是之故，朱家寶對袁世凱懷有深深的「士為知己死」的報恩思想，1917 年他在寫給張勳的信函中有稱：「值此是非淆亂，人心險詐，弟素性迂拙，豈能與為浮沉」，可見他對鼎革後的時局並不滿意，然自己之所以再度復出是因為「元首（指袁世凱）一再慰留，不得不黽勉從公」。〔註78〕他對大清王朝的逝去，從情感上還有依戀，這一點在他為自己民

〔註75〕公電：《申報》，1911 年 12 月 15 日。
〔註76〕公電：《申報》，1912 年 1 月 19 日。
〔註77〕要聞：《浙軍最近之報告》，《申報》1912 年 1 月 26 日。
〔註78〕《張勳藏劄》，中國科學院近代史研究所近代史資料編輯組：《近代史資料》總 35 號，北京：中華書局，1965 年，第 57 頁。

國入仕的辯白中可見一斑：「清帝之遜位也，國體更也，不忍以一姓之故苦萬民，是今之從政，與在昔國亡事二姓者別。」〔註79〕經過袁世凱、張勳的兩次「復辟」，朱家寶或許認識到了歷史潮流之不可逆轉，或許是出於對民國後政局變幻之不適應，他最終選擇了退隱，告別了他不再留戀的政壇。1923 年 9 月 5 日（民國十二年七月二十五日）朱家寶病卒於天津，終年 64 歲。

（六）錢能訓

辛亥陝西新軍舉義，護撫錢能訓逃匿，後被搜城士兵捕獲時，試圖以手槍自殺未遂，連發兩彈，傷及左肋，當即送至司令部，延醫治療，並派人照料。〔註80〕據說錢護撫自殺時，其幕僚許家瀚相從左右，許爲阻止錢自殺，以「太夫人在堂」予以勸慰，錢撫聞聽「痛極暈絕」，起事官兵乃「擁公去，強爲治療」，後又「欲強公起治陝事」，遭錢護撫婉拒：「吾不克盡吾職，乃至於此。今病甚，復何所裨於陝乎？」〔註81〕由此可見，錢能訓雖不能爲清廷鎮撫西安，但在「兵變」後曾以「自裁」的方式效忠清廷，且無意出任陝督，謀自身之富貴，對於護撫錢能訓實不能苛責過多，後錢能訓出潼關，逃回北京。

錢能訓在清末任官得徐世昌提攜較多，民國入仕也多與徐有關聯。1913 年 10 月錢出任熊希齡內閣內務次長，1914 年 3 月，任「約法會議」議員，是年 5 月，袁世凱改國務總理爲國務卿，由徐世昌出任，設政事堂於總統府，經由徐保薦，錢出任政事堂右丞，7 月兼任禮制館副總裁，助徐世昌處理政務，獲袁世凱賞識。1915 年元旦，錢授封爲中卿，10 月任平政院院長兼文官高等懲戒委員會委員長，1916 年袁世凱帝制活動失敗後，錢能訓平政院院長職務及文官高等懲戒委員會委員長職務均由周樹模接任。1917 年，未參與張勳復辟的錢能訓仍被授職農工部左侍郎。同年 12 月，錢出任王士珍內閣內務總長，兩個月後王士珍病辭，錢兼代總理月餘。1918 年 3 月，段祺瑞出任總理，錢

〔註79〕馬其昶：《雲南黎縣朱公墓誌銘》，卞孝萱、唐文權：《辛亥人物碑傳集》，北京：團結出版社，1991 年，第 468 頁。

〔註80〕朱敘五、黨自新：《陝西辛亥革命回憶》，中國人民政治協商會議全國委員會文史資料研究委員會：《辛亥革命回憶錄》第 5 集，北京：中華書局，1963 年，第 12 頁。（朱敘五、黨自新回憶中稱，錢能訓逃匿於田水井某宅；張鈁則說錢能訓是躲在他的副官家裏。）

〔註81〕曹秉章：《前國務總理幹臣錢公行狀》，卞孝萱、唐文權：《辛亥人物碑傳集》，北京：團結出版社，1991 年，第 330 頁。

蟬任內務總長職。是年 10 月，徐世昌就任總統，徐、段積不相能，段辭職，錢能訓任代總理，12 月錢能訓出任北洋政府第十四屆內閣總理兼內務總長。翌年春，巴黎和會上中國外交失敗，國內爆發「五四運動」，錢能訓在 6 月 12 日免去曹汝霖、章宗祥、陸宗輿三人職務後，遂引咎辭職。此後，錢能訓曾任蘇浙太湖水利工程事宜督辦、外交部顧問等職。1921 年 8 月錢能訓與熊希齡等發起組織華盛頓會議中國後援會，任主席。1924 年 6 月 5 日（民國十三年五月四日），錢能訓病逝於北京寓所，終年 56 歲。

（七）周樹模

辛亥遜清前周樹模稱病去職，在天津做短暫逗留後轉赴上海，蟄居法租界寶昌路，與一班落難「前清舊臣」交相往來，混跡於花草魚蟲之間，頗有隱世自得之意。1914 年 5 月，徐世昌出任國務卿，「必欲引重，使命往復，不獲辭」，〔註82〕周出任平政院院長、文官高等懲戒委員會委員長，時人對此多有譏諷，周樹模則以「士為知己者死」對答，稱「東海（指徐世昌）為我生平第一知己之人」。〔註83〕儘管如此，周樹模在袁世凱稱帝時拒絕授封一事表現出了自己特有的風骨。

1915 年袁世凱蓄謀稱帝，加封周為中卿，周拒絕不受，並辭去平政院院長一職，臨行前周樹模還勸誡黎元洪不要接受「武義親王」的封爵，據劉成禺《洪憲紀事詩本事簿注》記述：周樹模辭職出京，見黎告別，黎與周小飲於葡萄亭，論冊封武義親王事。周曰：「前清變民國，吾等皆清室舊臣，民國無君，以人民為君，予等無二姓之嫌，皆可廁身做官，今袁氏稱帝，予等事之，棄舊君而事叛臣，何以自解？予在前清，由翰林、御史、而巡撫，尚走避之，副總統在前清不過一混成協協統，入民國則位居二人，若有事故，則有一人之望，願副總統為民國計，為鄂人計，為本身計，堅決勿受此王封！」周樹模斷定：「袁氏所為，恐無喪日」，一旦接受冊封，則「身名俱廢」。〔註84〕在周的勸說下，黎元洪終於沒有接受的袁世凱的冊封，果不其然，帝制很快失敗。

〔註82〕 左紹佐：《清授光祿大夫建威將軍黑龍江巡撫周公墓誌》，卞孝萱、唐文權：《辛亥人物碑傳集》，北京：團結出版社，1991 年，第 415 頁。

〔註83〕 吳研人：《當代名人軼事大觀》，上海：世界書局，1921 年，第 39 頁。

〔註84〕 劉成禺：《洪憲紀事詩本事簿注》卷 2，沈雲龍：《袁世凱史料彙刊》（10），臺北：文海出版社，1966 年，第 19～20 頁。

1916 年 6 月黎元洪繼任總統，周復任平政院院長兼文官高等懲戒委員會委員長，旋於次年 2 月去職。1918 年 10 月徐世昌出任總統，擬提名周樹模為國務總理，未果。周從此退隱，與樊增祥、左紹佐等經常詩文唱和，有「楚中三老」之稱。1925 年 9 月 28 日（民國十四年八月十一日）周病逝於天津，終年 66 歲。

（八）增韞

辛亥浙江光復，增韞被起義民軍捕俘，為解決杭城旗營問題，增韞應革軍要求兩次致函將軍德濟，勸其投降。增韞在湯壽潛出任民軍都督後，得以恢復人身自由，不久即由杭州攜帶家眷赴滬，軍政府尚贈予增韞五千元的安家費，令人可惜的是增母在赴上海的旅途中不幸猝死，相對於那些事前把家眷「妥善」安置的督撫而言，增韞可謂用另外一種方式回報了自己對清王室的效忠，儘管他已經清楚地知道王室沒落的命運已經非人力可為。1911 年九月底，清廷對增韞做出革職處分，11 月 24 日（十月初四日）增韞攜家眷進京寓居。增韞曾於 1905～1908 年任職直隸按察使、布政使，結緣袁世凱，是故民國改元後，增韞於 1914 年 7 月受邀出任參政院參政，1916 年袁世凱帝制失敗，增即奔赴東北張作霖處。增韞當年任職東北時對張作霖有招降之恩，張因此對增也非常尊敬，但增韞無意為官，遂在張作霖支持下倡辦實業，一時頗具名望。偽滿洲國建立後，增韞又受故主遜帝溥儀邀請，任參議院參議、哈爾濱佛教會會長等職，不久即退隱，1946 年卒於哈爾濱。

辛亥鼎革督撫群體中民國後再度入仕者 8 人，其中總督 3 人，巡撫 5 人，他們入仕的途徑大同小異，客觀因素均是受邀於曾經的「同僚」、現如今當政的袁世凱大總統，主觀因素則是受到功名利祿的誘惑與驅動。根據其個人內心對大清王朝的眷戀程度不同，復出時他們內心的痛苦與掙扎力度也各異，趙爾巽、周樹模、朱家寶等應該說是對清王朝懷有深厚情感之人，為了尋找內心的平衡，或者為了掩人耳目，他們還要為自己再度入仕尋找一些藉口。相對於功名利祿之心較重的李經羲、張鳴岐而言，再度復出時其內心的痛苦與掙扎或許會緩和很多，李經羲也屬於世家子，但其叔父李鴻章「做官、做事」的理念應該對他有所薰陶、影響，張鳴岐則幾乎完全被功名利祿之心所吞噬。周樹模、朱家寶、李經羲等人經歷了民國再度入仕的風雨，特別是袁世凱、張勳的兩次「復辟」，對時局的認識還算清醒，沒有把自己迷失在民國混亂的官場中，很快選擇了抽身退隱。趙爾巽雖然終其一生沒有選擇退出政

壇，但他的內心對逝去的大清王朝的情感從他編纂的《清史稿》中可以處處顯現出來，如「我國」、「我朝」、「我軍」、「國初」等字樣隨處可見，完全是一幅大清朝臣民的口吻，《清史稿》是趙爾巽民國入仕的事業追求和精神支柱。就此而言，功名利祿之心最重的張鳴岐可謂一反面教材，張鳴岐民國入仕後兩次賣身投靠，第一次是袁世凱，第二次是日偽政權，如果說投靠袁世凱於大節無損的話，第二次則成為其人生中的一大污點。增韞的經歷與張鳴岐有些類似，先是在袁世凱當政時出任參政院參政，其後在偽滿洲國出任參議院參議，也算是有任「偽職」的記錄，然相較於張鳴岐我們多少可以對增韞有所諒解。他的兩次任職都是「參政、參議」類的閒職，這本身就表明其為官的主觀能動性並不是很高，儘管他出任過偽職，因為他旗人特殊的身份，追隨「故主」溥儀的成分應多過投身日本人，最重要的是他沒有干過什麼「壞事」。孫寶琦、錢能訓在民國為官都算是比較活躍的人，孫寶琦雖然也是世家子弟，但他有過兩次出使經歷，對西方憲政的理解較「同輩」要高出許多，他在遜清前的「共和籲請」與張鳴岐之輩的「政治秀」不可同日而語，民國為官算的上那個時期有良知的官員，是真正憑良心做事的人。錢能訓是以護撫身份迎接的辛亥「國變」，民國後入仕為官基本上是與徐世昌同進退，徐在清末對錢能訓即多有提攜，錢能訓從某種程度上也算是秉承了傳統讀書人「士為知己死」的人生信條而已。

結　語

　　1911 年 10 月 10 日（宣統三年八月十九日）武昌城頭一聲槍響，引爆了清末政局坍塌的「多米諾效應」，126 天之後，即 1912 年 2 月 12 日（宣統三年十二月二十五日）清王朝最後一位皇帝、年僅六歲的溥儀退位，滿族統治者結束了自己「入主中原」268 年的歷史，在中國延續了二千多年的封建社會也因此「壽終正寢」。作爲大清王朝統治階層中堅力量的地方督撫，在辛亥變局中的表現不盡人意，自 10 月 10 日（八月十九日）武昌首義起至 11 月 27 日（十月初七日）四川宣告獨立止，不足五十天的時間，二十二行省中有十五個省分相繼宣佈獨立，脫離清廷統治（山東宣佈獨立十二天後復又取消）。

　　辛亥鼎革涉及獨立省分督撫十六人，八人逃亡、四人反正、四人死難。逃亡、反正督撫已經用他們的行動表明了自身無意矢志效忠清王室的態度，就死難督撫而言，似乎也很難將他們完全歸類爲一心一意效忠清廷者，閩浙總督松壽、浙江巡撫馮汝騤死難前即曾有過順應民意的表示，署川督趙爾豐則是在「讓渡」政權民軍後死於非命。未宣佈獨立省分涉及督撫共計七人，其中河南巡撫寶棻（蒙族）、直隸總督陳夔龍、黑龍江巡撫周樹模在清帝遜位詔書頒佈前業已從督撫位置上請辭而去，寶棻之去職主因在於無力應對武昌起義後激變的地方局勢，陳夔龍、周樹模二人則是在清帝退位大局底定之際，於詔書頒佈前數日相繼去職，期間既有些許成分的無奈，也有對鼎革政局某種程度的理性認可。對清王朝雖有眷念之意，然仍可歸類爲陳、周之列的尚有陝甘總督長庚，陝甘地處偏遠，加之戰火阻隔，清帝退位詔書姍姍遲至，陝甘總督僚屬中有人勸誡長庚割據以觀形勢之變，長庚未予採納，斷然掛印而去。至於東三省總督趙爾巽、吉林巡撫陳昭常、新疆巡撫袁大化等在清帝

遜位後，駑馬戀棧，雖然各有情緣，奈何清王室運數不繼，他們也不得不最終退出歷史的舞臺。

武昌起義後任命的十九位督撫，有半數以上與重新掌控政柄的袁世凱個人關係密切，他們唯袁氏馬首是瞻，其效忠的對象已不再是大清王朝。非袁氏集團的其它繼任督撫，除陝西巡撫升允矢志效忠清王室之外，有的選擇隨波逐流，有的「積極」順從時局應變，唯一值得一提的是山西巡撫吳祿貞，雖然他在任僅僅三天，因為被打上了革命黨人的烙印，仍猶如流星劃過夜空一樣，閃現出另類的光芒。

辛亥鼎革之際的地方督撫林林總總共涉及四十三人，對地方變局掌控話語權者二十六人（陝西巡撫升允、河南巡撫齊耀琳、山西巡撫張錫鑾為武昌起義後接任巡撫），二十六人之中完全與清廷離心離德者並不多見。然辛亥變局中，這些位高權重的督撫未能挽狂瀾於即倒、扶大廈之將傾，在激烈的社會變革面前大多數人碌碌無為，應對乏術，究竟哪些因素制約了清末督撫作用的積極或正常發揮，個中緣由值得深究，這有助於我們更加清晰地瞭解和認識清末民初的社會嬗變。

一

清王朝是中國歷史上最後一個封建王朝，儘管傳統的儒家學說、正統的皇權思想作為主流的社會意識形態還在發揮作用，然毋庸諱言，鴉片戰爭以後，伴隨資本主義的生產方式出現且不斷壯大，建立在小農生產基礎之上的傳統意識形態也在不斷受到衝擊，維繫傳統社會的三綱五常道德準則對社會成員的約束力，隨著西方新思想的傳入慢慢出現了鬆動。

以晚清三位劃時代的督撫領軍人物曾國藩、李鴻章、袁世凱為例證，似乎可以窺見傳統道德的滑坡。近代思想家梁啟超對曾國藩、李鴻章、袁世凱曾有過如是評價：咸豐以後社會風氣的改變得力於曾國藩諸人的「道德改造政策」；繼之而起的李鴻章放棄了乃師的道德改造政策，代之以「功利改造政策」，專獎勵「一班只有才能不講道德的人物」；繼李鴻章而起的袁世凱「變本加厲」，以「富貴為本位」，明目張膽的專意提拔「一種無人格的政客」做他的爪牙，天下事遂「大糟而特糟」，〔註1〕梁氏之評價可謂一針見血。

〔註1〕丁文江、趙豐田：《梁啟超年譜長編》，上海：上海人民出版社，1983年，第1141～1142頁。

　　曾國藩、李鴻章科舉進士出身，他們本人、及其黏合在身邊的人骨子裏依然秉承著傳統的君臣大防之觀念。袁世凱起自「行伍」，「小站練兵」是袁氏集團發展之濫觴，袁世凱通過練兵的方式，利用幕僚、門生、鄉誼、姻親和結拜等手段把各色人等黏合在一起，「其心理中不知有清廷，而唯知有項城耳」。〔註 2〕徐世昌、朱家寶、齊耀琳、孫寶琦、張錫鑾、趙秉鈞、楊士琦等文職人員也有科舉功名，但這些人都是在投靠袁世凱之後，經袁的保薦而得以重用，因此，他們名義上是朝廷的官員，實際同袁世凱榮辱與共，帶有濃烈的封建人身依附關係。

　　晚清以降，內憂外患，綿延不絕，滿族當權者才能平庸，漢族督撫乘勢坐大，太平軍興為其拐點，其後六十年間，政局日非，朝綱不振。當權的慈禧太后為一群保守派分子所包圍，百日維新引發戊戌政變、義和團運動引發庚子「國變」，清廷決策呈現倒行逆施的態勢，由此引發統治階級內部的不滿與分化。庚子事變地方督撫不尊「王命」籌畫東南互保，很大程度上表現出統治集團內部政治理念的分化離析傾向。宣統改元後，繼承了巨大政治遺產的載灃等新權貴，缺乏社會改革進程中必需的政治智慧，不僅未能扭轉頹廢的官場習氣，反而因為肆意集權，加劇了地方督撫的離心運動。

　　在當時污濁的社會風氣下，官場上出淤泥而不染、潔身自好者實屬鳳毛麟角，多數人為謀得權位，竟相奔走於權臣門下。竊據高位的慶親王奕劻貪婪之名一時無兩，有清末「和珅」之謂，袁世凱與之沆瀣一氣，狼狽為奸。1907 年丁未政潮，時任軍機大臣的瞿鴻機聯合有「官屠」名號的岑春煊，與慶、袁集團抗爭，時人有所謂「清濁之爭」，即可概見朝臣及士大夫對袁世凱的風評如何。

　　私德不守，官德不彰。就清末督撫而言，有很多人想方設法攀附於慶、袁集團以圖富貴，有聯姻者（如馮汝騤、孫寶琦）、有拜乾親者（如陳夔龍、朱家寶），更有直接使用銀子通關者（如張鳴岐、沈瑜慶），正所謂八仙過海各顯神通。1908 年 11 月 14 日、15 日（光緒三十四年十月二十一日、二十二日），慈禧太后和光緒帝相繼殯天，使得原本風雨飄搖的大清王朝雪上加霜，因為懦弱被慈禧相中的醇親王載灃以攝政王的名義代三歲不到的兒子溥儀皇帝執掌朝綱，被私欲蒙蔽了雙眼的新權貴如載洵、載濤、隆裕太后之流拉幫

〔註 2〕　丁中江：《北洋軍閥史話》序言，北京：中國友誼出版公司，1996 年，第 9
　　　　　頁。

結派，爲了攬錢、爭權無所不用其極，國事日非，因改元宣統給人們帶來的新希望很快破滅。地方督撫對綱常名教漸失堅貞信念，對執掌政柄的清廷新權貴失去了希望，在辛亥變局中鮮有拼死效忠清王朝的表現，也就不足爲奇。安徽巡撫朱家寶在袁世凱的授意指使下，假意順從省諮議局士紳的要求，懸掛白旗，宣告獨立，也就不足爲怪。

袁世凱武昌起義後得以東山再起，當時擺在袁世凱面前的有三條道路可供選擇，其一是倣法當年的曾國藩全力剿殺辛亥革命黨人，做清廷的忠臣；其二是乘天下大亂之機，自成一派勢力，自立爲帝，建立一個新的王朝；其三是順應形勢，與革命黨人合作，共同推翻清王朝。袁世凱默察大勢，最終選擇了袁氏北洋集團與革命黨人合作的道路。袁世凱本身並沒有對清王朝效忠的堅定信仰，經歷過光宣之交的罷黜事件之後，袁世凱對清王室內心中更多的是憤懑，選擇與黨人合作，或許有其私欲的成分在起作用，但它卻是促進辛亥議和成功和清王朝滅亡的重要因素。作爲政治家來說，很少有人是沒有私欲的。評判歷史人物，是不能以私欲爲標準的，主要是看他對社會發展所做的貢獻，即他的行爲所造成的客觀結果。正如恩格斯所說：「歷史總是由行動和結果寫成的。對歷史活動家來說，它的動機對於全部結果來說，同樣地只有從屬意義。」〔註3〕

二

依照大清律例，督撫作爲地方大員，肩負守土職責，在戰事中戰守不力或臨陣脫逃必受嚴懲。現如今很多人將辛亥鼎革之際督撫與太平天國運動時期的地方督撫作比較，指責鼎革督撫群體失去了拼死效忠王朝的信念和決心。

太平天國運動時期，督撫因兵敗失地被殺、自殺者屢見不鮮，臨陣脫逃者亦均受到嚴懲。據統計，咸豐年間，太平軍轉戰湖北、江蘇、浙江、安徽等地，攻城掠地，清督撫因兵敗失地死難者計13人，其中自殺者7人；兵敗逃亡被治罪者9人，其中1人賜死、2人正法、2人論「大辟」、1人斬監候。清廷對於死難督撫，不僅議恤追謚，而且建專祀予以褒揚；那些受到處分的督撫，甚至累及子孫，如文華殿大學士、首席軍機大臣賽尚阿，奉命以欽差大臣督師圍剿太平軍，因勞師無功，被褫職治罪，三子亦一併革職。

〔註3〕 恩格斯：《路德維希·費爾巴哈與德國古典哲學的終結》，北京：人民出版社，1972年，第244頁。

　　郭衛東對咸豐元年至六年戰事激烈省分文武官員死難或受處分者有一概略統計：文官系統，七品（包括從七品）以上官員與太平軍有關而死亡者共有 429 人，其中被起義軍殺死或自殺者 372 人，因臨陣脫逃或作戰不力而被朝廷殺頭者 9 人，赴前線病故者（如林則徐等人）48 人。死亡的 429 人中，正三品以上（總督、巡撫、布政使等）計 63 人。除此之外，遭到朝廷革職、流放等各種處分者 555 人，死亡與遭處分者相加近千人。武官系統，清朝的武官系統分為兩個體系，一是八旗部份，正六品以上武官死亡者 260 人，因戰事不力受處分者 68 人。二是綠營部份，正三品以上的高級將領死亡人數 204 人，受處分人數 223 人。其中，最高級別的提督死亡 18 人，占全部水陸提督總數的 67%，總兵死亡 83 人，占全部總兵人數的 41%。這是一個很驚人的數字。因為清朝正式官員的數量並不是很多，全部文武官員合起來在 27000 人上下。〔註4〕

　　太平天國運動時期，清政府通過嚴格的獎懲制度，有效地強化了各級官吏對朝廷的向心力，反觀辛亥變局中督撫之作為，的確令人感慨良多。從武昌起義至清帝宣統退位，前後持續 126 天，宣告獨立的十五行省中，督撫參與「平叛」的成規模戰鬥只發生在三處：湖北武昌、雲南昆明、江蘇江寧，湖廣總督瑞澂、雲貴總督李經羲、兩江總督張人駿最後均「不敵而逃」。未發生激烈戰事的省分，督撫或不戰而逃、或懸白旗反正，眨眼之間，大清託付地方督撫的疆土易手。這種現象在當時即有人進行過評判，武昌起義後內閣法制院參議吳廷燮於八月二十七日（10 月 18 日）在上奏中發出嘖嘖之聲：「咸豐壬子武昌之失，撫臣而下司道府縣全城殉難，紳民之死者更不可數計。此無他，將吏知死官之義，士民報作育之隆。由死節之多，即可決恢復之易。今武昌之陷，奔逃迭報，殉節罕聞。此我國之大恥也。」〔註5〕

　　辛亥鼎革之際督撫及各級官員在變局中為朝廷拼死效忠者的確位數不多，相較之下，逃亡、反正則成為普遍現象，除卻其內心世界的價值觀發生改變外，這與清廷戰事獎懲不力也不無關係。湖廣總督瑞澂對此負有不可推卸的責任。在八月十九日夜武昌兵變之際，瑞澂懼戰心怯，攜妻小逃至楚豫

〔註4〕　郭衛東：《傾覆與再建——明中葉至辛亥革命政治文明》，北京：北京大學出版社，2009 年，第 6～8 頁。

〔註5〕　《宣統三年八月二十七日內閣法制院參議吳廷燮奏摺》，中國史學會主編：中國近代史資料叢刊《辛亥革命》（五），上海：上海人民出版社，1957 年，第 428 頁。

軍艦，致使武昌落入革命軍之手，依照大清律法理應予以嚴懲，朝廷官員對此也多有籲請，然瑞澂憑藉妻兄鎮國公載澤之護祐，僅落得一革職處分。後瑞澂先斬後奏，逕自順流而下，由漢口而九江，由九江至上海，躲進租界。10月29日（九月初八日）清廷諭令兩江總督張人駿速將瑞澂拿解進京，交法部嚴訊治罪。張人駿派人交涉不果，後因時局變化，終未奏效。瑞澂成功逃脫懲罰，首開惡例，為其它逃亡督撫大員所效法，清廷鑒於瑞澂之先例，加之其後實無力執行對逃亡督撫之懲處，只得敷衍均暫以革職論處，即便如此，革職後的多數督撫並不即刻赴京領罪，而是暫避租界以觀風向，租界遂成為鼎革之際逃亡督撫避難的「天堂」。

　　功罪賞罰分明為治世之要訣，犯了錯誤的官員，沒有得到應有的處分，則導致其它官員心存僥倖。有罪不罰，有功不賞，是造成亂世之重要原因；而有罪難罰，有功難賞，則是亂世的一大徵兆。正所謂上樑不正下樑歪，獨立省分督撫表現也直接影響到轄境州縣官吏，如江蘇41個宣佈獨立的州縣之中，知府、知縣逃亡者15人，反正者10人，自動交印者7人，僅有兩人自殺。〔註6〕

　　辛亥年頻頻發生的官場亂象，足以證明時局之亂，足以證明清室之危。御史溫肅上奏中可謂切中時弊：「自湖北肇亂以來，地方官望風逃竄，幾不知國法為何物……未聞一人死節者……乃一月以來，既不追究其人，復不簡補其缺，以至各省效尤，不以為恥。不獨國紀蕩然，抑且人紀頓喪，如此安望軍事日有起色，應請立降諭旨，聲明諸罪狀，各省逃員，亦一律查辦，按律問擬，以警效尤。」〔註7〕言者諄諄，聽者藐藐，清廷當權者已無力迴天。這實際上也反映了大形勢下的人心向背，正所謂得人心者得天下，因是之故，張謇慨歎：「自古迄今，喪國未有若是之易者也。」〔註8〕

〔註6〕　王樹槐：《中國現代化區域研究：江蘇省》，臺灣「中央」研究院近代史研究所1984年，第156～157頁。
〔註7〕　中國第一歷史檔案館：《清實錄·附宣統政紀》第60冊，北京：中華書局，1987年，第1193頁。
〔註8〕　《（張謇）致鐵將軍書》，國家圖書館善本部編：《趙鳳昌藏札》第10冊，北京：國家圖書館出版社，2009年，第469頁。

表 15：太平天國運動時期（咸豐年間）督撫因戰敗死難、受懲處情況
　　　　一覽表

職　位	姓　名	經　　　　　　　歷	備　註
直隸總督	訥爾經額	咸豐三年，以直隸總督授欽差大臣督師圍剿太平天國北伐軍，九月北伐軍陷直隸臨洺關，京師震動，革職問罪斬監候。	滿洲正白旗
湖廣總督	程矞采	咸豐二年七月，因督戰不力致使湖南大部失陷，降三級革職留任。	
湖廣總督	徐廣縉	咸豐二年，太平軍攻長沙、陷岳州、犯武昌，徐廣縉被褫職逮問，籍其家，論大辟。	
湖廣總督	吳文鎔	咸豐四年正月，出兵黃州，戰敗自殺，諡文節。	
兩江總督	陸建瀛	咸豐二年太平軍進軍湖廣，充欽差大臣，督師九江，三年正月戰敗，退守江寧，革職抄家。二月，江寧城破被殺。	
兩江總督	祥厚	江寧將軍兼總督，咸豐三年二月江寧城破戰死，諡忠勇。	宗室
兩江總督	何桂清	咸豐十年，與太平軍戰於徽州、寧國，四月因棄守常州逃往上海，褫職逮京治罪，被殺。	
湖北巡撫	常大淳	咸豐二年十二月，太平軍攻陷武昌，殉難，贈總督，諡文節。	
湖北巡撫	崇綸	咸豐四年湖北戰事緊急，託病請辭，被褫職，六月武昌失守，逃，被劾治罪，自盡。	滿洲正黃旗
湖北巡撫	青麟	咸豐四年太平軍攻陷武昌，自殺未遂，逃至長沙，四年七月「傳旨正法」。	滿洲正白旗
湖北巡撫	陶恩培	咸豐五年三月，太平軍再克武昌，投蛇山紫陽塘自殺，諡文節。	
江蘇巡撫	楊文定	咸豐三年，奉命守江寧，二月江寧陷，退至鎮江，鎮江被攻破後革職論大辟。	
江蘇巡撫	許乃釗	咸豐四年六月以勞師無功被革職，後起用，咸豐十年，太平軍破「江南大營」，再度被革職。	

職　位	姓　名	經　　　　　歷	備　註
江蘇巡撫	吉爾杭阿	咸豐六年五月戰死於高資煙墩山，贈總督，諡勇烈。	滿洲鑲黃旗
江蘇巡撫	徐有壬	咸豐十年四月太平軍攻佔蘇州，城破被殺，諡莊愍。	
安徽巡撫	蔣文慶	咸豐三年正月，太平軍攻陷安慶，兵敗自殺，諡忠愨。	
安徽巡撫	李嘉端	咸豐三年九月兵敗革職。	
安徽巡撫	江忠源	咸豐三年十二月，太平軍攻克廬州，投水自殺，諡忠烈。	
署安徽巡撫	李孟群	咸豐八年七月，太平軍攻陷廬州，論罪革職，咸豐九年二月，太平軍攻陷六安，被殺。	
廣西巡撫	鄒鳴鶴	咸豐元年督師與太平軍戰於桂林，戰敗被革職，回本籍辦沿江防務，守江寧城，城破被殺，諡壯節。	
浙江巡撫	羅遵殿	咸豐十年三月，太平軍攻佔杭州，城破自殺，諡壯節。	
浙江巡撫	王有齡	咸豐十一年孤軍堅守省城兩月餘，十二月城破自殺，諡壯愍。	

資料來源：錢實甫：《清季重要職官年表》，北京：中華書局，1959 年；魏秀梅：《清季職官表》，臺灣「中央」研究院近代史研究所史料集刊（5）；趙爾巽等：《清史稿》，北京：中華書局，1979 年。

三

　　辛亥鼎革之際督撫未能在變局中挽狂瀾於既倒，實受主客觀條件的制約，這其中客觀條件從某種程度上則更多地限制了主觀能動性的發揮。辛亥變局中督撫面臨的「叛異」力量主體是新軍（新建陸軍），新軍原本是用來維護體制運作的重要組成部份，現如今由於革命黨人的滲透、宣傳，接受了新思想薰陶的新軍反成為埋葬清王朝的掘墓人，這是清當權者所始料未及的事，所以後人用「種瓜得豆」作比喻，可謂恰如其分。

　　清新軍編練最早可追溯到甲午喪師之後長蘆鹽運使胡燏棻借用西法編練

之定武軍，光緒二十年（1894 年）至二十四年（1898 年），清政府有感於舊軍之窳陋，著力打造了一支七萬餘人的武衛軍。〔註9〕可惜的是武衛軍在庚子國變中經由八國聯軍的沉重打擊，只有調防山東的袁世凱武衛右軍保存下來。庚子事變之後，清政府迫於各種壓力開始推行新政，編練新軍乃清末新政的重要舉措之一。

光緒二十七年（1901 年）七月，清廷詔令各省將原有制兵防勇限於本年內裁去十之二三，同時又令各省精選若干營，編練常備續備等軍，是爲新建陸軍；光緒二十九年（1903 年）十月清廷特設練兵處作爲全國練兵統籌機構，諭令慶親王奕劻爲總理大臣，直隸總督袁世凱爲會辦大臣。〔註10〕光緒三十年（1904 年）練兵處提出在全國編練三十六鎮常備兵之計劃，光緒三十三年（1907 年）又將三十六鎮編練計劃具體分配到各省，並明確了成軍期限。

清廷編練新軍的主要目的就是借機收回散落在地方督撫手中的軍權，然限於中央政府的財力空虛，不得不將編練新軍的任務交由地方來完成，圍繞新軍的管理、操控權力清廷中央與地方督撫展開激烈角逐。地方督撫多以財政困難爲由對新軍編練再三要求從緩辦理，而對於清廷嚴令裁汰的由地方督撫直轄的巡防舊軍則多方阻撓，紛紛以防內患爲由奏請酌留。不過，在皇權高度集中的時代，督撫畢竟還不敢公然違抗王命，在「汰舊練新」的諭令聲中，各省不得不蹣跚而行，地方督撫掌控的舊軍防營日趨邊緣化的命運不可避免。

新軍（新建陸軍）在編練之初的指導思想是厚餉制度，清經制綠營步兵月支銀一兩五錢，守兵月支銀僅爲一兩，馬兵月支銀二兩（包括馬乾），而清末新軍步兵月餉升至四兩五錢，炮兵四兩八錢，馬兵九兩（包括馬乾）。以當時的收入水準衡量，軍人的收入與社會其他階層相比還是相對較高的，當時一名普通教書先生年獲「束脩」也只有二三十金，優厚的薪金待遇成爲吸引年輕人從軍的一大動力。

新軍不僅實行厚餉制度，且新軍軍官比照當時的文官體例設置品級，其品級與對應的品級文職在體制、禮節、補官辦法、上奏許可權等方面通體，

〔註 9〕　劉鳳翰：《榮祿與武衛軍》，臺灣「中央」研究院近代史研究所集刊第 6 期，第 33 頁。（注：清光緒二十一年／1895 年，袁世凱從胡燏棻手中接管定武軍，其後擴容爲武衛軍之武衛右軍。）

〔註10〕　第一歷史檔案館編：《光緒宣統兩朝上諭檔》第 29 冊，桂林：廣西師範大學出版社，1996 年，第 324 頁。

甚至還可以擔任對應品級文職。因此，從軍成為清末入仕的一條捷徑，尤其是廢除科舉之後，更使得年輕人對投身軍營趨之若鶩。科舉時代，讀書人通過十年寒窗獲得進士功名，平均年齡約在 30～40 歲左右，方可有機會授予七品缺位，而在清末編練新軍的熱潮中，一般年輕人只要在武備學堂學習兩年，畢業後即可以獲得與七品官階相當的職位，況且那個時期由於全國各地大練新軍，軍官奇缺，軍事院校特別是留日士官生幾年內就可以晉升到中高級軍職，甚是令人豔羨。進入新式學堂接受新式教育的年輕人，樂於接受新思想、新觀念，無形中為革命思想的傳播提供了土壤，革命黨人又適時把目光轉向新軍，積極向新軍滲透，加快了新軍「變異」力量的發展。

編練新軍是清末新政的「一大成果」，因財力限制，清廷將編練新軍的權利下放給各省督撫，同時為「集權」需要，又將新軍的操控權收歸中央。雙軌管理體制下的新軍弊端叢生，新軍士兵「滋事生亂」在清末已成為司空見慣的事情，廣州新軍可以因議價「細故」與前來勸撫的巡警發生衝突，蘇州新軍可以因不滿營官責罰翌日於戲館內借機生事，杭州新軍可以因站員索票不令入內「遊觀」橫生事端，更有新軍士兵因賭博、冶遊等情事而「滋事生亂」者。〔註11〕新軍滋事的「種因」暫且擱置不論，雙軌管理體制使得地方與中央在責任分擔上有了扯皮的藉口，地方督撫對「滋事」新軍不想管、不願管、不敢管助長了新軍官兵的驕蹇之氣，處於邊緣化的舊軍防營遇新軍而氣餒的心理，使得督撫原本可以藉重的防護體系不復存在，新舊軍待遇上的差別又使得舊軍防營難免有不平衡、自卑等情緒，在新軍倡變的省分，地方督撫視全部駐省新軍為「假想敵」，非但棄之不用，反而想方設法嚴加防範，督撫所倚重的舊軍防營大多呈現一邊倒的態勢，少有激烈對陣情形，自然也在情理之中。

太平天國運動時期，作為「叛異」的力量太平軍來自體制之外，辛亥變局中各省「倡亂」新軍完全來自體制之內，體制內與體制外的「叛異」力量對政治體制運作的破壞力不可同日而語。清政府編練新軍原為消弱督撫軍權

〔註11〕 本國紀事：《廣東兵變紀事》、《蘇州徵兵滋事》，《國風報》第 1 年第 2 期，第 2～6 頁；《記載第一・中國大事記》，《東方雜誌》，第 7 年第 2 期，第 15～21 頁；《記載第三・中國實事匯錄》，《東方雜誌》，第 7 年第 7 期，第 198 頁；分類新聞・軍界：《標兵聚眾搗毀車站之真相》，《申報》1911 年 1 月 13 日；緊要新聞二：《福州又釀軍警交哄之大風潮》，《申報》1911 年 2 月 24 日；緊要新聞二：《標兵鬧事五花八門之真相》，《申報》1911 年 6 月 14 日。

計，孰料革命黨人的滲透，播散了變異的種子，為新軍革命屬性的轉化提供了契機。新軍舉義，清廷覆亡，是清王朝被動適應社會變革的必然結果。

四

　　地方士紳歷來是王朝統治力量的堅實基礎，而辛亥變局中地方士紳棄清廷於不顧，也成為制約地方督撫主觀能動性發揮的客觀條件之一。

　　甲午戰爭，清廷苦心孤詣建立的北洋艦隊全軍覆沒；在剿滅太平天國運動中建立赫赫戰功的湘軍、淮軍戰敗，同樣潰不成軍。購自國外的以及國內仿製的新式裝備，在陸戰中並未發揮出應有的效能。甲午戰後，割地賠款，警醒了激進的知識分子。他們認識到，僅僅學習西方的科學技術，引進堅船利炮，並不能使中國擺脫被侵略被奴役的命運。甲午戰後，效法西方國家，從制度層面上對中國社會做必要的變革，成為重要的社會共識。

　　生活在皇權專制統治下的思想激進知識分子，在對國家制度變革上的要求是通過效法德、俄、日等國家建立君主立憲政體，避免被列強宰割，使中國走上富強之路成為他們政治主張。但是，轟轟烈烈的戊戌變法，僅僅持續了百餘日，就因過多地觸動了專制集團的利益而夭折。支持變法的光緒皇帝被囚禁，主張變法的譚嗣同等人被殺，領導變法的康有為、梁啟超流亡海外，盛行一時的君主立憲理論成了歪理邪說。但是社會歷史的發展，並不會因為一時挫折而停滯不前。庚子事變後，清廷被迫實行制度改革，隨後更進一步頒佈了《預備仿行憲政》的諭令。從表面形式上來看，反對變法的頑固派不得不充當起變法派遺囑的執行人角色。

　　清末預備立憲雖然遭到很多詬病，但它「代表了當權的統治者所能達到的最高思想認識水平」。〔註12〕以朝廷的名義發佈的仿行憲政的諭令，極大地推動了憲政思想的傳播。在國家政體實行憲政，首先就是從限制至高無上的皇權入手，尊重民意，這為地方士紳權力的膨脹打開了方便之門。

　　雖然督撫群體中，真正能夠理解西方憲政思想精髓者只是極個別的少數人，但他們在民族危機、統治危機、個人危機多重壓力之下，對實行憲政表現出來的興趣，顯然超越了清廷新權貴試圖借助仿行憲政、重構至高無上皇權的預想。在憲政思潮的激勵下，在立憲派國會請願活動的推動下，多數督

〔註12〕黎仁凱：《近代中國社會思潮》，鄭州：河南人民出版社，1996 年，第 198 頁。

撫參與了宣統二年（1910 年）閣會聯銜電奏。作爲專制統治集團成員和專制統治支柱的督撫，本是革命黨人宣傳的政治革命以及立憲黨人主張的擴張「紳權」之天敵，但事實上他們基於維護自身利益反對清廷新權貴的需要，並沒有將革命黨人的政治宣傳視爲洪水猛獸，故有相當數量的革命黨人「混進」省諮議局。地方督撫在朝廷發佈仿行憲政諭令的引導下，逐漸接受了憲政改革，甚至放棄了對革命黨人在思想上的抵禦，更願意憑藉黨人政治宣傳所造成的壓力，迫使當權者出讓部份權力，以利於他們在地方上進行一些必要的社會改革。各省督撫在官制改革中，有意利用「紳權」對抗中央集權，爲紳權膨脹提供了空間與契機。各地諮議局的建立，爲地方士紳參與政治活動提供了制度平臺。

受仿行憲政思想鼓舞的各地士紳要求的「紳權」，在國家權力分配上與專制皇權是完全對立的。依靠清廷建立的各省諮議局爲制度平臺，主張紳權的的國會請願運動一浪高過一浪。初次登上政治舞臺滿懷政治熱情要求積極參與國家管理的士紳，卻被清廷拒之門外。這使得他們不僅沒有心灰意冷，而是更進一步與主張政治革命的革命黨人「合體」，用武力方式來強迫清廷接受其「政治革命」的意願，清王室統治權力的合法性已不復存在。

諮議局的設立是清末憲政改革的主要成果。非驢非馬的諮議局儘管有很多弊病，但地方士紳利用諮議局開啓了參政議政的進程。諮議局的設立，改變了傳統社會中地方士紳的角色地位。傳統體制下士紳主要作用是維護官府統治，是專制統治的組成部份，但清末諮議局設立後的士紳，已經成爲一股新興政治力量，他們已經不再滿足於從專制統治中分點殘羹剩飯，而試圖另起爐灶做他們自己主導地方事物、參與國家管理的盛宴。

清廷對發生變異的地方士紳的政治企圖，也保持了高度的警惕。清廷爲限制議員權力，曾對資政院、諮議局章程進行修訂。辛亥變局中，迫於灤州兵諫的壓力，不得不減輕了對「紳權」抑制。但這次大鬆綁，導致紳權更大規模的膨脹。在各省走向獨立的過程中，各界代表多假諮議局議事或直接由諮議局改設軍政府，就是紳權變異的結果。地方士紳在理念上與革命黨人相去甚遠，趨利避害的抉擇卻讓他們在獨立浪潮衝擊下走上了所謂的「革命」道路，士紳的「背叛」讓地方督撫成了無源之水，即使有心效忠王朝，亦是徒喚奈何。辛亥變局中，革命黨人與新軍結合、諮議局紳與新軍結合、甚或革命黨人、諮議局紳、新軍三體合一來完成「獨立」大業，在十五個獨立省分中各有標本。

　　在獨立浪潮的衝擊下，北方未獨立省分的新軍、諮議局紳也偶有「異音」，但由於不同的地域政治、經濟等因素的影響與制約，北方未獨立省分的新軍、諮議局紳中孕育的「變異」力量較微弱。新的資本主義生產方式淹沒在小農經濟的汪洋大海中，新興資產階級力量微不足道；偶而出現的新思想的火花尚不能照亮籠罩在舊的保守意識的大地，經濟政治環境阻斷了革命黨人滲透宣傳，使得北方各省不能像南方獨立省分一樣「振臂一呼，應者景從」。

　　辛亥變局中的督撫遭遇到來自體制內「變異」力量的叛亂，諸多省分霎那間懸掛「白旗」，督撫之不作為，實在是自身免疫系統紊亂所致。作為王朝支柱的清督撫，其地位、出身決定了他們不可能成為自覺的革命者，在獨立浪潮的衝擊下，不論他們怎樣作出抉擇，其內心必定經歷了一番常人難以體會的痛楚折磨。鼎革之際督撫限於主客觀條件的制約，雖不能扶大廈之將傾，但階級屬性決定了他們無法完全超越傳統的「綱常名教」，當顢頇的清政府成為時代的「棄兒」，鼎革之際督撫在試圖擺脫情感與理性衝突時，其內心世界那種「左支右絀，左顧右盼，甚至進一步退兩步的窘態」，成為時代賦予督撫的特有「矛盾」。〔註13〕辛亥變局後倖存下來的遜清督撫，入民國後念念不忘大清、「徒勞復辟」者，故屬少數，然心懷「故主」，以遜清「遺臣」自居者在在皆是，即便民國改元後積極入仕者，其內心世界中也隱隱地為逝去的大清王朝保留著一塊「情感故土」。

〔註13〕賈小葉：《晚清大變局中督撫的歷史角色——以中東部若干督撫為中心的研究》，上海：上海書店出版社，2008年，第305頁。

附錄：辛亥鼎革之際督撫情況一覽表

督　撫	籍貫、生平	資　歷	結　局	備　註
陳夔龍（字筱石，號庸庵）	貴州貴築（貴陽）人，光緒丙戌科（1886年）進士，生於咸豐七年五月初三日（1857年5月25日），卒於民國三十七年七月十三日（1948年8月17日）。〔註1〕	歷任兵部主事（六品）、郎中、總理各國事務衙門章京、內閣侍讀學士、順天府丞、太僕寺卿等。光緒廿六年、閏八月，順府尹；廿七年、三月，豫布；十一月，漕督；廿九年、三月，豫撫；卅二年、正月，蘇撫；卅三年、七月，川督；卅四年、	辛亥鼎革，各省紛紛獨立，陳夔龍極力維護轄境統治，無論黨人起義、士紳「獨立」均未果；遜清前（宣統三年十二月十六日）引疾去職，寓居上海租界。1917年7月張勳復辟，被任命為弼德院顧問大臣，事敗，再無心政事，在滬上與陳三立、沈曾植等人組建	光緒元年（1875年）中舉（解元）。「美風儀，能文詞」；有「巧宦」之稱。慶親王奕劻乾女婿。

〔註１〕　陳夔龍出生日期主要有兩種説法：1855年和1857年（注：陳夔龍的生年依照《宣統朝上諭檔》王大臣年歲生日單（中國第一歷史檔案館編：《光緒宣統兩朝上諭檔》，桂林：廣西師範大學出版社，1996年，第35冊第9頁、第36冊第4頁、第37冊第3頁）推算當爲1861年。1855年之説見於嚴昌洪、李守毅所撰《陳夔龍》（李文海、孔祥吉：《清代人物傳稿》（下編）第五卷，瀋陽：遼寧人民出版社，1989年，第91頁）以及《中國歷史大辭典》（鄭天挺、榮孟源：《中國歷史大辭典・清史卷（下）》，上海：上海辭書出版社，1992年，第403頁）等；然1857年説更爲普遍，高振霄爲陳夔龍所撰《墓誌銘》（卞孝萱、唐文權：《辛亥人物碑傳集》，北京：團結出版社，1991年，第676頁）稱：宣統辛亥後三十有七年，陳「薨」於上海寓所，「春秋九十有二」，按照中國人「虛歲」計算年齡的方法，陳應當生於1857年；《民國人物小傳》之《陳夔龍》（原載《傳記文學》第四十四卷第四期，第143頁）則更爲明確：陳夔龍生於清咸豐七年五月初三日（1857年5月25日）；陳南萍在追憶祖父

督　撫	籍貫、生平	資　歷	結　局	備　註
		二月，湖督；宣元年、十月，直督；宣三年、十二月，病免。	詩社「逸社」，相互唱和，以風月自娛。1948 年於上海寓所去世，終年 92 歲。	
張人駿（字千里，號安圃，晚號湛存居士）	直隸（河北）豐潤人，同治戊辰（1868年）進士，生於道光二十六年正月二十九（1846年2月24日），卒於民國十六年正月初七日（1927年2月8日）。〔註2〕	歷任編修（七品）、御史、知府、給事中、候補道等。光緒十五年，外放桂平梧州鹽道；光廿年、十一月，粵按；廿一年、十二月，粵布；廿四年、七月，魯布；廿六年、十月，漕督；廿七年、九月，魯撫；廿八年、四月，豫撫；廿九年、三月，粵撫；卅一年、六月，署晉撫，九月實授；卅二年、正月，豫撫；卅三年、七月，廣督；宣元年、五月，江督；宣三年、十二，因病開缺。	依靠防營在江寧與民軍激戰數日，十月十二日（12月2日）失守，出逃，宣統三年十二月初五日（1912年1月23日）開缺，後寓居青島。參與1913年「癸丑復辟」計劃，張勳復辟時被授予協辦大學士，1914 年因日德之戰一度自青島移居天津，亦曾在青島組織詩文性質的「十老會」，1927 年於天津寓所去世，終年 82 歲。	同治三年（1864年）中舉。謹言慎行，端重老成著稱。與袁世凱爲兒女親家。諡文貞。

陳夔龍的兩篇文章中（《貴陽尋根並追記祖父陳夔龍》，《貴州文史叢刊》2005（3）；《追憶祖父陳夔龍》，《貴陽文史》，2008（5））亦均稱陳氏1857年生人。另外，陳夔龍於「宣統三年後甲子年（1924年）」所撰《夢蕉亭雜記》中起卷亦有云：「花陰深處，默數年華，忽忽已六十八甲子矣。」（陳夔龍：《夢蕉亭雜記》，北京：北京古籍出版社，1985 年，第 1 頁）寥寥數語亦可推及；陳夔龍1944 年所書《甲申生日自述》（載於《大眾》八月號，1944 年 22 期）詩句中「已迫桑榆八八年」，也明確向世人傳達了自己的生年信息，孫籌成更於該詩注解：庸庵宮保（陳夔龍，號庸庵居士）今年夏曆五月初三日，是其八十有八誕辰，曰「米壽」。陳夔龍去世日期見載於 1948 年《中國人物》上遺少的一篇文章《春秋人物·陳夔龍作古》（第 14 頁，文中明確提及陳氏七月十三日「仙逝」）。

〔註2〕 張人駿生卒年月見於《張人駿訃文》（張守中：《張人駿家書日記》，北京：中國文史出版社，1993 年，第232～233 頁）；《清代朱卷集成》（顧廷龍：《清代朱卷集成》第 31 卷，臺北：成文出版社，1992 年，第 419 頁）可以佐證張氏出生年月，但同樣在《清代朱卷集成》第 106 卷（第 169 頁）中，張人駿的生辰變成了道光己酉年正月二十九日。

督　撫	籍貫、生平	資　歷	結　局	備　註
長庚（伊爾根覺羅氏，字少白）	滿洲正黃旗人，監生，生於道光二十三年九月十五日（1843 年 11 月 6 日），卒於民國三年九月（1914 年 11 月）。〔註3〕	捐縣丞（八品）、候補知縣、直隸州知州、知府、候補道；光十二年、十月，伊犁副；十四年、正月，駐藏辦；十六年、五月，伊將；廿七年、七月，到京當差；十一月，成將；卅年，四月，署兵尚，十一月實授；卅一年、六月，伊將；宣元年、五月，陝督。	與升允組織「東征軍」，圖謀規復陝西，未果，清帝遜位，長庚封鎖消息，意欲籌謀供朝廷偏安一隅的陝、甘、新一體計劃，事泄，1912 年 4 月去職。「暗往」日本，回國後暫住山西大同，後返京隱居，1914 年去世，終年72 歲。	以知「西北」聞名朝野，一生和西北息息相關。諡恭厚。
趙爾豐（字季和）	漢軍正藍旗人，祖籍奉天鐵嶺，捐生（膽錄），生於道光二十六年七月	膽選知縣（1875年）、補同知、候補道等。光緒廿九年署四川成錦龍茂道、永寧道、建昌道；光緒卅二年、七月，川滇	特殊時期（川路風潮）出任川督，鼎革之際，在內外形勢逼迫下，意欲交出政權，從容抽身，然成都血案釀下的殺身	與趙爾巽為兄弟，一生受錫良「知遇」之恩。

〔註3〕 長庚生年有兩種說法：1843 年及 1845 年。1843 年之說見於長庚之子趙欣餘所撰回憶文章《回憶先父陝甘總督長庚在西北的四十餘年》（《文史資料選輯‧合訂本》第 41 卷，第 120 輯，北京：中國文史出版社，2000 年，第 83 頁。）；1845 年之說見於《清代官員檔案履歷全編》第四卷、二十七卷等（秦國經：《清代官員檔案履歷全編》，上海：華東師範大學出版社，1997 年，第 433、503頁，第 344 頁）以及《宣統朝上諭檔》王大臣年歲生日單（中國第一歷史檔案館編：《光緒宣統兩朝上諭檔》，桂林：廣西師範大學出版社，1996 年，第 35 冊第 9 頁、第 37 冊第 4 頁）。卒年也有兩種說法：1915 年和 1916 年。1915年之說見於《清史稿》「三年，遜位旨下，長庚乃將總督印交布政使趙惟熙而去，越四年卒」（趙爾巽：《清史稿》，卷四百五十三列傳二百四十，北京：中華書局，1977 年）；1916 年之說見於《清代人物傳稿》（下編）第九卷（羅明、潘振平：《清代人物傳稿》下編第九卷，瀋陽：遼寧人民出版社，1993 年，第 113 頁）及《中國近代史詞典》《長庚》詞條（陳旭麓主編：《中國近代史詞典》，上海：上海辭書出版社，1982 年，第 124 頁）。但據長庚幕僚武向晨回憶，長庚去世時「享年七十有二」（《清末陝甘總督長庚事略》，《文史資料選輯‧合訂本》第 41 卷，第 120 輯，第 107 頁），1916 年卒說與武向晨的回憶暗合；然蘇奎俊、孟楠所撰文章《伊犁將軍長庚評述》（《伊犁師範學院學報》，2005年第 2 期）則根據 1914 年的《大公報》所刊發的一則《長庚逝世》訃告，認定長庚卒於 1914 年，這與趙欣餘回憶中 1843 年生人說及武向晨「長庚享年七十有二」的回憶正相契合。

督　撫	籍貫、生平	資　歷	結　局	備　註
	二十五日（1846 年 9 月 15 日），卒於宣統三年十一月初三日（1911 年 12 月 22 日）。〔註4〕	邊務大臣；卅四年，二月，兼駐藏辦事大臣；宣三年、三月，署川督。	之禍，終於十一月初三日兵變時演化成眞。	
松壽（字鶴齡）	滿洲正白旗人，廩生，生於道光二十八年十一月十二日（1849 年 12 月 25 日），卒於宣統三年九月十九日（1911 年 11 月 9 日）。〔註5〕	選補工部筆貼試（1866 年）、捐員外郎、郎中、候補道等。光十六年、八月，陝西督糧道；光廿一年、閏五月，魯按；廿二年、四月，贛按；九月，寧布；廿四年、五月，贛撫；廿六年、八月，蘇撫；廿七年、正月，豫撫；廿八年、	辛亥遜清前，松壽意欲與民軍議和，無奈將軍樸壽執意決戰，兵敗，松壽仰藥自盡，樸壽被梟殺。	滿洲官員中資歷較深厚者。宣統三年九月兵敗自盡，諡忠節。

〔註4〕趙爾豐生卒年月見於《清代人物傳稿》（下編）第五卷（李文海、孔祥吉：《清代人物傳稿》（下編）第五卷，瀋陽：遼寧人民出版社，1989 年，第 98 頁），《民國人物傳》第六卷（宗志文、嚴加平：《民國人物傳》第六卷，中華書局，1987 年第 173 頁）亦持此說，《清代官員檔案履歷全編》（秦國經：《清代官員檔案履歷全編》，上海：華東師範大學出版社，1997 年，第六卷第 579 頁、第二十七卷第 704、705 頁）趙爾豐呈奏之履歷亦可證明。然《四川近現代人物傳》中所列《趙爾豐》傳（任一民主編：《四川近現代人物傳》第一輯，四川省社會科學院，1985 年，第 125 頁）卻稱趙爾豐生年爲道光二十五年（1845 年），《民國軍政人物尋蹤》（陳賢慶、陳賢傑：《民國軍政人物尋蹤》，南京：南京出版社，1991 年，第 7 頁）則贊成此說，至於趙爾豐被殺日期《辛亥殉難記》（吳慶坻、金梁：《辛亥殉難記》，《近代中國史料叢刊續編》第 82 輯第 39 頁）記述爲十一月初五日，且存疑。

〔註5〕松壽生年見於《清代官員檔案履歷全編》（上冊）（秦國經：《清代官員檔案履歷全編》，上海：華東師範大學出版社，1997 年，第四卷第 729 頁，第六卷第 66 頁）、《宣統朝上諭檔》王大臣年歲生日單（中國第一歷史檔案館編：《光緒宣統兩朝上諭檔》，桂林：廣西師範大學出版社，1996 年，第 35 冊第 9 頁、第 36 冊第 4 頁、第 37 冊第 3 頁），辛年月見於曹亞伯《武昌革命史正編》（《近代中國史料叢刊續編》第 86 輯，第 260 頁）、《中國革命記》（《中國革命記》第 4 冊，記事一第 8 頁）以及《中國近代史詞典》（陳旭麓主編：《中國近代史詞典》，上海：上海辭書出版社，1982 年，第 429 頁）等。

督 撫	籍貫、生平	資 歷	結 局	備 註
		正月，署兵左；四月，工左；七月、署熱都；廿九年、三月，熱都；卅一年、十一月，兵尚；卅二年、正月，工尚；九月，裁，改授察都，卅三年、正月，閩督。		
瑞澂（字莘儒）	滿洲正黃旗人，貢生，生於同治三年三月十三日（1864 年 4 月 18 日），卒於民國元年六月初六日（1912 年 7 月 19 日）。〔註6〕	刑部筆貼試（1885年）、主事、員外郎、記名道府等。光廿七年、九月，廣西九江道；上海道；光卅三年、八月，贛按；十一月，蘇按、蘇布；宣元年、五月，蘇撫；十月，署湖督；宣二年、五月，實授。	武昌「兵變」，瑞澂被迫出逃，避難楚豫軍艦，後一路經由漢口、九江逃至上海。清廷憤而下令將瑞澂革職拿辦，隨著滿清遜位得免。逃亡上海的瑞澂避居哈同花園，1912 年 7 月因氣喘病發作，卒於上海寓所。	琦善孫，恭鏜子，與載澤爲姻親，滿洲官員中之「能吏」。
張鳴岐（字堅白，號韓齋）	山東無棣人，舉人，生於光緒元年七月二十九日（1875 年	光廿四年，入岑春煊幕，充文案，號稱岑之「智囊」，在岑官運亨通之際，張亦被保舉至道員，光卅	辛亥遜清前，黨人與地方士紳籌謀獨立，張鑒於形勢，有允意，及至漢口光復，幡然變色，惜	光緒二十年（1894 年）中舉，長於文案，善於鑽營，爲晚清大

〔註 6〕 瑞澂生辰年月《民國人物小傳》（原載《傳記文學》第四十卷第四期，第 146 頁）認定同治二年正月十七日，但根據《清代官員檔案履歷全編》（秦國經：《清代官員檔案履歷全編》，上海：華東師範大學出版社，1997 年，第六卷第 393、685 頁，第二十八卷第 54 頁）以及《宣統朝上諭檔》王大臣年歲生日單（中國第一歷史檔案館編：《光緒宣統兩朝上諭檔》，第 36 冊第 4 頁、第 37 冊第 3 頁）計算（注：「生日單」記載瑞澂生日爲三月十三日）瑞澂生年當爲同治三年（1864 年）；至於瑞澂卒年，據《清史稿》稱「瑞澂民國四年卒」（趙爾巽：《清史稿》卷四百七十一，列傳二百五十八，中華書局，1977 年，第 12814 頁），很多著述於此多有引用，但《清代人物傳稿》（林增平、李文海：《清代人物傳稿》（下編）第三卷，瀋陽：遼寧人民出版社，1987 年，第 83 頁）、《民國人物小傳》等均襲用「民國元年卒」之説，這與瑞澂夫人的回憶也相吻合（《廖光玉老人談瑞澂》，《（上海）文史資料選輯》1980 年第 1 輯，第 94～103 頁），池秀雲編撰的《歷代名人室名別號辭典·增訂本》亦稱瑞澂「同治三年生，民國元年卒」可爲佐證（池秀雲編撰：《歷代名人室名別號辭典·增訂本》，太原：山西古籍出版社，1998 年，76 頁）。

督　　撫	籍貫、生平	資　　歷	結　　局	備　　註
	8 月 29 日），卒於民國三十四年八月初十日（1945 年 9 月 15 日）。〔註7〕	年，任廣西太平思順道；光卅一年、六月，署桂布；卅二年、十一月，實授，旋署桂撫；卅三年、四月，實授；宣二年、九月，署廣督；宣三年、三月，實授。	人心離散，廣州宣告獨立時，悄然去職赴港。袁世凱執政後，掛名高等顧問。1913 年 10 月出任廣西民政長、後改爲廣西巡按使；1915 年 7 月，調任廣東巡按使。1916 年袁世凱稱帝，上表勸進，受封爲一等伯。護法運動中調節龍、岑衝突不果，離粵去職，退居在上海法租界。1927 年遷居天津英租界，抗日戰爭時期公開投敵。1945 年病死天津，終年 71 歲。	吏中最年輕者。
李經羲（字慮生、仲仙（或仲宣、仲軒），號悔庵、蛻叟）	安徽合肥人，優貢生，生於咸豐九年二月十七日（1859 年 3 月 21 日），卒於民國十四年九月十八日（1925 年 11 月 4 日）。〔註8〕	光六年，以七品知縣用，捐道員，光十三年、四月，四川永寧道，任內加二品銜；丁憂，十九年、七月，湖南鹽法道；廿三年、五月，湘按；廿四年、七月，閩布；十二月，滇布；廿七年、三月，桂	辛亥昆明「重九」之役，新軍成建制「反水」，乃各省光復過程中戰鬥較激烈者，李逃匿，被搜出後禮送出境。李轉道香港至上海，不久遷居青島。1913 年參與組建「國事維持會」，11 月由袁世凱	李鴻章侄子，家族關係使得李經羲在晚清官場三十餘年「遊刃有餘」，主要官宦經歷西南邊陲。

〔註7〕 張鳴岐生卒年月見於《民國人物傳》（李新、孫思白：《民國人物傳》第二卷，中華書局，1978 年，第 194～199 頁）；《廣西曆史人物傳》第 5 輯（莫乃群：《廣西曆史人物傳》第 5 輯，1984 年，第 212～219 頁）。

〔註8〕 李經羲生年有多種不同說法：1856 年、1857 年、1859 年、1860 年、1861 年等。1856 年說見於《曇花一現李經羲》（張樸民：《北洋政府國務總理列傳》，臺北：臺灣商務印書館，1984 年，第 64 頁）；1857 年說見於《清代人物傳稿》（郭漢民、徐徹：《清代人物傳稿》（下編）第八卷，瀋陽：遼寧人民出版社，1993 年，第 135 頁），其依據爲《清代官員檔案履歷全編》（秦國經：《清代官員檔案履歷全編》，上海：華東師範大學出版社，1997 年，第四卷第 433 頁、五卷第 277、318 頁、六卷第 221 頁、第二十七卷第 668、669 頁）等；1859 年說見於《合肥李氏族譜》，《宣統朝上諭檔》王大臣年歲生日單（中國第一

督　撫	籍貫、生平	資　歷	結　局	備　註
		撫；四月，滇撫；廿八年、四月，開缺；十二月，署黔撫；卅年、四月，桂撫；卅一年、九，病解；宣元年、正月，雲督。	派充政治會議議員，12月任議長；1914年3月任約法會議議員資格審定會長，5月任參政院參政，10月任審計院長；1915年元旦，被袁世凱授爲中卿；袁稱帝時，被尊爲「嵩山四友」之一；1917年5月，由總統黎元洪任命爲國務總理，因各省督軍反對，至6月22日始就職；同年7月張勳復辟，李乃出逃天津，後寓居上海，自此心灰意冷，絕意政治。1925年病逝上海。	
趙爾巽（字次珊，號無補）	漢軍正藍旗人，祖籍奉天鐵嶺，同治甲戌科（1874年）進士，生於道光二十四年五月二十三（1844年7月8日），卒於民國十六年八月初八日（1927年9月3日）。	歷任編修、協修、監察御史、繁缺知府用等，光十一年、十二月，貴州石阡府知府；十四年，貴陽知府；十九年，貴東道；廿一年、三月，皖按；廿四年、五月，陝按；九月，甘新布；廿五年、八月，丁憂；廿八年、四月，晉布；十二月，湘撫；卅年、七月，署戶尚；十一月，留京當差；卅一	辛亥遜清前，趙爾巽在東三省總督任內於各派勢力間「縱橫捭闔」，在形勢威迫之際籌建保安會，一力維持轄境內治安，對東三省政治走向起到「定海神針」的作用，遜清後有總督改稱奉天都督，1912年底去職，避居青島。1914年，由袁世凱聘爲清史館總裁，主編《清史稿》，於1927年完	同治六年（1867年）中舉，趙爲官經歷豐富，善於應變，有較強的執政能力。

歷史檔案館編：《光緒宣統兩朝上諭檔》，桂林：廣西師範大學出版社，1996年，第36冊第4頁、第37冊第3頁）及《最近官紳履歷彙編》（《近代中國史料叢刊》第四十五輯，第39頁）支持此説；1860年説見於《民國人物小傳》（原載《傳記文學》第四十卷第四期，第148頁）；1861年説見於《清代朱卷集成》（顧廷龍：《清代朱卷集成》371卷，臺北：成文出版社，1992年，第115頁）。

督　　撫	籍貫、生平	資　　歷	結　　局	備　　註
〔註9〕		年、四月，盛將；卅三年、三月，川督；七月，湖督；卅四年、二月，川督；宣三年、三月，東督。	稿，成爲「二十五史」之一。1915年，袁世凱稱帝，尊爲「嵩山四友」之一；張勳復辟，任命爲弼德院顧問大臣；1925年，受段祺瑞禮聘出任善後會議議長、臨時參政院議長；1926年，馮玉祥國民軍退往南口後，與王士珍等人組織北京臨時治安維持會。1927年，病歿於北京，終年84歲。	
程德全（字雪樓，號本良）	四川雲陽人，廩（貢）生，生於咸豐十年六月五日（1860年7月22日），卒於民國十九年四月二十九日（1930年5月27日）。〔註10〕	光十七年，入愛琿副都統文全幕；光廿二年，議敘知縣；廿五年，入壽山幕；廿六年，以知州用；廿九年、十一月，署齊齊哈爾副；卅一年、四月，署黑將；卅三年、三月，署黑撫；宣元年、四月，署奉撫，六月實授；宣二年、三月，蘇撫。	辛亥遜清前程德全數次上奏清廷，希望通過「政治革命」挽大廈於既倒，在各省新軍倡變，紛紛宣告獨立的形勢下，程德全毅然「易幟」脫離清廷，成爲由督撫變身民軍都督之第一人。1912年南京臨時政府成立，任內務	程德全因機緣獲清廷賞識，庚子之後升遷之速，「清代一人而已」，且「以漢員而任旗官，爲有清一代所罕見」。

〔註 9〕　趙爾巽生卒年月見於《野棠軒文集》（奭良：《清史館館長前東三省總督、盛京將軍趙公行狀》，《野棠軒文集》卷三，《近代中國史料叢刊》第 17 輯，第 11 頁）；卒年參考王介藩：《岱粹抄存》（引自田承軍：《趙爾巽家族與泰安》，《歷史檔案》，2005 年第 2 期，第 99 頁）。另：中華民國史資料叢稿·譯稿第八輯《民國名人傳記辭典》第二分冊《趙爾巽》詞條記述趙的出生年月爲 1844年 7 月 7 日，疑似有誤，備存。

〔註10〕　程德全卒年有兩種說法：民國十九年四月二十九日及民國十九年五月二十九日。四月二十九日說見於《海潮音》（1930 年 11 卷第 5 期第 18 頁）；《中華民國名人傳》（賈逸君：《民國名人傳》，長沙：嶽麓書社，1993 年，第 166 頁）；《民國人物小傳》（原載《傳記文學》第二十二卷第四期，第 8 頁）。民國十九年五月二十九日說見於《清代人物傳稿》（李文海、孔祥吉：《清代人物傳稿》（下編）第五卷，瀋陽：遼寧人民出版社，1989 年，第 122 頁）；《民國人物傳》第四卷第 82 頁；黃炎培：《辛亥革命史之一人——程德全》（《人文月刊》，1931 年第 2 卷第 1 期）等。在蘇邊撰寫的《民國首任江蘇都督程德全》

督　撫	籍貫、生平	資　歷	結　局	備　註
			總長，曾與張謇等先後組織統一黨、共和黨。民國後，復任江蘇都督。二次革命後，退出政界，晚年隱居上海，皈依佛教，受戒於常州天寧寺，法名寂照，1930年病逝於上海，終年71歲。	
朱家寶（字經（金）田，號墨農）	雲南寧州（華寧）人，光緒壬辰科（1892年）進士，生於咸豐十年十一月十四日（1860年12月25日），卒於民國十二年七月二十五日（1923年9月5日）。〔註11〕	歷任禮部主事，光廿五年、五月，外放直隸平鄉縣知縣；廿六年、七月，新城縣知縣；九月，南和縣知縣；廿八年、正月，雄縣知縣；五月，灤州知州；六月，保定知府；卅一年、八月，直隸通永道；卅二年、正月，蘇按；卅三年、三月，署吉撫；卅四年、二月，實授；六月，皖撫。	武昌起事後，朱家寶憑藉張勳調撥的江防兩營據守安慶，成功狙殺黨人發動的新軍起義，並迫使安慶新軍解散，後因袁世凱電授機宜，地方士紳亦乘機鴟噪，朱順勢宣告安徽獨立，任民軍都督，後因入安慶之贛軍索餉滋事，出逃。袁世凱任臨時大總統，朱任倉場總督；1913年1月，出任參議院議	直隸任內獲袁世凱賞識，結緣袁世凱；後又通過兒子結拜載振，結緣慶親王奕劻。

（《民國春秋》1998年第1期）一文中明確稱程德全卒於民國十九年陰曆四月二十九日，但蘇文中四月二十九日（陰曆）與6月1日（陽曆）之間的轉換出現了較爲明顯的「不對應」（失誤），四月二十九日（陰曆）當對應的是5月27日（陽曆）。五月二十九日說或許與5月27日有著某種人爲書寫方面「失誤」的關聯，也未可知。

〔註11〕　朱家寶籍貫有三說：雲南寧州、雲南黎縣、雲南華寧。三說實爲一地，並不矛盾，寧州原屬雲南臨安府，故朱家寶《殿試朱卷》中自稱：「雲南省臨安府寧州人」，民國二年（1913年）寧州更名爲寧縣，次年則改名爲黎縣，民國二十年（1931年）又改稱華寧縣。朱家寶卒年，梁錦秀、酒烈芳：《朱家寶其人其事》一文（《雲南方志》1992年第1期）稱朱家寶1923年6月5日在天津病殁，這裡的6月5日似乎是9月5日的「失誤」，朱家寶之子在《先嚴哀啓》中明確指出朱家寶卒於「九月初五日午時」；來新夏《北洋軍閥史稿》（武漢：湖北人民出版社1983年，第406頁）與《民國軍政人物尋蹤》（陳賢慶、陳賢傑：《民國軍政人物尋蹤》，南京：南京出版社，1991年，第40頁）在言及朱家寶卒年時，均稱朱卒於民國十七年（1928年），這與朱家寶之子所說的1923年亦有出入，王學莊《十種辭書工具書民國人物生卒年訂補》（《近代史

督　　撫	籍貫、生平	資　歷	結　局	備　註
			員；1914 年任直隸省民政長兼直隸都督，後改稱巡按使、將軍；袁世凱稱帝時，受封爲一等伯；1916 年曹錕任直隸督軍，朱改任直隸省長，不久辭；1917年，朱參加了張勳等醞釀復辟的「徐州會議」，復辟後，授「民政部尚書」，復辟失敗，逃亡日本；1918年朱回抵天津，閒居貝子花園；1923 年病卒，終年 64 歲。	
孫寶琦（字慕韓，晚署孟晉老人）	浙江錢塘（杭州）人，廕生，生於同治六年三月二十二日（1867 年 4 月 26 日），卒於民國十九年十二月十六日（1931 年 2 月 3 日）。〔註12〕	歷任刑部主事，捐道員，光廿一年、八月，直隸總督王文韶奏調北洋差委辦理洋務，後又因李鴻章奏調勘理河工；庚子年隨扈西安行在，辦理軍機處官電事宜；廿七年、七月，以三品卿銜出使法國；廿九年，兼使西班牙；光卅年，上書	辛亥遜清前，孫寶琦數次上書奏請政治革新，在形勢感召下首倡共和，然在山東回應武昌問題上表現謹愼，應黨人及新軍激進分子提議「奏請獨立」，被舉爲民軍總統，不久在新軍保守勢力逼迫下又宣佈取消，後稱病去職，退居天津租界。	晚清名臣孫詒經之子，與盛宣懷、慶親王奕劻、袁世凱均爲兒女親家，又與袁世凱爲盟兄弟。

研究》，1986 年第 3 期第 287 頁）一文對朱家寶卒於 1928 年說提出質疑，訂正爲 1923 年。（注：朱家寶在《清代朱卷集成》中稱生於咸豐庚申年八月二十二日／1860 年 10 月 6 日，第 77 卷第 155 頁。）

〔註12〕孫寶琦生卒年月見《民國人物小傳》（原載《傳記文學》第二十三卷第五期，第 119 頁）和包華德主編、沈自敏譯：《民國名人傳記辭典》（《民國名人傳記辭典》第九分冊，中華民國史資料叢稿第十二輯，第 142～143 頁），葉爾愷：《錢塘孫公神道碑》、沈衛：《前國務總理孫公墓誌銘》以及《孫慕韓先生碑銘手劄集》（《近代中國史料叢刊續編》第 45 輯，第 43、73 頁）爲之佐證。孫寶琦籍貫有錢塘縣、杭縣之稱，均爲今之杭州。（注：錢塘縣爲清杭州府附郭首縣，民國元年二月仁和、錢塘兩杭州府附郭首縣合併，更名爲杭縣。）

督　撫	籍貫、生平	資　歷	結　局	備　註
		首倡立憲，卅一、十月，回國；卅二年、八月，署順府尹；卅三年、三月，出使德國大臣；宣元年、五月，署魯撫，十月實授。	1913 年 9 月，任外交總長；1914 年 2 月，兼代總理。1915 年因反對日本提出的「二十一條」而去職。1916 年 4 月，任財務總長；6 月，兼任漢冶萍公司董事長及稅務督辦。1920 年春，任經濟調查局總裁。1922 年 4 月，華盛頓會議外交問題研究會副會長。1924 年 1 月，再次出任國務總理兼外交委員會委員長，任內與蘇聯建交，向德國索賠成功，後因金佛朗案與財政總長王克敏齟齬，去職。1925 年 2 月，任淞滬商埠督辦；同年 8 月，任駐蘇聯大使。1926 年任中法大學董事長。1931 年在上海病逝。	
陸鍾琦（字申甫，號少蓮）	順天宛平人，本籍浙江蕭山，光緒己丑科（1889 年）進士，生於道光二十八年（1848 年），卒於宣統三年九月初八日（1911 年 10 月 29 日）。〔註 13〕	中進士前曾充直隸撫寧縣教諭，後歷任編修、協修、纂修、提調、功臣館總纂官、記名道府等；光廿九年，江蘇蘇松糧道，卅三年、三月，蘇按；十一月，贛按；卅四年、二月，湘按；宣元年、五月，蘇布；宣三年、六月，晉撫。	陸鍾琦辛亥八月十六日接印履新，三日後武昌「兵變」，九月初一日，鄰省陝西亦變，陸在借助子光熙安撫太原新軍不果後，於九月初八日被亂兵戕殺，光熙亦同時死難。	陸曾做過攝政王載灃的老師，因緣得授晉撫，辛亥九月八日「兵變」殉難，諡文烈。

〔註 13〕　陸鍾琦生卒年月見於《清代人物生卒年表》（江慶柏：《清代人物生卒年表》，北京：人民文學出版社，2005 年，第 425 頁）及孫振汝：《陸鍾琦父子之死》（《山西文史資料選輯》第 19 輯，第 81～82 頁）。

督　　撫	籍貫、生平	資　　歷	結　　局	備　　註
張錫鑾（字金（今）波）	浙江錢塘（杭州）人，監生，生於道光廿三年二月初七日（1843 年 3 月 7 日），卒於民國十一年（1922）。〔註14〕	早年從軍（鮑超部霆字營），後因軍功保薦至同知銜知縣，光三年，補通化縣知縣；十年，錦縣知縣；十二年，錦州鳳凰廳同知；又因功保薦至候補知府、道員等；廿年、十月，東邊道兼全營翼長；廿一年、二月，補東邊道；廿二年，奏參革職；廿五年、二月，得缺，以道員用；廿七年、六月，福建興華府知府，直督袁世凱奏請以道員留用北洋；廿九年，復任東邊道兼全營翼長；卅三年，升署奉天度支使；卅四年，兼任淮軍全軍翼長；宣二年，乞退，宣三年、九月，晉撫。	辛亥遜清前繼任晉撫張錫鑾率軍西征，克娘子關，復據太原，為袁世凱穩定北方局勢立下漢馬功勞；後又依據袁氏需要，兩度電請共和，向清廷施壓；宣統三年十二月十四日遷奉天會辦防務，意欲取代趙爾巽，旋改東三省邊務大臣。入民國後，1912 年 3 月署直隸都督，9 月任東三省西邊宣撫使，11 月任奉天都督，並加陸軍上將銜，1913 年 6 月兼署吉林都督；1914 年 6 月任鎮安上將軍督理奉天軍務，兼管吉、黑兩省軍務，後受張作霖排斥，去職。1915 年 8 月調任彰武上將軍督理湖北軍務，因王占元反對未赴任。袁世凱稱帝時，封為一等伯，授將軍府振威上將軍，任參政院參政。帝制失敗，即賦開天津，1922 年病故，終年 80 歲。	仕宦以東北為主，武人出身，綽號「快馬張」，以強悍著稱，騎射功夫名震四方；他與袁世凱私交甚篤，是袁的老把兄。

〔註14〕　張錫鑾生卒年月見於《民國人物小傳》（原載《傳記文學》第三十八卷第四期，
　　　　　第 144 頁）、《中國歷史大辭典・清史卷（下）》（鄭天挺、榮孟源：《中國歷史
　　　　　大辭典・清史卷（下）》，上海：上海辭書出版社，1992 年，第 415 頁）等。
　　　　　注：陳志新、邵桂花在《北洋時期吉林軍民長官》（《吉林市文史資料》第十
　　　　　六輯，第 35 頁）一文中則稱張錫鑾生於道光二十三年二月十四日（1843 年 3
　　　　　月 14 日），1922 年病逝於北京，待查。張氏籍貫有稱浙江錢塘縣者，有稱杭
　　　　　縣者，實則並不衝突。（錢塘縣為清杭州府附郭首縣，民國元年二月仁和、錢
　　　　　塘兩杭州府附郭首縣合併，更名為杭縣。）

督　撫	籍貫、生平	資　歷	結　局	備　註
寶棻（字湘石）	蒙古正藍旗人，生員，生於咸豐六年七月（1856年8月），卒於民國八年正月（1919年2月）。〔註15〕	歷任筆帖式、即補主事、記名章京、員外郎、候補道等；光廿六年、八月，外放四川川東道；廿八年、七月，江西督糧道；廿九年、閏五月，補鄂按；六月，直按；卅一年、九月，浙布；卅二年、十月，晉布；卅三年、十二月，晉撫；宣元年、十月，蘇撫；宣二年、三月，豫撫；宣三年、十月，病解。	武昌「兵變」後，豫撫寶棻一方面派兵援鄂，一方面在河南積極佈防，然內憂外患著實令才能平庸的寶撫無力應對，既要防止鄰省變亂後兵匪竄入，又要鎮撫境內此起彼伏的亂萌，加之黨人對省城駐軍肆意鼓動，兵、餉俱絕的寶棻不禁心生退念，遂於十月十三日稱病辭職，豫布政使齊耀琳接任後回旗歸隱。	寶棻去職，齊耀琳繼任，符合袁世凱控制河南的戰略。
齊耀琳（字震岩，又作雲岩）	吉林伊通州人，祖籍山東，光緒乙未科（1895年）進士，生於同治二年（1863年），民國三十一年（1942年）去世。	庶吉士散館以知縣即用，光廿四年、八月，補直隸曲周縣知縣；廿八年、七月，調署清苑縣知縣；廿九年、閏五月，宣化縣知縣；卅年、二月，署遵化州直隸州；九月，補遵化州	遜清前繼任豫撫齊耀琳積極配合袁世凱「穩定」河南的策略，一方面積極出兵豫皖、豫陝邊界與民軍交戰，一方面強力鎮撫境內「變亂」勢力（張鍾瑞事件即一明證）。為配合袁世	直隸任內結緣袁世凱，由知縣迭經奏保直升至天津道。辛亥變亂，袁世凱為控制河南，安排齊耀琳由江蘇空降河

〔註15〕寶棻生卒年見於王學莊：《十種辭書工具書民國人物生卒年訂補》（《近代史研究》1986年第3期，第300頁）。寶棻生年《清代官員檔案履歷全編》（秦國經：《清代官員檔案履歷全編》，上海：華東師範大學出版社，1997年，第五卷第708頁、第六卷第426、533頁、第七卷第188頁）等對此可以佐證：寶棻卒年現見於白瑩的著述中：1.白瑩：《八旗蒙古大員寶棻主政山西研究》（博士論文，內蒙古大學，2012年6月）、2.白瑩：《寶棻任職川東道始末考》（《內蒙古大學學報》（哲學社會科學版），2011年第3期）、3.白瑩《辛亥革命中的寶棻》（《內蒙古社會科學》（漢文版），2012年第1期），白瑩的第1篇文章（第5頁）、第2篇文章（第34頁）均記錄寶棻卒年為1913年，第3篇文章（第70頁）卻記錄寶棻卒於1919年。寶棻旗籍問題：錢實甫《清代職官年表》（中華書局，1980年）中寶棻的旗籍均注明為（蒙），僅見於該書第1966頁，寶棻於光緒三十三年（1907年）由山西布政遷晉撫時，其旗籍注解改為了（滿），想必是該處出現了筆誤。

督　　撫	籍貫、生平	資　　歷	結　　局	備　　註
	〔註16〕	直隸州；卅二年、三月，補河間府知府；卅三年、五月，調補保定府知府；七月，調署天津府知府；卅四年、正月，補永定河道；二月，調補天津道；宣統元年、十一月，署直按；二月，授；宣三年、六月，蘇布；十月，豫布；同月，豫撫。	凱向清廷施壓，齊又與地方士紳配合，上演了一齣「請願共和而不獨立」的精彩表演。南北統一後，改任河南都督，因河南官紳反對，去職。1913 年 6 月，任吉林省民政長，1914 年 5 月，民政長更名為巡按使；同年 7 月，調任江蘇巡按使。袁世凱稱帝時，積極為袁鼓吹，授封一等伯。1916 年 7 月，由江蘇巡按使又改回省長職任，1917 年 7 月，曾一度兼代江蘇督軍，1920 年 9 月因授省議會彈劾去職。宦囊頗豐的齊耀琳寓居天津一段時間後不甘寂寞，又投資實業，曾出任天津耀華玻璃公司華方董事長，不久去職，抗日戰爭勝利後，又出任北京古學院經史會研究員，後去臺灣。	南，宣統三年十月順理成章接任豫撫。
錢能訓（字幹丞，又作幹臣）	浙江嘉善（一說嘉興）人，光緒戊	歷任主事、員外郎、郎中、監察御史等，光卅二年、九月，任	武昌「變亂」，西安人心惶惶，庚子兩宮西狩，陝人深受其	光緒十九年（1893 年）中舉，錢能訓由

〔註16〕 齊耀琳生年見於徐友春《民國人物大辭典》（石家莊：河北人民出版社，1991年，第 1338 頁）；魏秀梅：《清季職官表》（臺灣「中央」研究院近代史研究所史料叢刊（5），第 881 頁）；1942 年之卒年僅見於夏潤生等編注的《徐鼐霖集》（夏潤生等編注：《徐鼐霖集》，李澍田主編：《長白叢書》二集，長春：吉林文史出版社，1989 年，第 53 頁。）這一說法與《韓國鈞朋僚函劄名人墨蹟》中提及的齊耀琳 1949 年去臺灣明顯相悖（江蘇省檔案館編：《韓國鈞朋僚函劄名人墨蹟》，南京：東南大學出版社，2006 年，第 118 頁），且存疑。

督　撫	籍貫、生平	資　歷	結　局	備　註
	戌科（1898年）進士，生於同治八年（1869年），卒於民國十三年五月四日（1924年6月5日）。〔註17〕	巡警部左參；旋遷左丞；卅三年、四月，奉天左參贊；十二月，右參贊；宣元年、十二月，署順天府尹；二年、十一月，陝布；三年，閏六月，護陝撫。	禍，其時又有帝宮巡幸傳聞，黨人乘機活動，錢能訓以護撫身份，權威大打折扣，又與將軍文瑞難以和衷共濟，錢雖有意力求鎮撫，奈人心離散，九月初一日西安新軍起事，錢護撫曾持刃自戕，不死，逃匿。入民國後憑藉與徐世昌之關係，多次出任政府要職。1913年10月，任熊希齡內閣之內務次長。1914年3月，轉任「約法會議」議員，5月任總統府政事堂右丞。後歷任禮制館副總裁、平政院院長，袁世凱帝制時授予中卿。1917年12月任王士珍內閣之內務總長，1918年3月，繼任段祺瑞內閣內務總長，10月，代國務總理，12月，正式出任總理，仍兼內務總長。1919	京官得授實缺，且數年間升至三品地方大員，得徐世昌之力甚多。

〔註17〕 錢能訓生年有兩種說法：同治八年（1869年）說與同治九年（1870年）說。同治八年說見於曹秉章《前國務總理幹臣錢公行狀》（卞孝萱、唐文權：《辛亥人物碑傳集》，北京：團結出版社，1991年，第327～331頁）、徐世昌：《錢能訓墓誌》以及《浙江人物簡誌》（浙江省社會科學研究所編：浙江簡誌之二《浙江人物簡誌》（下），杭州：浙江人民出版社，1984年，第40～41頁）等，《清代官員履歷檔案》（秦國經：《清代官員檔案履歷全編》，上海：華東師範大學出版社，1997年，第七卷第692頁、第八卷第193～194頁）錢之呈奏支持同治八年說；同治九年說見於《民國人物小傳》（原載於《傳記文學》第四十卷第五期，第141頁）及《北洋政府國務總理列傳》（張樸民：《北洋政府國務總理列傳》，臺北：臺灣商務印書館，1984年，第68頁）等。錢之籍貫亦有兩說：一說為浙江嘉善人，一說為浙江嘉興人，分別見於上述著述中。

督 撫	籍貫、生平	資 歷	結 局	備 註
			年「五四運動」爆發，錢引咎辭職，後錢能訓曾出任督辦蘇浙太湖水利工程事宜、外交部顧問等職。1921 年 8 月，與熊希齡等發起組織華盛頓會議中國後援會，任主席。1924 年 6 月病逝於北京。	
升允（字吉甫，號素庵）	蒙古鑲黃旗人，光緒壬午科（1882年）舉人，生於咸豐八年（1858年），卒於民國二十年七月二十三日（1931年 9 月 5 日）。〔註18〕	歷任主事、章京、即補員外郎、捐知府、侯補道等；光十六年，以參贊身份出使俄國；廿三年，署陝安道；廿五年、正月，陝西督糧道；廿六年、四月，授晉按；閏八月，授甘布，旋調晉布；廿七年、二月，陝布；四月，陝撫；卅年、十一月，贛撫，旋調察都；卅一年、正月，閩督；三月，陝督；宣元年、五、開缺，三年，九月，署陝撫。	辛亥遜清前繼任陝西巡撫升允率軍東征，克長武、下彬縣，在乾州與民軍激戰，力圖東進規復咸陽、西安。與長庚等曾籌謀西北一體計劃，意欲迎清帝偏安西北一隅，清帝遜位，升允有意隱瞞封鎖消息，1912 年 3 月初東征軍得知清帝遜位音訊，無意再戰，7 日東征軍與民軍議和，升允迫不得已走醴泉，逃亡西寧。後升允與肅親王耆善等組建宗社	升允思想保守，宣統元年曾因反對立憲，被革職。武昌起義後，復任用陝西巡撫。死後諡文忠。

〔註18〕 升允生卒年月見於《清代人物傳稿》（羅明、潘振平：《清代人物傳稿》下編第九卷，瀋陽：遼寧人民出版社，1993 年，第 207 頁）、《辛亥人物碑傳集》（卞孝萱、唐文權：《辛亥人物碑傳集》，北京：團結出版社，1991 年，第 657 頁）、《民國軍政人物尋蹤》（陳賢慶、陳賢傑：《民國軍政人物尋蹤》，南京：南京出版社，1991 年，第 47 頁）等。升允旗籍有蒙古鑲黃旗及蒙古鑲藍旗之說，蒙古鑲藍旗說見於錢實甫《清代職官年表》（錢實甫編：《清代職官年表》北京：中華書局，1980 年，第 3131 頁）人名錄升允詞條。然同樣見於錢實甫《清季重要職官年表》（中華書局，1959 年）人名錄升允詞條（第 229 頁）則又注解為蒙古鑲黃旗，考之《清代官員履歷檔案》（秦國經：《清代官員檔案履歷全編》，上海：華東師範大學出版社，1997 年）第六卷第 84 頁及 614 頁，升允旗籍均為蒙古鑲黃旗。

督　撫	籍貫、生平	資　歷	結　局	備　註
			黨，運動滿清復辟。1913 年、1916 年和 1917 年多次勾結沙俄和日本，意欲招收馬賊和旗軍殘部，籌謀武裝叛亂計劃，企圖擁遜帝溥儀復位，均未得逞，1931 年病逝天津，終年 74 歲。	
袁大化（字行南）	安徽渦陽（蒙城）人，廩生，生於咸豐元年十一月十一日（1852 年 1 月 1 日），卒於民國二十四年十二月二十九日（1936 年 1 月 23 日）。〔註 19〕	光緒六年從軍，因軍功保案訓導、教諭，十五年、六月，李鴻章奏調漠河金礦差委；十六年、十一月，漠河金礦總辦；十七年報捐同知、知府；十八年、九月，李鴻章奏保二品銜候補道員；廿二年，奏參革職；廿三年、	武昌事起，遠在新疆的黨人意欲舉旗回應，袁大化極富經驗，成功鎮壓了迪化黨人籌謀的新軍起義，並派兵進剿伊犁民軍，清帝遜位，袁大化失去效忠對象，乃稱病離職，輒因南疆會黨起事，受命督辦南疆事宜，後	袁大化由廩生歷三十年升至封疆大吏，得助於兩人之力，一是李鴻章，二為袁世凱。

〔註 19〕 袁氏生卒年月有不同說法：生年為 1851 年說見於王大恒《袁大化一生》（《渦陽史話》第 1 輯，第 236～240 頁）及《民國人物大辭典》（徐友春：《民國人物大辭典》，石家莊：河北人民出版社，1991 年，第 647 頁）等，《清代官員檔案履歷全編》（秦國經：《清代官員檔案履歷全編》，上海：華東師範大學出版社，1997 年，第六卷第 402、681 頁、第七卷第 215、597 頁）袁大化所呈履歷亦證明其生年為咸豐元年（1851 年）；1852 年之說見於《清代人物傳稿》（羅明、潘振平：《清代人物傳稿》下編第九卷，瀋陽：遼寧人民出版社，1993 年，第 143～147 頁）、《新疆辛亥革命時期人物傳略》（湯永才：《新疆辛亥革命史料選編》，烏魯木齊：新疆人民出版社，1991 年，第 142～143 頁）及王家儉：《是清朝的忠臣還是民國的罪人？——對於末任甘新巡撫袁大化的歷史評價》（中央研究院近代史研究所編：《近代中國歷史人物論文集》1993 年，第 153 頁）等，王學莊《十種辭書工具書民國人物生卒年訂補》一文（《近代史研究》1986 年第 3 期第 302～303 頁）則稱袁大化「咸豐元年十一月」的出生年月恰逢西曆 1852 年元旦，化解了 1851 年和 1852 年兩個生年不同說法的難題。至於袁大化卒年見於《新疆辛亥革命史料選編》（湯永才：《新疆辛亥革命史料選編》，烏魯木齊：新疆人民出版社，1991 年，第 142～143 頁）及《清代人物傳稿》（羅明、潘振平：《清代人物傳稿》下編第九卷，瀋陽：遼寧人民出版社，1993 年）。至於王家儉行文中有稱袁大化卒於 1939 年者，現依據王學莊文中所說此乃「係根據袁幼時在故鄉傳聞所得」，應為時間記憶中的誤差誤傳。

督　撫	籍貫、生平	資　歷	結　局	備　註
		五月，開復原官；廿七年、四月，署清河道；廿八年、三月，補奉天東邊道；十一月，福建興泉永道；三十年、十二月，江淮徐州道；卅二年、四月，魯按；十一月，豫布；卅四年、二月，署魯撫；宣二年、十月，新疆巡撫。	因楊增新排斥，去新東歸，乃蟄居天津。入民國後，袁無意仕途，然張勳復辟時，曾授任爲「議政大臣」。1924年亦曾爲遜帝溥儀被逐出宮鳴不平。「滿洲國」成立，袁大化拒絕出任偽職。1936年1月，袁大化歿於天津，諡貞毅。	
增韞（字子固）	蒙古鑲藍旗人，附生（入監讀書），生於咸豐十年（1860年），卒於民國三十五年（1946年）。〔註20〕	以父蔭入監讀書，期滿知縣候選，光十六年投效奉天，廿年、二月，代理承德縣事、署鐵嶺縣事、錦縣事；廿二年、二月，補安東縣知縣；廿四年，調署承德縣知縣，襃獎候補同	武昌事起，盡己所能，爲朝廷鎮守疆域，奈何滿清氣數已盡，九月十四日夜，黨人鼓動新軍舉義，增韞被捕。識時務之增韞兩度函勸將軍德濟投降，然以失去母親的	增韞在直隸任職期間結緣袁世凱，作爲旗人督撫，增韞政聲一般，但仍不失開明，有「循吏」之譽。

〔註20〕　增韞生年見於《清代官員檔案履歷全編》（秦國經：《清代官員檔案履歷全編》，上海：華東師範大學出版社，1997年）第七卷第534～536頁；其卒年魏秀梅：《清季職官表》（臺灣「中央」研究院近代史研究所史料叢刊（5），第931頁）記述爲民國十年（1921年），與增韞出任偽滿洲國參議一事明顯「衝突」（金名世：《熙洽叛國投敵和日寇製造偽滿的經過》，《吉林文史資料選輯》第1輯，第13頁）。又，楊孝同：《增韞生平事略》記述增韞生年爲1860年6月28日，卒年爲1946年（遼寧省人民政府參事室、遼寧省文史文史研究館編：《文史資料》，1985年，第59～63頁）；同樣取材於遼寧省人民政府參事室、遼寧省文史文史研究館編《文史資料》另一篇文章則稱增韞生於咸豐十年六月廿八日（《附錄一：增韞生平事略》，新民縣志辦公室：《新民掌故》（1986年），第7～9頁），應係屬農曆和西曆鬧出的烏龍。增韞的旗籍有兩種説法：蒙古鑲藍旗和蒙古鑲黃旗。蒙古鑲黃旗説見於錢實甫《清季重要職官年表》（北京：中華書局，1959）附錄第248頁，魏秀梅：《清季職官表》（臺灣「中央」研究院近代史研究所史料叢刊（5），第718頁）以及《天津近代人物錄》（文史資料研究委員會編：《天津近代人物錄》，天津市地方史志編修委員會總編輯室，1987年，第373頁）。蒙古鑲藍旗説見於《宣統三年冬季職官錄》（《近代中國史料叢刊》第29輯，第1001頁），《清末民初中國官紳人名錄》（《近代中國史料叢刊三編》第80輯，第718頁）以及《清代官員檔案履歷全編》（秦國經：《清代官員檔案履歷全編》，上海：華東師範大學出版社，1997年，第七卷，第534～536頁）。

督　撫	籍貫、生平	資　歷	結　局	備　註
		知，又捐知府；廿八年、九月，署新民知府，保舉侯補道員；卅一年、三月，署奉天府尹，補授奉天驛巡道，仍署奉天府尹；九月，署鄂按，旋調直按；卅二年、六月，閩布；七月，直布；卅四年、四月，浙撫。	代價用另外一種方式回報了自己對清王室的效忠，十月，革職後的增韞攜家眷寓居京城。1914年7月出任參政院參政，袁世凱帝制失敗後，增韞移居東北；偽滿洲國建立後曾出任參議、哈爾濱佛教會會長等職，1946年卒於哈爾濱。	
馮汝騤 （字星岩）	河南祥符（開封）人，光緒癸未科（1883年）進士，生於同治二年十一月初九日（1863年12月19日），卒於宣統三年九月十八日（1911年11月8日）。〔註21〕	歷任戶部主稿、北檔房總辦、會典館纂修等；光十八年，充領班軍機章京；十九年，即補員外郎；廿一年、三月，員外郎；廿三年、四月，郎中；廿四年、八月，外放四川順慶府知府，未任，丁母憂；廿七年、五月，山東濟南遺缺府知府；八月，青州府知府；廿八年、十月，大名府知府；卅一年、二月，湖北鹽法武昌道；卅二年、三月，安徽寧池太廣道；十一月，甘按；	武昌「兵變」，九江回應，馮汝騤雖有安排，仍無濟於事，足見馮在人事關係協調方面有欠缺。後南昌風聲日緊，諮議局議長、議員多有逃亡，馮不僅不能對地方士紳予以安撫，反而失卻助力，黨人乘機「煽惑」，九月初十日起事，馮避匿，且拒絕出任民軍都督，走至九江自盡。	馮汝騤在直隸任內結緣袁世凱，並成為兒女親家。袁黨標籤使得馮汝騤仕途風順，然其九江自盡傳聞亦與此大有關聯。諡忠愨。

〔註21〕 馮汝騤生卒年月見於《清代朱卷集成》（顧廷龍：《清代朱卷集成》第31卷，臺北：成文出版社，1992年，第53卷第107頁）及張國淦：《辛亥革命史料》（《近代中國史料叢刊續編》第26輯，第213頁），《清代官員檔案履歷全編》（秦國經：《清代官員檔案履歷全編》，上海：華東師範大學出版社，1997年，第六卷，第270、504頁），《清代人物生卒年表》支持此說。（注：馮汝騤在《清代官員檔案履歷全編》（上冊）第六卷與第七卷、以及（下冊）第二十八卷所呈奏履歷年齡出現「不符」，據第七卷（第279、693頁）、第二十八卷（第540頁）呈奏履歷推算，其生年應為1860年，兩者相差三歲。）

督　撫	籍貫、生平	資　歷	結　局	備　註
		卅三年、二月，陝布；七月，浙撫；卅四年、三月，贛撫。		
余誠格（字壽平，號至齋，又字去非，號愧庵）	安徽望江人，光緒己丑科（1889年）進士，生於咸豐六年十二月初六日（1857年1月1日），卒於民國 16 年（1927）。〔註22〕	歷任編修、協修、監察御史、京師大學堂總辦、取繁缺知府等，光廿六年、正月，廣西思恩知府；廿九年、二月，南寧府知府、桂林府知府、署左江道；卅年、三月，太平思順道；卅一年、二月，桂按；卅二年、四月，桂布；卅四、十月，病解；宣元年、十二月，陝布；二年、十一月，鄂布；三年、閏六月，陝撫，未任旋調湘撫。	武昌「變亂」，鄰省湖南深受其害，余誠格於公於私，積極佈防，惜上任僅月餘，倉促間無法黏合對清廷漸漸失散之人心，諮議局議長譚延闓代表了地方士紳的價值取向。故二三黨人振臂一呼，軍民景從，防營統領黃忠浩履任僅三日，雖浮人望，亦無力迴天，竟慘死變兵亂刃之下，余無奈「洞逃」。革職後的余誠格最終選擇了上海租界作為自己的避居地。民國後，余曾組織安徽旅滬同鄉會並擔任會長，亦曾	余誠格御史任上以敢言直諫聞名，有「余都老爺」稱譽。後納賄慶王奕劻，又與袁黨攀上關係。

〔註22〕余誠格生卒年月分別有兩種說法：生年有 1856、1857 之分，個中原因源於余誠格生年中夏曆與西曆換算出現的差異，並無實質區分；至於余誠格出生的具體日期，《清代人物生卒年表》（江慶柏：《清代人物生卒年表》，北京：人民文學出版社，2005 年，第 337 頁）余誠格詞條記錄為「清咸豐丙辰六年十二月初六日」，這與《清代朱卷集成》（顧廷龍：《清代朱卷集成》第 31 卷，臺北：成文出版社，1992 年，第 67 卷第 113 頁）中余誠格自己的陳述也相吻合（注：余誠格在《清代朱卷集成》第 118 卷第 391 頁中生辰變成了咸豐丙辰十二月初七日）；不過陳少林新浪博客中有一篇文章《悲哀余誠格》，文末附錄作者辛苦找尋抄錄的《余氏宗譜》，宗譜中提及余誠格生年為清咸豐丙辰六年十二月初七日子時。余誠格卒年則有 1926、1927 之分，源自安徽文化網的一篇人物傳記文章《望江縣歷史人物傳記》提及余誠格卒於民國十五年，2010 年 2 月 21 日《安慶晚報》（安慶傳奇／A09 版）登載文章《清末巡撫余誠格》，亦稱余卒於民國十五年；而出自陳少林新浪博客《悲哀余誠格》所附錄的《余氏宗譜》稱余誠格「民國丁卯十六年歿」，然同樣見於陳少林《悲哀余誠格》一文，既見有余誠格生卒年月（1856～1927）的注釋，也出現了余誠格 1926 年「歿」於安慶天台里寓所的記述。

督　撫	籍貫、生平	資　歷	結　局	備　註
			於 1914 年出面辦理江皖賑災事宜；民國十年，受王亞樵等人「勒逼」，去滬回皖，移寓安慶，1927 年「歿」於天台里寓所，終年 71 歲。	
沈秉堃（字幼嵐）	湖南善化（長沙）人，監生，生於同治元年（1862 年），卒於民國元年十一月二十八日（1913 年 1 月 5 日）。〔註 23〕	或捐納或保案，由縣丞漸至候補知縣、候補知州、候補知府、候補道，光緒十五年、三月，授四川江安縣知縣；廿二年，成都縣知縣；廿五年，資州直隸州知州；廿九年，成綿龍茂道；卅三年、二月，甘按，旋調滇按；卅四年、正月，滇布；宣二年、九月，桂撫；三年、九月，廣西光復，任都督。	沈秉堃在辛亥廣西光復中並不起決定作用，完全視藩司兼防營統領王芝祥為轉移，在鄰近省分紛紛獨立，武昌戰事變幻莫測的形勢下，加之黨人、地方士紳聯合勸慰，沈、王決定順應輿論、民心，宣告獨立，出任民軍都督、副都督。後沈迫於壓力以率軍北伐名義離桂。入湖南後出任湘桂聯軍總司令，及抵達南京，積極追隨黃興、宋教仁等，後出任南京留守府高等顧問及國民捐督辦等職。1912	善阿諛、鑽營，故以監生得授封疆。軍機大臣鹿傳霖姻親。

〔註 23〕 沈秉堃生卒年月見於徐友春主編《民國人物大辭典》（徐友春：《民國人物大辭典》，石家莊：河北人民出版社，1991 年，第 429 頁）、《清末民初中國官紳人名錄》（《近代中國史料叢刊三編》第 80 輯，第 184 頁）、《民國軍政人物尋蹤》（陳賢慶、陳賢傑：《民國軍政人物尋蹤》，南京：南京出版社，1991 年，第 12 頁）及陶菊隱《北洋軍閥統治時期史話》（第 1 冊）（三聯書店，1957 年，第 153 頁）等。但《清末民初中國官紳人名錄》（《近代中國史料叢刊三編》第 80 輯，第 184 頁）沈秉堃詞條記述民國六年（1917 年）沈氏年齡為「五十六歲」，推算其生年雖與同治元年（1862 年）並無出入，但其卒年顯然存在不確定因素。另據《清代官員檔案履歷全編》（秦國經：《清代官員檔案履歷全編》，上海：華東師範大學出版社，1997 年，第六卷第 627 頁，第二十七卷第 690 頁）沈秉堃於光緒十五年呈奏之「履歷」推算沈氏生年當為咸豐四年（1854 年），而據光緒二十七年呈奏之履歷推算其生年則為咸豐五年（1855 年）。

督　　撫	籍貫、生平	資　　歷	結　　局	備　　註
			年 10 月，被臨時大總統袁世凱任命為浦口商務督辦，亦曾出任臨時參議院參議員。1913 年病逝於北京。	
沈瑜慶（字志雨，號濤園、愛蒼）	福建侯官（福州）人，乙酉（1885 年）舉人，生於咸豐八年十月二十九日（1858 年 12 月 4 日），卒於民國七年九月初二日（1918 年 10 月 6 日）。〔註24〕	光五年藉父蔭恩賞主事，十五年刑部行走，十七年捐道員江蘇試用，十八年，得江南水師學堂、洋務局、籌防局、大通鹽局等差；廿二年，經由張之洞奏保，候補道；廿六年、閏八月，淮揚海道；廿九年、閏五月，湘按；七月，順府尹；卅一年、二月，晉按；三月，粵按；卅二年、五月，贛布；卅四年、九月，開缺到京；宣元年、九月，黔布；三年、四月，豫布，旋調黔撫。	武昌事起，沈瑜慶心存幻想，希望清軍可以迅速「平叛」以定鼎局勢，無奈清室氣數已盡，自己治下的貴州也是亂象紛紛，原本有糾葛的地方派勢力自治學社、憲政會竟聯手起而要求獨立，地方官員意見不一，失卻制衡力量的沈撫迫不得已在兵變聲中交政於民，去職寓居上海。入民國後絕意仕途，與清朝遺老瞿鴻機、樊增祥、沈曾植等結「超社」，以飲酒吟詩為唱和。1913 年 3 月，赴孝定景皇后（隆裕）喪，1914 年 1 月，崇陵奉安，入都行禮。1915 年 3 月，受聘為福建通志局總纂修，實際事務皆由副總纂修陳衍負責，沈氏仍留居上海。1918 年，沈瑜慶病逝於上海虹口寓所，終年 61 歲。	晚清名臣沈葆楨之子。民國後，無意入仕，以清「遺老」的身份了卻辛亥鼎革後的歲月殘生。諡敬裕。

〔註24〕沈瑜慶生卒年月見於《濤園集》所附《沈敬裕公年譜》。（沈瑜慶：《濤園集》，《近代中國史料叢刊》第 6 輯，臺北：文海出版社，1967 年）

督　　撫	籍貫、生平	資　　歷	結　　局	備　　註
陳昭常（字簡墀，又字平叔，或日號簡墀）	廣東新會人，光緒甲午科（1894 年）進士，生於同治七年（1868年），卒於民國三年八月二十六日（1914 年 10 月 15 日）。〔註25〕	光十八年捐內閣中書，廿一年庶吉士散館，刑部部屬用；廿二年、九月，捐道員；廿三年，出使隨員；八月，奏保候補道，廣西補用，差委洋務局會辦；廿八年、正月，洋務局總辦、政務局會辦、大學堂監督；十月，署右江道兼總理右江營務處；卅二年、十月，郵傳部右丞；十二月，奏參開缺；卅三年、八月，賞副都統銜前往吉林延吉會勘界務；卅三年、十一月，署琿春副都統；卅四年、六月，署吉撫；宣元年、六月，實授。	辛亥遜清前傚仿趙爾巽在吉林組織保安會，維持吉林治安與穩定，袁組織內閣，逼載灃謝政，陳昭常電奏諫阻。辛亥遜清後陳昭常由巡撫變身為都督，1913年兼任吉林民政長，後因吉林地方議會反對去職，隨即調任廣東民政長，亦因廣東方面反對，無法履任，勾留上海，1914 年 10 月病辭，15 日病逝，終年 47歲。	光緒十五年（1889 年）中舉。工逢迎。吉林任內與吉林將軍富順結為兒女親家。後賄結慶親王奕劻。民國後曾加入共和黨。
周樹模（字少樸，號沈觀，又號孝甄，晚號泊園老人）	湖北天門人，光緒己丑科（1889年）進士，生於咸豐十年七月初四日（1860 年 8 月 20 日），卒於民國十四年八月十	光緒十六年庶吉士散館授編修，十七年廣東鄉試副主考，廿年、廿一年兩充會試同考官，廿八年江西道監察御史，卅年截取知府，卅一年載澤奏請隨同出洋考察政治，卅二年、四月，署江蘇提學使；	辛亥遜清前傚仿趙爾巽在黑龍江組織保安會，自任會長，以「清除內患，維持秩序，看守門戶」相號召，眼見事不可為，乃引病去職，蟄居上海。1914 年 5月，因徐世昌援引，出任北京政府平政	光緒十一年（1885 年）中舉。周樹模數年間升至封疆，一因得助於徐世昌，二則見賞於載澤，隨五大臣出洋考察憲政是為契機。

〔註25〕陳昭常生卒年月見於《清代人物生卒年表》（江慶柏：《清代人物生卒年表》，北京：人民文學出版社，2005 年，第 455 頁）。其生年於《清末民初中國官紳人名錄》（《近代中國史料叢刊三編》第 80 輯，第 398 頁）及《清代官員檔案履歷全編》（秦國經：《清代官員檔案履歷全編》，上海：華東師範大學出版社，1997 年，第六卷第 588 頁、第七卷第 272 頁）等陳昭常呈奏之履歷亦可證明，然《民國人物大辭典》（徐友春：《民國人物大辭典》，石家莊：河北人民出版社，1991 年）中陳昭常詞條所列其生年為同治六年（1867 年），且存疑。陳昭常卒年亦見於蘇久青：《陳昭常在清末吉林的內政改革和外交活動研究》（1907～1910 年）（碩士論文，東北師範大學，2006 年 5 月，第 3 頁）。

督　　撫	籍貫、生平	資　　歷	結　　局	備　註
	一日（1925年 9 月 28日）。〔註26〕	卅三年、四月，調署奉天左參贊；卅四年、二月，署黑撫；宣元、六月，實授。	院院長。袁世凱稱帝時，授周為中卿，拒不受，且辭去平政院長一職，暫避滬上，行前力勸黎元洪拒絕袁世凱「武義親王」之封爵。袁歿，黎元洪繼任總統，周返京復任平政院院長兼文官高等懲戒委員會委員長。1918年，徐世昌當選為總統，擬由周出任總理並組閣，未果，此後周即隱居不出。1925年病逝於天津，終年66 歲。	

注：辛亥鼎革之際督撫情況一覽表統計有 26 位督撫，其中總督 9 人，巡撫 17 人。原本 14 巡撫格局中因陝西巡撫楊文鼎未及履任，該省即宣告光復，故陝西巡撫以當時的護撫錢能訓替代；又，武昌起義之後清政府任命的 19 位督撫中，未到任者 5 人，任職不超過 20 天者 8 人，其餘 6 人任期時間為 1～3 個月，絕大多數徒有虛名，僅有張錫鑾、齊耀琳、升允三人履任後對地方政局發生了影響，該三人納入統計表中。

〔註26〕 周樹模生卒年月見於左紹佐：《周樹模墓誌》（卞孝萱、唐文權：《辛亥人物碑傳集》，北京：團結出版社，1991 年，第 413～416 頁），佐證於《民國軍政人物尋蹤》（陳賢慶、陳賢傑：《民國軍政人物尋蹤》，南京：南京出版社，1991年，第 31 頁）、《民國人物大辭典》（徐友春：《民國人物大辭典》，石家莊：河北人民出版社，1991 年，第 535 頁）等。周氏生年另有同治四年（1865 年）之說，見於《清代人物傳稿》（羅明、徐徹：《清代人物傳稿》（下編）第七卷，瀋陽：遼寧人民出版社，1993 年，第 160～163 頁）及《民國名人傳》（貫逸君：《民國名人傳》，長沙：嶽麓書社，1993 年，第 128 頁）。

參考文獻

一、歷史文獻

（一）檔案類

1. 故宮博物院明清檔案館：《清末籌備立憲檔案史料》，北京：中華書局，1979 年版。

2. 中國第二歷史檔案館：《中華民國史檔案資料彙編》第 1 輯，南京：江蘇人民出版社，1979 年版。

3. 第一歷史檔案館編：《清代檔案史料叢編》第 8 輯，北京：中華書局，1982 年版。

4. 中國第一歷史檔案館編：《光緒宣統兩朝上諭檔》，桂林：廣西師範大學出版社，1996 年版。

5. 第一歷史檔案館編：《清代軍機處電報檔案彙編》第三冊，北京：中國人民大學出版社，2005 年版。

6. 《督撫電奏・外務部收電薄》，中國第一歷史檔案館藏。

7. 《錄副奏摺》，中國第一歷史檔案館藏。

（二）文獻類

1. 黃鴻壽：《清史紀事本末》，民國三年石印本。

2. 劉錦藻：《清朝續文獻通考》，上海：商務印書館，1936 年版。

3. 宓汝成：《中國近代鐵路史資料》，北京：中華書局，1953 年版。

4. 中國史學會主編：《中國近代史資料叢刊・辛亥革命》，上海：上海人民出版社，1957 年版。

5. 朱壽朋：《光緒朝東華錄》，北京：中華書局，1958 年版。

6. 中國史學會濟南分會編：《山東近代史資料》第二分冊，濟南：山東人民出版社，1958 年版。

7. 戴執禮：《四川保路運動史料》，北京：科學出版社，1959 年版。

8. 中國史學會濟南分會編：《山東近代史資料選集》，濟南：山東人民出版社，1959 年版。

9. 中國人民政治協商會議湖北省委員會：《辛亥首義回憶錄》第一輯～第四輯，武漢：湖北人民出版社，1957～1961 年版。

10. 中國人民政治協商會議全國委員會文史資料研究委員會：《辛亥革命回憶錄》第一集～第六集，北京：中華書局，1961～1963 年版。

11. 揚州師範學院歷史系：《辛亥革命江蘇地區史料》，南京：江蘇人民出版社，1961 年版。

12. 徐義生：《中國近代外債史統計資料》，北京：中華書局，1962 年版。

13. 費行簡：《近代名人小傳》，《近代中國史料叢刊》第 8 輯，臺北：文海出版社，1966 年版。

14. 端方：《端忠敏公奏稿》，《近代中國史料叢刊》第 10 輯，臺北：文海出版社，1967 年版。

15. 程德全：《程將軍守江奏稿)，《近代中國史料叢刊》第 17 輯，臺北：文海出版社，1968 年版。

16. 周樹模：《周中丞（少樸）撫江奏稿》，《近代中國史料叢刊》第 19 輯，臺北：文海出版社，1968 年版。

17. 陳夔龍：《庸庵尚書奏議》，《近代中國史料叢刊》第 51 輯，臺北：文海出版社，1970 年版。

18. 尚秉和：《辛壬春秋》，香港：文藝書屋，1970 年版。

19. 慕壽祺：《甘寧青史略》（八），臺北：廣文書局，1972 年版。

20. 閔爾昌：《碑傳集補》，《近代中國史料叢刊》第 100 輯，臺北：文海出版社，1973 年版。

21. 張國淦：《辛亥革命史料》，《近代中國史料叢刊續編》第 26 輯，臺北：文海出版社，1974 年版。

22. 趙爾巽等：《清史稿》，北京：中華書局，1979 年版。

23. 中國人民政治協商會議湖北省暨武漢市委員會：湖北革命實錄館《武昌起義檔案資料選編》（上中下），武漢：湖北人民出版社，1981 年版。

24. 馮自由：《革命逸史》，北京：中華書局，1981 年版。

25. 中國人民政治協商會議廣東委員會文史資料研究委員會：《廣東辛亥革命史料》，廣州：廣東人民出版社，1981 年版。

26. 中國人民政治協商會議全國委員會文史資料研究委員會：《辛亥革命回憶錄》第七集～第八集，北京：文史資料出版社，1982 年版。

27. 中國人民政治協商會議全國委員會文史資料研究委員會：《晚清宮廷生活見聞》，北京：文史資料出版社，1982 年版。

28. 全國政協文史委員會：《文史資料存稿選編》（晚清北洋·上下），北京：中國文史出版社，2002 年版。

29. 張俠等編：《清末海軍史料》，北京：海洋出版社，1982 年版。

30. 袁世凱：《袁世凱奏議》，天津：天津古籍出版社，1983 年版。

31. 蔡冠洛：《清代七百名人傳》，北京：中國書店，1984 年影印。

32. 胡濱譯：《英國藍皮書有關辛亥革命資料選譯》（上、下冊），北京：中華書局，1984 年版。

33. 辛亥革命武昌起義紀念館、政協湖北省委員會文史資料研究委員會：《湖北軍政府文獻資料彙編》，武漢：武漢大學出版社，1986 年版。

34. 中國第一歷史檔案館：《清實錄·附宣統政紀》，北京：中華書局，1987 年版。

35. 王鍾翰點校：《清史列傳》，北京：中華書局，1987 年版。

36. 沃丘仲子：《近代名人小傳》，北京：中國書店，1988 年版。

37. 戴執禮編：《四川保路運動史料匯纂》（上中下），臺灣「中央」研究院近代史研究所，1994 年 6 月。

38. 秦國經：《清代官員檔案履歷全編》，上海：華東師範大學出版社，1997 年版。

39. 王爾敏、吳倫霓霞：《盛宣懷實業朋僚函稿》，臺灣「中央」研究院近代史研究所，1997 年 6 月。

40. 繆文遠主編：《西南史地文獻》第二十三卷（《雲貴督院李制軍電奏稿》），蘭州：蘭州大學出版社，2003 年版。

41. 章開沅、羅福惠、嚴昌洪：《辛亥革命史資料新編》，武漢：湖北人民出版社，2006 年版。

42. 桑兵主編：《各方致孫中山函電彙編》，北京：社會科學文獻出版社，2012 年版。

43. 杜永鎮：《武昌起義期間各處致袁世凱的函電及探報》，《中國歷史博物館館刊》1979 年第 1 期。

44. 歷史系中國近代史鄉土資料調查隊：《程德全〈撫蘇電稿〉選錄》，《揚州師院學報》1960 年第 9 期。

45. 曹亞伯：《武昌革命史正編》，《近代中國史料叢刊續編》第 86 輯，臺北：文海出版社，1981 年版。

46. 徐藝圃編選：《兩江總督張人駿辛亥電檔選輯》，《歷史檔案》，1981 年第 3 期。

47. 劉玉岐、張鳳蘭、趙雲鵬編選：《辛亥革命在奉天》，《歷史檔案》，1981 年第 4 期。

48. 葉志如編選：《武昌起義後清政府鎮壓西北地方革命活動電》，《歷史檔案》，1983 年第 3 期。

49. 方裕謹編選：《1912 年南北議和電報選》，《歷史檔案》，1986 年第 4 期。

50. 方裕謹編選：《辛亥革命在河南》，《歷史檔案》，1991 年第 3 期。

51. 丁進軍編選：《清末籌備立憲檔案史料補遺》，《歷史檔案》，1993 年第 3 期。

52. 丁進軍編選：《有關辛亥革命的幾件電報》，《歷史檔案》，1994 年第 2 期。

53. 高換婷編選：《清政府鎮壓武昌起義檔案》，《歷史檔案》，2011 年第 3 期。

54. 中國人民政治協商會議雲南省委員會文史資料研究委員會：《雲南文史資料選輯》第 41 輯，昆明：雲南人民出版社，1991 年版。

55. 中國科學院歷史研究所第三所編輯：《雲南貴州辛亥革命資料》，北京：科學出版社，1959 年版。

56. 貴州省社會科學院歷史研究所：《貴州辛亥革命資料選編》，貴陽，貴州人民出版社，1981 年版。

57. 中國人民政治協商會議貴州省委員會文史資料研究委員會：《貴州文史資料選輯》第 1 輯～第 7 輯，貴陽：貴州人民出版社，1979～1981 年版。

58. 中國人民政治協商會議河南省委員會文史資料研究委員會：《河南文史資料選輯》第 6、7 輯，鄭州：河南人民出版社，1981～1982 年版。

59. 中國人民政治協商會議甘肅省委員會文史資料研究委員會：《甘肅文史資料選輯》第 11 輯，蘭州：甘肅人民出版社，1981 年版。

60. 中國人民政治協商會議湖南省委員會文史資料研究委員會：《湖南文史資料選輯》第 15 輯，1982 年版。

61. 中國人民政治協商會議福建省委員會文史資料研究委員會：《福建文史資料》第 6 輯、第 27 輯，福州：福建人民出版社，1981、1991 年版。

62. 浙江省社會科學院歷史研究所、浙江圖書館編：《辛亥革命浙江史料續輯》，杭州：浙江人民出版社，1987 年版。

63. 中國人民政治協商會議新疆維吾爾自治區委員會文史資料委員會編：《新疆辛亥革命史料選編》，烏魯木齊：新疆人民出版社，1991 年版。

64. 中國人民政治協商會議福建省光澤縣委員會文史資料委員會：《福州文史資料選輯》第 20 輯，2001 年版。

65. 江西省政協文史辦:《江西文史資料選輯》第 39 輯,南昌:江西人民出版社,1991 年版。

66. 中國人民政治協商會議江蘇省暨南京委員會文史資料研究委員會:《江蘇文史資料選輯》第 7 輯,1981 年版。

67. 中國人民政治協商會議江蘇省委員會文史資料研究委員會:《江蘇文史資料選輯》第 40 輯,1991 年版。

68.《山西文史資料》編輯部:《山西文史精選‧晉省辛亥革命親歷記》,太原:山西高校聯合出版社,1992 年版。

69. 中國人民政治協商會議山西省委員會文史資料研究委員會:《山西文史資料選輯》第 19 輯,1981 年版。

70. 中國人民政治協商會議山西省委員會文史資料研究委員會:《山西文史資料》1991 年第 4～5 輯,總 76～77 輯。

71. 中國科學院歷史研究所第三所:《近代史資料》總 1 號,1954 年第 1 期,北京:科學出版社,1954 年版。

72. 中國科學院歷史研究所第三所:《近代史資料》總 2 號,1954 年第 2 期,北京:科學出版社,1954 年版。

73. 中國科學院歷史研究所第三所:《近代史資料》總 5 號,1955 年第 2 期,北京:科學出版社,1955 年版。

74. 中國科學院歷史研究所第三所:《近代史資料》總 8 號,1956 年第 1 期,北京:科學出版社,1956 年版。

75. 中國科學院歷史研究所第三所:《近代史資料》總 10 號,1956 年第 3 期,北京:科學出版社,1956 年版。

76. 中國科學院歷史研究所第三所:《近代史資料》總 11 號,1956 年第 4 期,北京:科學出版社,1956 年版。

77. 中國科學院歷史研究所第三所:《近代史資料》總 12 號,1957 年第 1 期,北京:科學出版社,1957 年版。

78. 中國科學院歷史研究所第三所:《近代史資料》總 15 號,1957 年第 4 期,北京:科學出版社,1957 年版。

79. 中國科學院歷史研究所第三所:《近代史資料》總 17 號,1957 年第 6 期,北京:科學出版社,1957 年版。

80. 中國科學院歷史研究所第三所:《近代史資料》總 18 號,1958 年第 1 期,北京:科學出版社,1958 年版。

81. 中國科學院歷史研究所第三所:《近代史資料》總 21 號,1958 年第 4 期,北京:科學出版社,1958 年版。

82. 中國科學院近代史研究所史料編譯組:《近代史資料》總 25 號,1961 年第 1 號,北京:中華書局,1961 年版。

83. 中國科學院近代史研究所近代史資料編輯組：《近代史資料》總 31 號，1963 年第 2 期，北京：中華書局，1963 年版。

84. 中國科學院近代史研究所近代史資料編輯組：《近代史資料》總 35 號，北京：中華書局，1965 年 9 月版。

85. 中國科學院近代史研究所近代史資料編輯組：《近代史資料》總 45 號，北京：中華書局，1981 年 8 月版。

86. 中國科學院近代史研究所近代史資料編輯組：《近代史資料》總 47 號，北京：中華書局，1982 年 3 月版。

87. 中國科學院近代史研究所近代史資料編輯組：《近代史資料》總 59 號，北京：中華書局，1985 年 5 月版。

88. 中國科學院近代史研究所近代史資料編輯組：《近代史資料》總 76 號，北京：中華書局，1989 年 12 月版。

89. 中國科學院近代史研究所近代史資料編輯組：《近代史資料》總 91 號，北京：中華書局，1997 年 6 月版。

二、文集、筆記、日記

1. 龐鴻書：《歸田吟稿、歸田詩餘》，鉛印本民國 12 年〔1923〕。

2. 陳昭常：《廿四花風館詩詞鈔》，鉛印本民國 19 年〔1930〕。

3. 沈瑜慶：《濤園集》，《近代中國史料叢刊》第 6 輯，臺北：文海出版社，1967 年版。

4. 袁大化：《撫新紀程》，《近代中國史料叢刊》第 10 輯，臺北：文海出版社，1967 年版。

5. 渤海壽臣：《辛亥革命始末記》，《近代中國史料叢刊》第 42 輯，臺北：文海出版社，1969 年版。

6. 胡思敬：《退廬全集》，《近代中國史料叢刊》第 45 輯，臺北：文海出版社，1970 年版。

7. 岑春煊：《樂齋漫筆》，《近代中國史料叢刊》第 66 輯，臺北：文海出版社，1971 年版。

8. 楊愷齡輯：《孫慕韓（寶琦）先生碑銘手扎集》，《近代中國史料叢刊續編》第 45 輯，臺北：文海出版社，1977 年版。

9. 吳慶坻、金梁：《辛亥殉難記》，《近代中國史料叢刊續編》第 82 輯，臺北：文海出版社，1974 年版。

10. 盛宣懷：《愚齋存稿》，《近代中國史料叢刊續編》第 13 輯，臺北：文海出版社，1975 年版。

11. 溥偉:《遜國御前會議日記》,《社會科學戰線》,1982 年第 3 期。

12. 孫寶瑄:《忘山廬日記》,上海:上海古籍出版社,1983 年版。

13. 章伯鋒、顧亞:《近代稗海》第 13 輯,成都:四川人民出版社,1989 年版。

14. 卞孝萱、唐文權:《辛亥人物碑傳集》,北京:團結出版社,1991 年版。

15. 勞祖德整理:《鄭孝胥日記》,北京:中華書局,1993 年版。

16. 張守中:《張人駿家書日記》,北京:中國文史出版社,1993 年版。

17. 張謇研究中心:《張謇全集》,南京:江蘇古籍出版社,1994 年版。

18. 卞孝萱、唐文權:《民國人物碑傳集》,北京:團結出版社,1995 年版。

19. 陳夔龍:《夢蕉亭雜記》,北京:北京古籍出版社,1985 年版。

20. 劉成禺:《世載堂雜憶》,北京:中華書局,1997 年版。

21. 胡思敬:《國聞備乘》,上海:上海書店出版社,1998 年版。

22. 黃濬:《花隨人聖庵摭憶》,上海:上海書店出版社,1998 年版。

23. 葉昌熾:《緣督廬日記》,南京:江蘇古籍出版社,2002 年版。

24. 惲毓鼎:《惲毓鼎澄齋日記》,杭州:浙江古籍出版社,2004 年版。

三、報刊雜誌

1. 《政治官報》第 1174 號～第 1370 號(宣統三年正月初十日～宣統三年閏六月／1911 年 2 月 8 日～1911 年 8 月 23 日)。

2. 《內閣官報》第 1 號～第 173 號(宣統三年七月初一日～宣統三年十二月廿五日／1911 年 8 月 24 日～1912 年 2 月 12 日)。

3. 《兩廣官報》第 1 期～21 期(宣統三年五月～八月)《近代中國史料叢刊續編》第 82 輯,臺北:文海出版社,1989 年版。

4. 《申報》110 冊～116 冊(宣統二年十二月～民國元年二月／1911 年 1 月～1912 年 3 月)。

5. 《大公報》14 冊～17 冊(宣統二年十二月～民國元年二月／1911 年 1 月～1912 年 3 月)。

6. 《東方雜誌》第 7 年第 1 期～第 8 卷第 12 號(宣統二年正月～民國元年六月／1910 年 3 月～1912 年 7 月)。

7. 《國風報》第 1 年第 1 期～第 2 年第 17 期(宣統二年正月～宣統三年六月／1910 年 2 月～1911 年 8 月)。

8. 《盛京時報》第 20 冊～第 23 冊(宣統三年七月～宣統三年十二月)。

9. 《中國革命記》第 1 冊～第 30 冊(上海自由社,1912 年版)。

10. 《越風》第二十期(紀念辛亥革命特刊)。

11. （臺灣）「中央」研究院近代史研究所集刊、專刊等。

四、著作類

1. 傅宗懋：《清代督撫制度》，張金鑒主編《臺灣「國立」政治大學政治研究叢刊》，第 4 種，1963 年版印行。

2. 鄒魯：《中國國民黨史稿》，臺北：臺灣商務印書館，1970 年版。

3. 周開慶：《四川與辛亥革命》，臺北：臺灣學生書局，1976 年版。

4. 拉爾夫·鮑威爾（陳澤憲、陳霞飛譯）：《1895～1912 年中國軍事力量的興起》，北京：中國社會科學出版社，1979 年版。

5. 錢實甫：《清代職官年表》，北京：中華書局，1980 年版。

6. 李宗一：《袁世凱傳》，北京：中華書局，1980 年版。

7. 章開沅、林增平：《辛亥革命史》，北京：人民出版社，1980 年版。

8. 張大軍：《新疆風暴七十年》（一），臺北：蘭溪出版社有限公司，1980 年版。

9. 馮祖怡：《貴州辛亥革命》，貴州：貴州人民出版社，1981 年版。

10. 粟戡時：《湖南反正追記》，長沙：湖南人民出版社，1981 年版。

11. 胡繩：《從鴉片戰爭到五四運動》，上海：上海人民出版社，1982 年版。

12. 李新主編：《中華民國史》第 1 編，北京：中華書局，1982 年版。

13. 楊世驥：《辛亥革命前後湖南史事》，長沙：湖南人民出版社，1982 年版。

14. 周錫瑞：《改良與革命——辛亥革命在兩湖》，南京：江蘇人民出版社，1982 年版。

15. 費正清、劉廣京：《劍橋中國晚清史》，北京：中國社會科學出版社，1983 年版。

16. 彭澤益：《十九世紀後半期的中國財政與經濟》，北京：人民出版社，1983 年版。

17. 羅爾綱：《晚清兵志》，北京：中華書局，1984 年版。

18. 王樹槐：《中國現代化的區域研究：江蘇省》，臺灣「中央」研究院近代史研究所，1984 年版。

19. 楊渭生：《辛亥革命在浙江》，杭州：浙江人民出版社，1984 年版。

20. 沈傳忠：《辛亥革命在陝西》，西安：陝西人民出版社，1986 年版。

21. 戴逸、林言椒等：《清代人物傳稿》（下編）；瀋陽：遼寧人民出版社，1984～1994 年版。

22. 金沖及、胡繩武：《辛亥革命史稿》，上海：上海人民出版社，1991 年版。

23. 張玉法：《辛亥革命史論》，臺北：臺灣三民書局，1993 年版。

24. 房德鄰：《清王朝的覆滅》，鄭州：河南人民出版社，1996 年版。

25. 戴逸、李文海：《清通鑒合集》，太原：山西人民出版社，2000 年版。

26. 周育民：《晚清財政與社會變遷》，上海：上海人民出版社，2000 年版。

27. 章開沅、馬敏、朱英主編：《中國近代史上的官紳商學》，武漢：湖北人民出版社，2000 年版。

28. 劉正偉：《督撫與士紳──江蘇教育近代化研究》，石家莊：河北教育出版社，2001 年版。

29. 倪俊明：《辛亥革命在廣東》，廣州：廣東教育出版社，2001 年版。

30. 劉偉：《晚清督撫政治──中央與地方關係研究》，武漢：湖北教育出版社，2003 年版。

31. 李細珠：《張之洞與清末新政研究》，上海：上海書店出版社 2003 年版。

32. 魏光奇：《官治與自治》，北京：商務印書館，2004 年版。

33. 江慶柏：《清代人物生卒年表》，北京：人民文學出版社，2005 年版。

34. 淩冰：《最後的攝政王──載灃傳》，北京：文化藝術出版社，2006 年版。

35. 楚雙志：《晚清中央與地方關係演變史綱》，北京：中共中央黨校出版社，2006 年版。

36. 賀覺非、馮天瑜：《辛亥武昌首義史》，武漢：武漢大學出版社，2006 年版。

37. 魯勇：《遜清遺老的青島時光》，青島：青島出版社，2006 年版。

38. 王開璽：《晚清政治新論》，北京：商務印書館，2006 年版。

39. 王先明：《清王朝的崩潰》，天津：天津人民出版社，2006 年版。

40. 張朋園：《立憲派與辛亥革命》，長春：吉林音像出版社，2007 年版。

41. 張海鵬、李細珠：《中國近代通史》第 5 卷，《新政、立憲與辛亥革命》（1901～1912），南京：江蘇人民出版社，2007 年版。

42. 張海林：《端方與清末新政》，南京：南京大學出版社，2007 年版。

43. 霍修勇：《兩湖地區辛亥革命新論》，長沙：國防科技大學出版社，2008 年版。

44. 賈小葉：《晚清大變局中督撫的歷史角色──以中東部若干督撫為中心的研究》，上海：上海書店出版社，2008 年版。

45. 王佩良：《江蘇辛亥革命研究》，長沙：國防科技大學出版社，2008 年版。

46. 王志可：《遜清遺老的民國歲月》，桂林：廣西人民出版社，2008 年版。

47. 李細珠：《地方督撫與清末新政──晚清權力格局再研究》，北京：社會科學文獻出版社，2012 年。

48. 秦國經：《遜清皇室秘聞》，北京：故宮出版社，2014 年版。

49. Edword J.M.Rhords：《China's Republican Revolution-The Case of Kwangtung, 1895～1913》,Harvard University Press. Cambrige Massachusetts, 1975.

50. Eiko Woodhouse：《The Chinese Hsinhai Revolution-E.Morrison and Anglo-Japanese Relations, 1897～1920》, Routledge Cuezen 11 New Fetter Lane London EC4P 4EE, 2004.

51. Edward J.M.Rhoads：《Manchus and Han-Ethnic relations and Political Power in Late Qing and Early Republican China, 1861～1928》,Washington University Press, St. Louis, 2000.

五、論文

1. 黃炎培：《辛亥革命史中之一人──程德全》，《人文月刊》第 2 卷第 1 期。

2. 友衡：《辛亥見聞錄：閩浙總督松壽軼事》，《中國公論》（北京），1939 年第 1 卷第 4 期。

3. 景華：《陳夔龍的生平》，《老爺》，1946 年第 1 卷第 1 期。

4. 劉廣京：《晚清督撫權力問題商榷》，《清華學報》，1974 年新 10 卷第 2 期。

5. 魏秀梅：《從量的觀察探討清季督撫的人事嬗遞》，臺灣「中央」研究院近代史研究所集刊編輯委員會編《「中央」研究院近代史研究所集刊》，第 4 期，1974 年印行。

6. 呂一燃：《辛亥革命在新疆》，《近代史研究》，1980 年第 4 期。

7. 林茂高：《辛亥革命時期桂林獨立前後》，《廣西師範學院學報》，1981 年第 3 期。

8. 邱遠應：《趙爾豐發動「成都兵變」說質疑》，《華中師院學報》，1982 年第 5 期。

9. 于伯銘、馮士缽：《清末諮議局》，《社會科學戰線》，1983 年第 1 期。

10. 遲雲飛：《預備立憲與清末政潮》，《北方論叢》，1985 年第 5 期。

11. 張超：《程德全紀略》，《齊齊哈爾社會科學》，1985 年第 3 期。

12. 王學莊：《十種辭書工具書民國人物生卒年訂補》，《近代史研究》，1986 年第 3 期。

13. 劉麗楣：《趙爾巽與東三省辛亥革命活動》，《歷史檔案》，1986 年第 4 期。

14. 郭衛東：《論岑春煊》，《近代史研究》，1988 年第 2 期。

15. 馮靜、萬華：《再評辛亥革命中的趙爾豐》，《四川師範大學學報》（社會科學版），1988 年第 5 期。

16. 王先明：《吳祿貞與辛亥革命》，《晉陽學刊》，1989 年第 3 期。

17. 蘇貴慶：《程德全在辛亥革命時期的歷史地位》，《蘇州大學學報》（哲學社會科學版），1991 年第 3 期。

18. 李侃：《趙爾巽與辛亥革命前後的東北政局》，《歷史檔案》，1991 年第 3 期。

19. 關捷：《趙爾巽在辛亥革命時期的政治行爲》，《滿族研究》，1992 年第 1 期。

20. 石立民：《岑春煊與袁世凱》，《社會科學家》，1993 年第 5 期。

21. 王開璽：《武昌起義後清政府財政的徹底崩潰》，《歷史檔案》，1993 年第 4 期。

22. 陳志勇：《辛亥前後的程德全評價問題》，《學術月刊》，1993 年第 10 期。

23. 王開璽：《清統治集團君主立憲論析評》，《清史研究》，1995 年第 4 期。

24. 馬秀娟：《陳夔龍及其〈夢蕉亭雜記〉》，《文物春秋》，1997 年第 4 期。

25. 謝霞飛、賈俊菊、段保乾、李秋夫：《宣統朝督撫奏請閣會評議》，《河北師院學報》（社會科學版），1997 年第 4 期。

26. 蘇遼：《民國首任江蘇都督程德全》，《民國春秋》，1998 年第 1 期。

27. 劉偉：《甲午前四十年間督撫權力的演變》，《近代史研究》，1998 年第 2 期。

28. 席萍安：《試析辛亥革命中的四川新軍》，《成都大學學報》，1998 年第 2 期。

29. 朱宗震：《江蘇都督程德全安撫會黨政策的失敗》，《民國檔案》，2000 年第 1 期。

30. 李綺：《論地方督撫與清末新政》，《淮陰師範學院學報》（哲社版），2000 年第 6 期。

31. 遲雲飛：《清末最後十年的平滿漢畛域問題》，《近代史研究》，2001 年第 5 期。

32. 任連巨、賈少宗：《清末兩廣總督張鳴岐》，《春秋》，2001 年第 5 期。

33. 熊月之：《辛亥鼎革與租界遺老》，《學術月刊》，2001 年 09 期。

34. 郭衛東：《視角轉換：清朝覆亡原因再研究——爲紀念辛亥革命 90 週年而作》，《史學月刊》，2002 年第 1 期。

35. 李茂郁：《論趙爾豐》，《社會科學研究》，2002 年第 4 期。

36. 李細珠：《試論清末新政時期政區變革的幾個問題》，《近代史研究》，2003 年第 2 期。

37. 鍾霞：《張鳴岐與清末廣西近代化》，《中國邊疆史地研究》，2003 年第 2 期。

38. 馬自毅：《前所未有的民變高峰——辛亥前十年民變狀況分析》，《上海交通大學學報》，2003 年第 5 期。

39. 劉偉：《晚清新政時期中央與各省關係初探》，《華中師範大學學報》（人文社科版），2003 年第 6 期。

40. 馬平安：《從統治階級的內部爭鬥看辛亥年清王朝統治體系土崩瓦解的原因》，《中國社會科學院近代史研究所青年學術論壇 2003 年卷》，社會科學文獻出版社，2005 年版。

41. 李細珠：《清末新政時期地方督撫的群體結構與人事變遷》，中國社會科學院近代史研究所編：《中國社會科學院近代史研究所青年版學術論壇（2005 年卷）》，社會科學文獻出版社，2006 年版。

42. 李細珠：《立憲派、地方督撫與清廷之間的互動關係——圍繞國會請願與責任內閣制問題的探討》，首屆「晚清國家與社會」國際學術討論會論文集，2006 年版。

43. 王開璽：《清末滿漢官僚與滿漢民族意識簡論》，《社會科學輯刊》，2006 年第 6 期。

44. 關曉紅：《種瓜得豆：清季外官改制的輿論及方案選擇》，《近代史研究》，2007 年第 6 期。

45. 趙子雲：《尹昌衡怒殺鎮壓「保路運動」的劊子手趙爾豐》，《文史春秋》，2007 年第 10 期。

46. 吉娟、高雲梅：《淺析清末民初「南岑北袁」之岑春煊》，《新學術》，2008 年第 1 期。

47. 王先明：《士紳階層與晚清民變》，《近代史研究》，2008 年第 1 期。

48. 楊凱：《論末代直隸總督陳夔龍》，《合肥學院學報》（社會科學版），2008 年第 4 期。

49. 陳南萍：《追憶祖父陳夔龍》，《貴陽文史》，2008 年第 5 期。

50. 陳德鵬：《晚清新授督撫的年齡結構》，《平頂山學院學報》，2008 年第 6 期。

51. 郭衛東：《臣屬向公民的轉變——以辛亥革命時期的岑春煊爲案例》，《史學月刊》，2009 年第 7 期。

52. 楊凱：《陳夔龍與「老慶記公司」》，《文史天地》，2009 年第 7 期。

53. 關曉紅：《清季外官改制的「地方」困擾》，《近代史研究》，2010 年第 5 期。

54. 張鳴：《瑞澂之走》，《看歷史》，2010 年第 6 期。

55. 尹傳剛：《論辛亥革命中的陳夔龍》，《貴州文史叢刊》，2011 年第 4 期。

56. 白瑩：《辛亥革命中的寶棻》，《內蒙古社會科學》（漢文版），2012 年第 1 期。

57. 孫昉、劉平：《心態史視角下的孫寶琦與辛亥山東獨立》，《東方論壇》，2012 年第 5 期。

58. 孫燕京：《地方督撫與晚清政局》（碩士論文，北京師範大學，1984 年 11 月）。

59. 胡長青：《論辛亥革命前後的程德全》（碩士論文，揚州大學，2001 年 5 月）。

60. 陳楓：《論趙爾豐與成都兵變》（碩士論文，華東師範大學，2009 年 5 月）。

61. 李元鵬：《晚清督撫與社會變革——以 1895～1898 年初督撫的自強活動為中心》（博士論文，河北師範大學，2009 年 6 月）。

62. 高月：《清末東北新政研究》（博士論文，中國社會科學院研究生院，2011 年 5 月）。

63. 李房：《陳夔龍年譜》（碩士論文，南昌大學，2012 年 6 月）。

64. 梁國東：《清末滿族疆臣長庚研究》（碩士論文，蘭州大學，2013 年 5 月）。